THE ECONOMICS OF PUBLIC ISSUES

経済学で現代社会を読む

改訂新版

著 ロジャー・ミラー
ダニエル・ベンジャミン
ダグラス・ノース
訳 赤羽隆夫

日本経済新聞出版社

経済学で現代社会を読む

改訂新版

目次

序文 11

第一部 経済分析の基礎

1 官僚による死
——官僚の選択が人々の生死を左右する 22

2 エタノール狂騒曲
——一つの政策がすべての政府政策の本質をあばく 31

3 空の旅にようこそ?
——商業航空旅行の安全性をどう評価? 37

4 国富の謎
——国の貧富を決定付ける制度要因 45

第二部　需要と供給

5 売春防止、禁酒法、それに麻薬取締り
——自発的交換取引禁止の意外な帰結 57

6 腎臓売ります
——人間臓器市場の経済的効用は？ 69

7 物価の名目と実質
——記録的高価格、実は見掛けほどでも？ 78

8 水を使い果たす？
——地球は閉鎖系、なぜ頻発の水不足？ 86

9 増税のマイナス誘因
——改めて実証される古い諺「フリー・ランチなし」 95

10 家賃統制の愚行
——借家人もまた被害者？ 103

第三部 労働市場

11 女性の低賃金はなぜ？
——男女間の賃金格差の原因を究明する 117

12 最低賃金制度の功罪
——マイノリティ少年の生活を破壊する「生活賃金」 123

13 アメリカの貧困
——貧富差拡大の実像と虚像 130

14 雇用よサヨナラ
——雇用を守る努力が皆を貧しくする 140

第四部　市場構造

15　ビッグな石油会社、ビッグな石油価格　155
――巨大石油会社の市場支配の実力は？

16　契約、企業結合と共同謀議　163
――ＯＰＥＣと全米大学体育協会の共通点？

17　コーヒー、紅茶、それとも授業料免除？　171
――価格差別の受益者と被害者と

18　大学進学のコスト（……またコストさらにコスト）　179
――三倍増の大学コスト、でも教育の質は？

19　競争の排除　186
――政府登場、競争退場

第五部　政治経済学

20 住宅ローン溶解――連邦議会がローン市場崩壊の主犯 199

21 公共事業の政治経済学――近視眼的政治が長期トラブルを招く 208

22 銀行預金でギャンブル？――預金保険制度がリスクを増幅 216

23 農業保護の無間地獄――補助金漬けの農業政策 224

24 罪と罰――犯罪者も経済的誘因に従う 234

25 高齢化するアメリカ――誰がツケを払う？ 241

第六部　財産権と環境

26 ゴミ問題の虚像と対策
——資源リサイクルの費用と便益 254

27 バイ、バイ、バイソン！
——絶滅する種、しない種。何が運命を分ける？ 266

28 スモッグの商人
——汚染削減の市場機能活用術 278

29 温室経済学
——世界気候変動の経済学 286

第七部　グローバリゼーションと経済的繁栄

30 グローバリゼーションとアメリカの富
——すべて悪か？ 298

31 七五〇、〇〇〇ドルの鉄鋼労働者——国際貿易制限の経済的帰結 308
32 ライオンとドラゴン、そしてその将来——アメリカの終焉告げるか？ 新興経済圏の興隆 316
訳者あとがき 325
用語解説 329
政府機関等団体一覧 345
事項索引 349

本書を教科書として採用予定の教授、講師、先生の方々のみを対象に「インストラクターズ・マニュアル」日本語訳冊子を宅配送料の負担のみで提供します。ご希望の方は弊社ホームページ（http://www.nikkeibook.com/book_detail/35430/）で申込書をダウンロードの上、FAXにてお申し込み下さい。なお、マニュアルの在庫が無くなり次第提供を終了させていただきますが、ご容赦願います。

装幀
森 裕昌

装画
大塚 砂織

序文

本書は現代の重要な諸問題を取り上げる。一部のテーマは本来経済学とは無縁だと思われることが多い。だが、それ以外の諸問題は経済学の核心にせまる古典的な例証を提供する。大半は論争含みであり、だから私たちの主張は非経済学的な反論を呼ぶことになりそうである。だが、これらすべての問題を統合する一つの特徴は、私たちの周りの世界を説明する上での経済学のパワーを例証していることだ。さらに付言すれば、この本のすべてが経済学は役立つ知識を与えてくれるだけでなく、楽しく愉快なものであることを示す実例となることを私たちは願っている。

追加した新しい章

何年にもわたって、私たちは本書で選定し取り上げるべき問題のテーマを探してきた。前述の特徴を備えるだけでなく、緊急の臨場感をかき立てる問題でなければならない。私たちの希望は、この版で新たに取り上げた諸問題がそうした選定基準に合格していると読者が認めてくれることだ。新しく取り上げた問題は次のとおりである。

・腎臓売ります（人間臓器市場の経済的効用は？）
・物価の名目と実質（記録的高価格、実は見掛けほどでも？）
・水を使い果たす？（地球は閉鎖系、なぜ頻発の水不足？）
・増税のマイナス誘因（改めて実証される古い諺「フリー・ランチなし」）
・住宅ローン溶解（連邦議会がローン市場崩壊の主犯）
・公共事業の政治経済学（近視眼的政治が長期トラブルを招く）
・銀行預金でギャンブル？（預金保険制度がリスクを増幅）

二〇〇七〜二〇〇九年の市場溶解

右記のリストを一見するだけで、この新版の主要テーマの一つが、二〇〇七〜二〇〇九年の住宅ローン市場溶解とそれに引き続く信用危機および景気後退の原因と帰結に対して、明確な焦点を当てていることが明らかになる。この事件が今後何年もの間公共政策に深甚な影響を及ぼすと見られるだけに、何が原因になって私たちは大混乱に引き込まれたか、さらにはそこから抜け出るのには何をするのか、あるいは何をしないのか、といった諸点を理解することが極めて重要である。ここでも、また本書の他の箇所でも、私たちは経済学と私たちが分析した公共的諸問題に取り組む（あるいは問題をつくりだす）諸政策の策定過程の間で見られる相互作用関係の存在を引き続き強調する。また数多くの章で、多くの政府政策のコストが拡散している結果として生まれる「合理的無知」という観念が、それほど少数者の手にそれほど巨額の便益を集中させることをなぜ許すのか、その理由を説明するのに役立つことを示そう。

全訂版

本書の長年の愛読者は第二部「供給と需要」が完全に書き替えられていることに気付かれるだろうと思う。その際、私たちは通常はあまり縁のなさそうな分野に経済分析を適用してみた。同時に経済原理の適用を必要以上に困難にしている公共政策に関連する数々の神話を論破した。読者は経済分析のパワーの新しい例証にさぞかし驚かれると同時に刺激を受けられるものと思う。

これら以外の各章も部分的、あるいは全面的に書き直されており、どの章も可能な限り最新情報に基づいている。すべての章に一貫して読者が見出すのは、経済学や公共政策、それに社会科学の事実上すべての講座で教えられている経済原理の単刀直入な応用である。本書はすでに経済学の履修を終えた人にも、また現在経済学を学習中の人にも、あるいはいままで経済学を全然勉強したことのない人にも理解できる。つまり、私たちは本書を幅広い読者に容易に受け入れられるようにするとともに、自己充足的、つまり、必要な事項をすべて網羅したものになるよう工夫をこらした。

本書は七部構成になっている。第一部では希少性、トレード・オフ、機会費用、それに限界分析の概念を含む、すべての経済分析の基礎について検討している。この導入部の四つの章は、いわばあとに続く二八章のために舞台を設定する。第二部から第六部までは、経済学の知識が多少とも必要になるどんな分野の学習に際しても、どうしても欠かすことのできない、需要と供給、労働市場、不完全競争、環境問題、それに政府の政策の影響などの話題を取り上げている。最後に、第七部はグローバルな情勢を検討するが、それは今日では公共政策の本質に関わる中核的な部分だからである。

それぞれの部には数ページの「序論」がおかれ、その部の各章で取り上げる問題について予備的な説明を与えている。この導入部は関連する問題点を要約し結び合わせて、それに続く分析のための発射台の役割を果たす。読者には各章を読み進まれる前にまず「序論」に目を通すことをお勧めする。

インストラクターズ・マニュアル

本書を教材として採択していただいたすべての先生方には、「指導の手引き」を進呈する。手引きの執筆に当たっては、私たちが授業の際に利用した最良の補助教材を取り込むように努めた。手引きでは、各章ごとに次の諸点を解説している。

・その章で取り上げた経済問題の核心に切り込んだ要約。
・本文の議論の基礎にある「舞台裏の」経済分析を簡潔に解説。ほとんどの章でこの解説には、指導用の道具として格別役に立つ図表が補足されている。
・各章の末尾にはその章の基本的な経済分析を発展させ、また議論展開の新しい道筋を示唆する演習問題が掲げられているが、それに対する解答。

将来テーマ

公共的な問題の世界はいつも進化し続けている。読者がこの文章を読まれる頃には、私たちは次の版に向けての作業を開始しているはずである。今後の版にぜひ加えてほしい特定の主題があるようなら、Pearson Higher Education（原書出版社）気付でお手紙をいただきたい。

謝辞

本書のこの前の版の、文字通り何十人もの親切な読者や何人かの極めて熱心で思慮深い書評家の皆さんから、今回の版に対するさまざまな示唆をいただいた。紙幅が乏しく、提案の全部を採用できなかったが、そのような方々にもこの版の各所にご自身の示唆の反映を読み取っていただけるものと信ずる。著者一同としては、深甚な感謝の念を表明するとともに、本書の仕上がりが皆さんの時間と関心に応えるのにふさわしいものとなっていることを望んでいる。またこの企画を推進してくれたノエル・サイバート、コートニー・シンケ、およびキャロリン・ターブッシュ、名人芸で原稿整理に当たったスウ・ジャシン、それにまたまた編集の才を発揮して、本書を素晴らしく仕上げてくれたロビー・ベンジャミンにも感謝したい。なお、当然のことながら、残存する誤りは、すべて著者一同のみの責任である。

ロジャー・レロイ・ミラー
ダニエル・K・ベンジャミン
ダグラス・C・ノース

第一部　経済分析の基礎

この世は**希少性**の世界。私たちはいま以上に所有したいと望んでいる。希少性の理由は簡単。資源は有限なのに、欲望は無限だから。といって、私たち全員が最高スピードの車を乗り回したいとか、最新流行のファッションで身を飾りたいと高望みしているわけではない。ただ資源をどう使うかを決める権利を保持したいと望んでいるだけのこと。たとえ途上国の子供たちの飢餓を救う目的で資源を使う場合でも、やはり決定権は自分が持っていたいのだ。

希少性が存在すると、選択が必要となる。すべてをいっぺんに増やすことはできない。何かを増やしたならば、ほかの何かをあきらめなければならない。経済学ではこうした状況を「私たちは**トレード・オフ**に直面している」と表現する。学業でよい成績をあげたいと望むならば、勉強する時間を増やして、映画を見に行く時間を削らなくてはならない。この場合、成績と娯楽との間にトレード・オフの関係が成立する。

公共的争点に関する経済学を理解する上で学ぶべき基礎的な原理は意外なほど少数である。トレード・オフの観念はその一つ。第1章「官僚による死」では、米国食品医薬品局（ＦＤＡ）の舞台裏で、日常的に決定されているトレード・オフについて検討し、基礎的な原理が実はどれほど単純なものか説明する。この連邦政府機関は、新しく市販される処方薬が安全で効き目のあることを保証する責任を負っている。責任遂行のため、ＦＤＡは新薬認可に当たって、製薬会社に徹底したテストを義務付ける。テストの追加によって新薬が安全で効き目のある可能性は高まる。反面、追加のテストは新薬の認可を遅らせ、何人かの患者からはその薬で治療する機会を奪ってしまう。

新薬の認可制度が薬害の被害を減じていることは確かである。安全でなかったり、効果のない薬が市場に出回るのを防いで、患者の生命を救う場合もある。同時に新薬の市販割合を減らし、時には安全で効果のある新薬の導入を阻み、患者の苦痛をひどくしてしまう。実際、その結果死ぬ者さえ出る。生き延びるのは誰で、死ぬべきは誰か？　これが第1章で私たちが直面する過酷なトレード・オフである。

政府の官僚たちは私たち一般の国民が期待しているとおり選択しているとは限らない、それどころか私たちが好む選択をあえて行わないこともある。第1章はそう示唆しているが、第2章「エタノール狂騒曲」ではそんな決定の背後にある理由を探究する。バイオ燃料のエタノールが環境を守ることにも資源の保全にも役立たないとしたら、なぜガソリン添加物として使用を義務付け、また生産に補助金を出すのか？　この疑問に対する回答は、政治的意思決定の原因と帰結を探究するため経済学を利用するという**政治経済学**の核心に存在する。政府の決定的な機能が、広義に解釈して、富の創出と保持のため必要な制度的構造を提供することにある点は間違いない（第4章でこの点を強調する）。にもかかわらず、政府の政策決定の多くは本質的に経済的パイ（国民の総所得）の増大とは無関係である。政府の政策の多くは、実際にはパイの分配を変更することを目指している。その結果、特定の一グループが他のグループの犠牲の上により多くの資源を手に入れる。こんな芸当を成功させるのに、政治家は老獪にも有権者の**合理的無知**（rational ignorance）に付け込み、少数の受益者に政策の便益を集中させ、多数の疎外された国民の間に政策のコストを分散して負担させる。エタノールのケースでは、連邦議会の議員たちは、マイカードライバーと納税者に負担増加を押しつけることにより農民と大規模エタノール生産者の収入を増やしている。

すべての公共的争点は私たちに、どうすれば最良の選択が可能になるか？という問題を突き付ける。それには**限界分析**を使うことが必要である。経済学者はそう主張する。限界とは増分または追加という意味。すべての選択には費用と便益が絡む。何かを手に入れるには別の何かをあきらめねばならない。私たちのどんな活動（例えば、食べる、勉強する、眠るなど）においても、**限界便益**は次第に減少する。つまり、追加の活動単位から得られる付加的な便益が減少する。対照的に、**限界費用**は活動が拡大するにつれて増大する。最良の選択は、限界便益と限界費用が一致したところで活動を停止することだ。つまり、これ以上活動を拡大すると、付加的な便益を上回る追加的な費用が発生するかどうか見極める努力が求められる。

第3章「空の旅にようこそ？」では限界分析の原理を航空機の安全の問題に適用してみる。一一、〇〇〇メートルもの上空を時速一、〇〇〇キロメートルものスピードで旅行することは、どれほど安全だろうか？　また、どれぐらいの安全度が求められるべきか？　この種の問題に対する回答は、限界分析の手法を用いて探究することができる。私たちが到達した結論の一つは、完全な安全という回答は存在しないということだ。航空機に乗ったら最後、旅行が不幸な結末を迎えるリスクはつねに存在する。初めは当惑するだろうが、この章を読んだ読者は、費用と便益の関係を計算に入れる以上、これ以外の結論はありえないことを理解してくれると思う。

すべての選択は**コスト**を伴う。希少性の世界では価値ある何かを入手するには他の何かを放棄しなければならない。コストは選択の便益と結び付いて、情報を提供し、私たちの意思決定を最終的に導く**経済的誘因**を構成する。これらの意思決定と、したがってその誘因が実在の永続的な結果を持つことは、第4章「国富の謎」でこれ以上ないほど明確になる。私たちはこの章で単純だが奥行きの深い問い掛けに解答しようと努めている。いくつかの国の市民たちは金持ちなのに他の国の住民たちが貧乏なのはなぜか？　読者のとっさの答えは、おそらく「**自然資源に恵まれている**かいないかの差によ る」というものだろう。エネルギー資源、森林資源や肥沃な国土に恵まれていれば富の増大に役立つことは確かだ。でも、自然資源は解答のほんの小部分でしかないことが明らかになる。

市民たちの富を決定する上ではるかに重要なのは、国家の基本的な政治や法律の**制度**である。政治の安定、個人財産権の確立、それに**法の支配**に基礎付けられた法律的な体系が、土地改良などあらゆる形態の**物的**および**人的資本**への長期投資を奨励する経済的誘因を創出する。これらの投資は**資本ストック**を大きくし、これがまた長い将来にわたっての経済成長を生み出す。そして長年の成長の累積効果が人々の生活水準をさらに引き上げる。つまり、私たちを富裕にしてくれる。こうして、コストと便益の双方から構成される諸誘因こそが経済分析の基礎の不可欠の構成要素であり、同時にまた社会の基礎を形成するものであることが明らかになる。

1　官僚による死

どういう死に様《ざま》を望むかね？　医師が処方した薬の副作用で死に至る場合と、医者が薬を処方してくれなかったために救える命を落とした場合と、そのどちらをあなたは選びますか？　そんな選択はまっぴら御免だと思うのだったら、次の事実を考えてほしい。米国食品医薬品局（ＦＤＡ）の役人たちは毎年、何百万人のアメリカ人に代わってこの決定を何度も下している。もっと正確にいえば、ＦＤＡという役所は新薬（処方薬）の合衆国内での販売を認可すべきか否かを決定している。ＦＤＡが販売を禁じたならば、たとえその薬が他の国々で毎年何千人もの命を救っていたとしても、アメリカの医師は合法的にその薬を処方することはできない。

新薬販売の認可権限がＦＤＡに与えられたのは、古く「一九〇六年食品医薬品安全法」の制定までさかのぼる。この法律は、医薬品はその成分をラベル上に正確に表示すること、および消費者の健康を損なう有毒、有害物質を含有しないことを義務付けた。この法律により、ホスタッター博士ご推賞の苦味チンキ胃腸薬を初め、ラム酒入り調合薬、コカイン・ベースの水薬、癌《ガン》を直すと称する治療薬など無数の薬品が薬局の商品棚から消え去った。この法律は一九三八年に「連邦食品・医薬品・化粧品法」が制定された時に拡充され、医薬品製造業者が新薬販売の承認を受けるには、安全性の証明が強制された（同法はスルファニラミドのエキスを飲んで一〇七人も死亡した事件がきっかけとなって制定。このエキスには不凍液の化学的類縁物質である有毒なジエーテルグリコールが含まれていた）。

米国の薬品規制は、妊娠中にサリドマイド睡眠薬を服用した母親から数多くの障害を持った赤ちゃんが誕生したことで、次の段階を迎えた。障害の原因が明らかになった時、この薬はヨーロッパとカナダで広く用いられており、米国でもＦＤＡは近く販売を認可する方針だった。事実およそ二五〇万錠のサンプル（試供薬）が配布済みで、ＦＤＡはサンプル全部の廃棄を命じ、米国内でのサリドマイドの販売を禁じた。この事件によって「一九三八年連邦食品・医薬品・化粧品法」は改正された。「一九六二年キーフォーヴァー・ハリス修正条項」と呼ばれたが、新法は米国の薬品認可のプロセスを劇的に変化させた。

一九六二年改正法以前には、安全性の証明に失敗しない限り、ＦＤＡは申請後一八〇日以内に認可するのが例であった。一九六二年の改正法律はこれに「有効性の証明」を必要条件として付加し、またＦＤＡの期間制限を取り払った。こうして一九六二年以降、新薬を市販したい企業は、所定の用法を守る限り安全であることに加え、所期の治療効果をあげることを、ＦＤＡが納得するように証明しなければならなくなった。その上ＦＤＡは新薬認可に先立ち、どんな証拠をどのくらい要求するか自由に決定できることになった。また申請を認可するか却下するかに関係なく、ＦＤＡが望むだけ審査に時間をかけてよいことになった。

一九六二年修正条項は新薬製造のコストを劇的に増加させ、また認可手続きを恐ろしく長引くものにした。一九六二年以前は申請から認可までの平均期間は七か月だった。一九六七年には三〇か月となり、一九七〇年代の終わりには八～一〇年に延びていた。この長期化した認可のプロセス中には、製薬会社が自己負担で行う検査が含まれ（一つの新薬平均で八億ドルかそれ以上）、また新薬から収入が入ってくる時期も先に延びることになる。これが新薬の期待収益性を減じるため、市場に出回る新薬はどんどん少なくなった。

薬品が安全で有効なことをともに保証するＦＤＡの規制がどの程度必要か。この点に関する論争はまだ決着がついていない。しかし、一九六二年の改正法律が「新薬認可の遅れ《ドラッグ・ラグ》」という状況を生み出したとの認識には、ほとんど異論はない。平均的にいって新薬が市場に届くのにアメリカではヨーロッパの場合よりはるかに時間がかかる。新薬から患者が被害ではなく便益を得ることを保証するのには時間が必要なことは認められてよい。しかし、規制に起因する新薬認可の遅延はそれ自体が生命への脅威となりうる。ノーベル医学賞受賞者のジョージ・ヒッチングス博士は合衆国でのセプトラ（抗生物質の一種、抗菌性の薬品）の導入が五年間遅れた結果八〇、〇〇〇人もの患者の命が救えなかったと推定している。同様の例は、ベータ・ブロッカー（心臓発作や高血圧に対して用いられる）の導入が米国ではヨーロッパに比べて一〇年近くも遅れた。何人かの研究者によると、この認可遅延で少なくとも二五〇、〇〇〇人のアメリカ人の生命が失われた。

つまり、法律はＦＤＡの役人たちに真に過酷なトレード・オフに対処することを要求している。危険で効力のない薬を市場から締め出して救われる生命がある一方、認可手続きの遅延が安全で効力のある薬の導入を遅らせ、時には禁じてしまうために失われる生命もある。以下、このトレード・オフについてもっと体系だてて検討しよう。

新薬には、治療効用よりも有害な副作用の方が強い（つまり安全でない）か、または治療に役立たない（つまり効力がない）か、このいずれかの理由から、本来導入すべきでない可能性がある。そのような新薬が導入された場合、「**タイプＩエラー**」が犯されたという。一九六二年以降、サリドマイドの例に見られるタイプＩエラーの発生率は、新薬導入に必要な検査の数を増やしたことから低下した。反面「**タイプⅡエラー**」の犠牲となっている人々がいる。彼らの支払う代価は、一九六二年の改正法が安全で効力のある薬の導入を遅らせたり、阻止するために生じる痛みや苦しみや死である。タイプⅡエラーは、セプトラやベータ・ブロッカーのように、ＦＤＡの規制があるために、本来導入すべき新薬が導入されなかった場合に発生する。

過去二、三〇年の間、認可の遅れに起因する被害に対する抗議に応えて役所側が検査の期間を短縮するケースがあった。終末期患者のケースのようにタイプⅠエラーのコストがタイプⅡエラーによる損害と比較して相対的に少額なケースである。有名な事例はエイズ治療薬として期待されたアジドチミジン（ＡＺＴ）。当時エイズ被害がいちばんひどかったゲイたち（男性の同性愛者）が先頭に立って速やかに認可するよう圧力をかけた。ＦＤＡもわずか一八か月間テストを行っただけで認可した。類似の例では乳癌治療の新薬として重要なタクソールでもＦＤＡの審査は期間を短縮して行われた。

こちらは家系の履歴に乳癌患者のいる婦人たちからの圧力に応えたものだ。現在ＦＤＡは公式な計画にしたがって、新薬検査の促進を図っているが、これは死や病気の苦痛の軽減を約束してくれる措置である。ただし、新薬認可の平均期間は相当程度短縮されたとはいえ、一九六二年法改正前に比べて、現在なお一〇倍以上もの長期間を要している。

現代の公共的争点を考察する際の指針として、新薬認可に関するＦＤＡの規制から私たちが学ぶことのできる教訓は何だろう？　基本となる原理は数個ある。

一、フリーランチは存在しない（There is no free lunch.）。すべての選択には、したがってあらゆる政策にもコストがつきもの。選択するに当たってはつねに何かを犠牲にしなければならない。希少性が存在する世界では、私たちはすべてをより多く所有することはできない。だからあるものをもっとたくさん所有するにはそれ以外の何かをあきらめねばならない。ＦＤＡの審査が安全でなく、有効でもない新薬の導入を防ぎ、多くの生命を救った。しかし、そのコストは何十億ドルもの追加経費プラス何十万人もの死を招いた安全で効き目のある新薬の導入遅延だった。

二、ある行為のコストとは犠牲とされた代替物である。経済学者たちはコストを（便益も）金額表示で表現する。計算し表示する上で簡単な手法だからだ。といって、コストは貨幣的に表現されるものに限定されるわけではない。また、極めて人間的な事象の費用便益分析に対して経済学が無能だというわけでもない。一九三八年と一九六二年の法律改正のきっかけとなったコストはスルファニラミドによる中毒死やサリドマイドに起因する障害児の誕生だった。ＡＺＴやタクソールの例に見られるように、その後のＦＤＡの新薬審査手続きの見直しも規制に起因する新薬認可の遅れによる副作用の深刻化に即応したものだった。

三、関連するのは限界分（付加的部分）に関する費用と便益。安全が好ましいか否かではなく、問題は私たちが求める安全の程度である。これは限界コストの増加と安全向上という限界便益がどれほど増加したかを比較して初めて解答できる問題である。スルファニラミド中毒やサリドマイド被害の根絶にはすべての新薬を認可しなければよい。そうすれば、新薬で被害を受ける者は誰もいなくなる。これは一〇〇％確実。ただ、この「解決法」は意味がない。タイプⅠのエラーを減少させる以上にタイプⅡのエラーを増やすので、限界費用が限界便益を上回ることになるからである。

四、人々は誘因に反応する。消費者だろうが、生産者だろうが、公務員であろうが、違いはない。一九三八年および一九六二年の法律改正の誘因は、だれの目にもごまかしえない人々の死であり、肢体欠陥だった。腰の重いＦＤＡもやっと審査手続きを迅速化する決定を行ったが、未認可の新薬によっておそらく便益を受けるはずと確信した人々（この信念は結局正しかったが）の熱心なロビー活動により後押しされた。

五、物事はいつも見掛けどおりとは限らない。（政府の）政策効果の分析の多くは、政策が採択されなかった場合の人々の行動を十分に考慮に入れていない。このため政策効果に関する公式説明はいつも影響を歪曲してしまう。人々を欺こうとの魂胆からではなく、政策なしの場合どうなるか知ることが困難な場合がまれではないからだ。例えば、製薬会社は安全でなく効き目もない新薬を市場に出すことを回避したいという強い誘因を持つ。そんなことをすると、会社の評判はがた落ちになるし、損害賠償訴訟の標的になってしまうからだ。同様の理由から医師たちの側にも患者にそんな薬を処方することを避けようとする強力な誘因が存在する。だから、ＦＤＡの規制なしでも新薬の発売前に徹底したテストが実施されるだろう。つまり、現代の薬剤が一般的に見て安全で効き目のあるのは、もっぱらＦＤＡの保護のおかげだと見ることは不正確だ。他方、新薬の開発過程は長い時間を要し、複雑で、コストがかかる。だから、ＦＤＡの監督がなくても新薬での治療を待ち続けている間に死んでしまう患者もいるだろう。自己利益を考える製薬会社はまだ追加すべきテストがあると言い張るだろうし、用心深い医師たちは早急には新薬を処方しないだろうからだ。

ＦＤＡの役人たち（連邦議会の議員たちも）がタイプⅠエラーの発生を「許容」すれば、薬害が人々の死を招いた時には格別に、激しい公然の非難にさらされる。だからＦＤＡの官僚たちはこの種のエラーを回避したいという強い誘因を有している。しかし、セプトラのケースのように、テストの遅延がタイプⅡエラーの原因であれば、新薬認可の遅れが人々の死の原因になったと特定化することはほとんど不可能だ。その結果、認可の遅れを理由にＦＤＡの役人たちが正面きって攻撃されることはめったに起こらない。タイプⅡエラーのコストはタイプⅠエラーのコストと比較してはるかに識別が困難だ。そのため、ＦＤＡには「お悔やみより安全を（‘safe rather than sorry’）」、つまりテスト過剰を選好する内在的バイアスが存在すると信じている専門家たちが少なくない。

六、政策はつねに意図しなかった結果を伴う。そのため、差し引きネットの便益はほとんどいつも当初の想定より少ない。政府の規制に関していえば、追加的なコストと便益を一致させたからといって（前述の原理三）、大見出しでマスコミに報ぜられるようなことはない。政治家の再選と役人の昇進を可能にするのは安全（とか「おふくろの味」とか）といった絶対的な観念である。少量の安全でも善なら「多々ますます弁ず」のはず。そうなら、誰もが薬害の危険から解放されることを薬物検査が保証するよう単純に義務付けたらよいのではないか。いずれは原理三が貫徹するけれども、それは新薬認可の遅れが多くの死者を出して後のことである。

これは重要な公共的争点に関してまま見られることだが、以上の物語にも大変興味深い展開があった。サリドマイドが市場に復帰したのだ。ＦＤＡは一九九八年にハンセン氏病の、また二〇〇六年には骨髄癌の治療にサリドマイドの使用を認可したのだ。その際、いずれのケースでも妊婦がこの薬を服用することがないよう厳格な保護策が講じられた。私たちに致命的な新薬認可の遅れをもたらした同じ薬品が、新世代の患者たちにはおそらく生命を救う妙薬になることだろう。

演習問題

1　薬品産業の市場構造は、製薬会社が犯しやすいエラーのタイプと何か関係があるのだろうか？つまり、薬品産業が極めて競争的な多数の企業から構成されている場合には、比較的少数の大企業しかない場合と比べて、多少とも安全でない薬を売り出す傾向があるといえるだろうか？

2　タイプIIエラーの発生を減らすには、ＦＤＡの役人に対する誘因をどう変えたらよいのだろうか？（ヒント：外国の例と比較して考察せよ）

3　ＦＤＡに新薬の認可もしくは禁止を決定させるのでなく、ＦＤＡはただ薬の安全性と治療に対する有効性についての見解を発表し、患者にその薬を処方するかどうかは個々の医者に決めさせるような規制システムの長所と短所は何か？

4　議論の単純化のため、タイプIとタイプIIのエラーの結果はいずれも死だと仮定しよう。配慮不足だとタイプIエラーが発生し、配慮過多だとタイプIIエラーが発生する。この点に留意して、タイプIとタイプIIのエラーの最適な組合せを考えるとすれば、どのようなものとなるだろうか？

2　エタノール狂騒曲

一八九六年、ヘンリー・フォードが製造した第一号の自動車は（ガソリンではなく）純粋エタノールで走った。連邦議会のもくろみ通りになれば、将来の自動車は同様に製造されることだろう。だが、たとえもくろみが政治的に成功だとしても、一九世紀の終りに経済合理的だったことが二一世紀の初期にもやはりそうだとは言えないだろう。事実、本章のエタノール物語はよい政治がどのようにして日常的によい経済学を打ち負かし、わるい政策を作らせているかを示す古典的な例証である。

密造のウイスキーがアパラチア山中で製造されるように、エタノールは中西部地方で生産される。トウモロコシに水を加えてすりつぶす、酵素が澱粉を砂糖に変える、イースト菌を添加し、熱すると発酵する。これを醸造すると、液体部分がエタノールで、固形物は高蛋白の家畜飼料になる。高濃度のエタノールは可燃性だが、ガソリンと比較して一ガロン当たりのエネルギーははるかに少ない。エネルギー効率が低いのに、連邦法は二〇二二年へかけて漸増する比率でガソリンにエタノールを混合することを義務付けた。この義務付けは資源を保全し、環境を改善すると想定している。だが、いずれもそうならない。結果はアメリカのトウモロコシ農民とエタノール生産者のポケットを膨らまし、付随的にブラジルのサトウキビ農家を金持ちにしてやるだけである。

連邦法は過去三〇年以上もの間、エタノールをいわゆる代替エネルギーとして奨励し、助成（補助金交付）してきた。しかし、エタノールが全国的に注目されるようになったのは二〇〇五年。エネルギー政策法での使用の義務付けは、ガソリン価格の高騰および既存の一ガロン当たり五一セントのエタノール連邦補助金とあいまって、エタノール生産のブームを巻き起こした。中西部地方全体にエタノール精製所が雨後のタケノコのように出現し、またブラジルからのエタノール輸入も記録的水準にまで増加した。

連邦による使用義務付けと補助金の正当化にはお決まりの三つの理由が挙げられている。一つはガソリンへのエタノールの添加は大気汚染を減らし、環境への便益を生むと主張される。この主張は一五年から二〇年も前なら正しかっただろう。でも、現時点では組成替えガソリンの最新の製造法と比べて環境へのメリットは存在しない。これは環境保護庁でさえ認めている。だから、議会によるエタノール添加の義務付けも、また燃料添加物としての使用に対する一ガロン当たり五一セントの補助金のいずれも環境への寄与を根拠として正当化できない。

エタノールのため展開される二つ目の議論は、エタノールは「再生可能」だというもの。つまり、今年エタノール生産のため栽培されたトウモロコシ農場に来年はより多くのトウモロコシの作付けが可能だというもの。まったくそのとおりだが、次の世紀（二一世紀）中に「再生不能な」原油が枯渇する危険はほとんどない。事実、原油の確認埋蔵量は記録的高水準にある。むしろ問題はエタノールの生産には大量の化石燃料その他の資源が使われる点であり、ほとんどの状況下でガソリンと比較してエタノールの生産は実際にも資源を無駄に使っている。まずエタノールはガソリンより約二五パーセントもエネルギー効率が悪い。また米国でエタノール生産に使われるトウモロコシは高い**機会費用**を持っている。つまり、燃料を作るのに使われるのでなければ、人間や家畜の食料になる。さらにエタノール生産は比較的小規模で行うのがもっとも効率的である。そのため、製品はトラックか鉄道で輸送しなければならないが、パイプラインを用いるガソリンよりはるかにコストが高い。

想定される三つ目の利点は輸入原油への依存を減らすこと。これは理屈の上では正しいが、影響は小さく、実際の結果も人々の期待とは異なる可能性がある。米国の**バイオ燃料**の消費はガソリンの三パーセントをやや下回る程度でしかない。私たちがペルシャ湾から輸入する原油をトウモロコシ原料のエタノールで代替するには国の全農地の少なくとも五〇パーセントを燃料向けトウモロコシの栽培へ振り向けなければならない。さらに輸入削減はペルシャ湾からの原油ではない可能性がある。米国への原油の三大供給源の二つはカナダとメキシコであり、両国は輸出のほぼ一〇〇パーセントを米国市場へ送っている。

これら三点は興味深い疑問を提起する。エタノールが環境を保護しないし、資源保全にもならないし、外交政策上の有力な利点もないとしたら、なぜエタノールの使用を義務付け、またその生産に補助金まで出すのだろうか？　答えは政治的意思決定の原因と帰結を経済学を使って解明しようとする

政治経済学の核心部分に存在する。政府の行為（国防や治安維持など）の極めて重要な役割は、国富総額の創出と維持に必要な制度的な枠組みを提供する点にある。その認識は正しいが、そうであっても、大部分の政府政策立案の本質は現状以上に経済的パイ（国全体の富）を増大させることには無関係で、むしろ多数の政府政策は新しいやり方で富（パイ）を分配することに狙いがある。その結果、一グループが他のグループの犠牲においてより多くの収入を獲得するようになる。そんな芸当を成功させるには政治家たちは、名人芸を駆使して少数の特権的受益者に政策便益を集中させると同時に政策のコストを特権とは無縁な多数の個人に拡散して負担させなければならない。

一見したところ、こんなやり方は民主主義の本質にまったくそぐわないと感じられるだろう。便益は広範に分散し（喜んでくれる多くの受益者から票を獲得するため）、コストは集中的に負担させるべきである（それに不満な少数の有権者の票を失うだけだから）。「一人一票」の原則の下では、結局そうあるべきはずだが現実は逆だ。なぜだろうか？　**「合理的無知」**という観念がそれを説明してくれる。有権者個々人にとっては自分たちが選んだ代表（議員たち）の決定が自分らにどう影響するかを正確に追跡し続けることはコストが大きい。政治的決定の結果が**監視費用** monitoring costs を上回るに十分なほど大きければ、有権者は迅速確実に彼らの快、不快を投票所のブースの中と政治献金の両方で表明する。しかし、個々の有権者一人一人にとっての結果が監視費用に比べ小さい時、人々はわざわざ結果の追跡などしない、つまり彼らは「合理的無知」のままとどまる。

エタノールのケースでは燃料用エタノールの約五分の一がアーチャー・ダニエルズ・ミッドランド（ＡＤＭ）一社で製造されている。エタノール価格のごくわずかな変化もＡＤＭ社には重大である。連邦法による使用義務化も連邦補助金もともにエタノール製造の収益性を引き上げる（利潤を増やす）から、ＡＤＭ社は議員たちがそのような政策の便益（ＡＤＭ社にとっての）を確実に認識してもらいたいという強い経済的誘因を持つ。同様にトウモロコシ農民もトウモロコシの売り上げから所得の大部分を得ている。連邦政府のエタノール政策はトウモロコシの需要を増やし、価格を引き上げる。ここでもまた値上がりによる便益はほとんどトウモロコシ農民に集中している。だから、農民たちも地元選出の議員たちに同政策の（農民たちに対する）便益を確実に理解してもらうことに強い経済的な誘因をもつ。

これを平均的な納税者あるいはガソリン消費者と対比してみよう。エタノールに支払われる年三〇億ドル前後の補助金は納税者の懐から出ていることは事実だが、連邦税を支払う何千万人もの納税者に広く、薄く分散して負担される。同様に、ガソリンへのエタノール添加の義務付けにより、ガソリン一ガロンのコストは八セント増加すると見積もられているが、平均的なマイカードライバーには年間五〇ドル以下の負担にしかならない。だから、納税者もマイカー運転者も議員たちへ自分らの苦情を陳情する時間などあまり持ち合わせていそうもない。

つまり、農民もエタノール生産者も使用義務付けと補助金のため熱心に議会工作するが、反面納税者とドライバーたちは自分たちの財布からかすめ取る行為に対して効果的な抵抗をほとんど示さない。有権者の合理的無知は悪しき経済学を生み出すだろうが、これこそが古典的な政治の神髄なのだ。

演習問題

1　ブラジルのエタノール生産者の生産コスト（サトウキビを原料にする）は米国の生産者より低い。実際には、ブラジルから米国へエタノールを輸送するコストは一ガロンにつき一六セントだが、さらに一ガロン当たり六〇セント近くもの**輸入関税**が課せられる。それでも米国は年々何百万ガロンものエタノールをブラジルから輸入している。議会が環境を保護し、外国原油への依存を減らすことを本心から望んでいるのなら、なぜ私たちはエタノールの輸入に高い関税を課しているのだろうか？

2　将来ブラジルからのエタノール輸入が急増し始めた場合、この財に課せられる関税率はどうなると予測するか？

3　連邦政府は、例えば自動車整備工ではなく、肥沃な農地の所有者へ特別待遇を与えているが、その理由をどう考えるか？

4　エタノールへの補助金がガロン当たり、例えば五ドルでなく、たった五一セントである理由を合理的無知仮説を用いて説明せよ。

3　空の旅にようこそ？

マイカーに飛び乗る時「シートベルトをつけなくては」というぐらいは頭をかすめるだろうが、それ以上に安全の問題を深く考える人はそういない。でも、事実は商業航空の定期便に搭乗する方が、職場への通勤や食品雑貨店での買い物に車で行くよりもはるかに安全だ。それでも、航空機旅行となると、むき出しの恐怖ではないとしても胸騒ぎを覚える人は少なくない。

アルミニウムの筒に入って、時速六〇〇マイル（約一、〇〇〇キロメートル）で七マイル（およそ一一、〇〇〇メートル）もの上空を旅行するのだから、いろいろな疑問が浮かんでくる。どのくらい安全か？　どのくらい安全でなければならないか？　航空会社の経営者は趣味やお遊びで航空機を飛ばしているわけではない。そうなら、金儲けのため乗客の安全を無視することはないだろうか？　空の安全を保証するには、政府の規制に頼る以外に方法はないのだろうか？

私たちは希少性の世界に生きている。経済学はこのごく単純な原理から出発する。一つの財をいま以上に求めるなら、他の財を犠牲にしなければならない。この原理はピザだろうが、散髪だろうが、芸術品だろうが、また安全性についても、いずれも妥当する。安全にも便益があるが（長生きすれば、人生楽しいことが増える）、安全の達成にはやはりコストが必要（安全の獲得には何かをあきらめなくてはならない）。

安全度が高まるにつれて安全性便益の総量は増加するが、安全性の限界便益（または便益の増分）は減少する。簡単な例を示そう。航空機の避難扉を増やせば、緊急時に安全に脱出できる人数が多くなる。とはいえ、たとえば、五番目の扉による安全性便益の増加は四番目の扉より小さい。四番目の扉が一〇人の避難を可能にすると、五番目の扉は六人の避難に役立つだけだ（そんな議論は信じがたいというなら、乗客一人に避難扉が一つずつある場合を考えてみればよい。最後に追加された扉はせいぜい一人の避難を可能にするだけだ）。つまり、安全性の限界便益（または便益の増分）は、安全性の総量が増加するに応じて減少する。

この方程式の他の一辺に注目しよう。安全性が向上すれば、全体にせよ限界（増分）にせよ、安全提供のコストは上昇する。航空機の計器盤に燃料メーターをつければ、飛行中に燃料切れになる確率は小さくなり、安全性は明らかに向上する。[注] 燃料メーターも故障することがあるので、予備のメーターがあれば安全性はさらに高まる。ただし、設置コストが同額でも、安全性向上に対する二番目のメーターの寄与は明らかに小さい。このように追加的な（増分の）安全性の単位当たりコストは一つ目に比べ二番目の燃料計器のほうが高くなる。

私たちはどの程度の安全を必要としているだろうか？　このような質問に対し、経済学者は**限界便益**と**限界コスト**という用語を使って回答する。経済的に効率のよい安全度の水準は、安全性の向上にともなう限界コストが、安全性向上の限界便益をちょうど超える点で達成される。つまり、安全装置を追加（維持）する限界便益が増加する限界費用を上回っていれば、装置は設置する価値がある。しかし、追加した安全装置の便益増加がコストの増加より少なければ、そんな装置は設置すべきではない。ここで二つの相互に関連する問題が存在する。一つはどれだけ安全であるべきか？であり、もう一つはそれだけの安全水準をどのようにして実現すべきか？の二点だ。

この二点は二〇〇一年九月一一日の朝、四機の民間ジェット旅客機がテロリストたちにハイジャックされ墜落したことにより、一段と緊急性が加わった。この事件は空の旅が従来信じられていたよりもはるかに安全でないことを暴露した。航空安全に（人員や器材などの）資源追加を要することは、ただちに明らかになった。でも、どれほどの量の資源を投入すべきか、および何をどう変更すれば正解なのか不明だった。例えば、空港で旅客および手荷物の検査をこれまで以上に入念に行えば安全便益を増やす。これには誰も異論はないだろう。でも、どういう手段をとるべきか？　手荷物の機内持ち込みの禁止まで踏み込むのか、あるいは現状以上に注意深く検査するだけでよいのか？　またチェ

［注］――「小さくなる」といって、「ゼロになる」とはいっていない点に注意してほしい。一九七八年にユナイテッド航空のあるパイロットが、うまく作動しない着陸装置に気を取られて、操縦席のメーターに十分な注意を払うことを怠った。このため、航空機は燃料切れを起こし墜落、八人が犠牲となった。

ックインされた旅行鞄の爆発物検査にどれほど完璧を期すべきか?など、など。今日でさえ、これらの疑問に対する私たちの解答は、脅威の範囲と代替的な対応策のコストに関して学習が進むのに応じて、進化している。とはいえ、私たちがもっとも分別ある決定をする過程を通じて、経済学の原理が助けとなってくれるだろう。

一般的にいって、効率的な安全性水準とは完全な安全を意味しない。完全を達成するのはコストがかかりすぎるからだ。例えば、航空機の墜落による死亡や傷害事故を完全になくそうと思えば、私たちは航空機旅行をすべて禁止しなければならない。これは非現実的で実行不可能な期待だ。私たちが飛ぶことから利便を得たいと望むならば、多少のリスクを覚悟する必要がある。これは航空機に乗り込む際に誰でもが暗黙のうちに受け入れている結論だ。

環境に変化が生じれば、安全性の効率水準は変化しうる。例えば、技術的な変化によって爆発物走査《スキャン》のコストが低下すれば、爆薬によるテロリストの攻撃を防止する限界コストは低下する。そうなるとより多くの空港に検査機械を設置したり、また大空港では検査時間を短縮するため機械をさらに増やすことが効率的になり、その結果航空機旅行もより安全になる。同じように安全性の限界便益が何かの理由(例えば米国の大統領が搭乗しているとか)で大きくなったら、事前の点検をより綿密に行うのが効率的になるわけで、その結果、飛行は一層安全になるだろう。安全性の便益とコストを決定する諸要因が明らかになれば、環境の変化の結果としてある安全性の水準が確定されるが、いずれにせよ何ほどかの死亡や怪我のリスクがつきまとう。

航空機は複雑なシステムであり、驚くほど多くの部品が故障しうる。人類が飛行するようになって一世紀以上、航空機製造会社や航空会社は過去のすべての機能不具合の原因を究明し、事故の再発防止を目的に設計変更や運航手続きの改善を実行してきた。当然ながら、消費者は、空の旅の安全確保に最大の関心を持っている。情報が無料なら、企業が提供する安全性の実際水準は安全性の効率的なレベルにあるとかなり自信を持って断言できるだろう。消費者はさまざまな航空会社により提供される安全性の水準やその料金をよく見て、他の財を選ぶ時とまったく同様に、自分の好みと予算に応じて安全性の程度を選択するだろう。しかし、情報は無料ではない。情報は希少財であり、コストなしでは入手できない。その結果、乗客は航空会社ごとの安全性の記録やパイロットの能力、それに整備工が従う整備仕様書などについて何も知らない。実際には、航空会社も、例えばテロリストの攻撃の真の脅威を見積もる手段を持ち合わせないのだから、自らの安全の効率水準を確言できないだろう。従来、このような可能性を根拠に、連邦政府が最低水準の安全の確保を義務付けるべきである、との主張がなされてきた。今日ではこれは米国連邦航空局（ＦＡＡ）の業務になっている。以下、この問題をやや詳しく見ることとしよう。

政府が安全基準を決めるべきだとの主張の根拠は、航空会社の裁量に任されたら、乗客が望んでいるよりも低水準の安全しか提供しないだろうという推測にある。これは、航空会社が採用している機材や、訓練方法、整備のやり方などが安全であるかどうかを（余程のコストをかけて調べて見るのでなければ）、乗客が判断できないために起こりうる。乗客が安いコストで安全性の水準を測定できないなら、安全な航空会社に報いたり、安全でない会社を罰したりはできないだろう。安全の提供にはコストがかかるが、正確に測定できないとの理由から消費者は費用を支払う気がしない。だから、航空会社も十分な安全性を提供しない。そこで、政府の専門家（FAA）が安全基準を設定すべきだという結論になるわけだ。

この結論は一見もっともらしいが、単純な問題点を二つ見落としている。第一は、政府は安全性の効率水準をどうやって知りうるか？という点。たとえ、FAAがとりうるすべての安全手段のコストを知っているとしても、それで効率的な安全基準を設定するのに十分な情報を得ているとはいえない。乗客が安全にどの程度の価値を置いているか分からないからだ。この点の情報なしでは、FAAは追加安全性の便益を評価することもできないし、そのため便益が追加コストよりも大きいか小さいかを知る手段がないのである。

第二は、乗客の望みは目的地に安全に到着すること、という点。乗客には、航空会社が雇ったパイロットの善し悪しは評価できなくとも、その会社の航空機が無事に着陸したか、墜落したかは知ることができる。消費者にとり重要なのは、曖昧で分析にコストのかかる安全性の理由付けではなく、安全性そのものだ。そうであれば、消費者にはジェット機エンジンの金属疲労度を簡単に測定する能力が備わっていないからといって、効率的な安全水準を達成する上で何の関連もない。

興味深いことに、消費者は航空会社の安全性の実績を認識しており、安全性に欠ける航空会社を「罰している」証拠がある。致命的な墜落事故が航空会社が「過失を犯した」ためだとわかると、消費者はその航空会社に対する安全性の評点を下げるという研究もある（つまり、致命的な墜落事故発生の将来確率の評価を上方修正する）。結果として、安全管理を怠った航空会社は、航空機損失と犠牲者の遺族からの告訴による金銭負担以上の、財政的な打撃を受ける。この研究結果は、専門知識に疎いとされる消費者側が安全性に関して極めて高度の認識を有していることを示唆する。

以上の議論はテロリストやその他の悪い奴等による安全への脅威にどう対処するかという問題に答えてくれるわけではない。例えば、テロリストの脅威の評価に直結する情報の多くはマル秘扱いであり、航空会社や消費者への開示は肝心の情報源を危険にさらす可能性がある。だから、正確な理由を明示せずに一定の検査手続きを義務付けることにより、効率的な安全性に近似した成果を実現する点で、政府の出番があるともいえる。同様に、航空会社はネットワークで相互に結ばれているから（その結果、旅行中、乗客や旅行鞄が航空会社の間を移動できる）、効率的な安全性水準の達成にはすべての航空会社に共通した一式の検査ルールが必要とされるだろう。だからといって、そのことは政府がこれらのルールを課すべきなのか、それとも航空会社が任意に共通ルールを協定すべきなのか、という問題に解答を与えるものではない。

私たちは、航空機は自動車に比べて安全である、とのごく普通の観察から、この章を始めた。それなのに、多くの人々は飛行機に乗り込む際にはいつも安全について心配している。これは非合理なことだろうか？　答えは見る人次第だろう。飛行一マイル当たりの死者数で測れば航空機は乗用車の一五倍ほども安全である（付言すれば、歩行者の一七六倍も安全）。だが、この数字は次の事実を覆い隠している。航空機事故の六八パーセントは、離陸および着陸時に発生しているが、離着陸に要する時間は総飛行時間のたった六パーセントにすぎない。搭乗機が空港への着陸体制に入ると、乗客たちが目立って神経質になるのは、おそらくはそうした事実のためであろう。

演習問題

1　安全すぎることは可能か？　また「安全すぎる」とはどういう意味か説明せよ。

2　自動車会社が頻繁に自社製造の車両の安全性を宣伝するのに対して、航空会社の広告では安全性について言及されることはめったにない。この違いをうまく説明できるか？

3　民間の方が政府よりも航空会社の運営効率がよい。こう主張する経済学者の多くが、同時に、政府は航空会社の安全性を規制する正当な理由があると主張する。航空会社の運営には向かない政府が、なぜ安全性を保証するのには向いているのか？　説明することは可能か？

4　アメフトのプロチームは試合におもむく時、チャーター便を利用することがある。ワシントン・レッドスキンズがチャーターしたユナイテッド航空機に便乗するのは、ユナイテッド航空機の定期便に搭乗するよりも安全性が高いと感じるだろうか。

4　国富の謎

いくつかの国の市民たちは豊かなのに他の国の住民が貧しい理由は？　そう聞かれてあなたのとっさの答えは「**自然資源に恵まれているかいないか**の違いによる」というものだろう。エネルギー、森林や肥沃な土地に恵まれれば富の増加に役立つことは間違いない。しかし、自然資源は解答のほんの小部分にしかなりえないことは、たくさんの反証例があることから明らかだ。例えば、スイスやルクセンブルクは主要な自然資源はほとんどないが、市民たちの実質所得は世界の最高水準にある。香港も同様で、数平方マイル（一平方マイルは約二・六平方キロメートル）しかない岩石と丘の斜面の地ながらも現代の経済的奇跡の一つである。他方、ロシアはほとんどすべての重要資源を大量に恵まれている地であるのに、大部分の国民は経済的な窮乏下で身動きがとれない状況にいる。

多くの研究が**経済成長**の謎を解き明かし始めた。社会の基本的な政治や法律の制度が経済成長に貢献することを繰り返し見出している。中でも、政治の安定、個人財産権の確立、**法の支配**に基礎付けられた法律的な体系がいちばん重要である。これらの諸制度は人々を促して、土地改良やあらゆる形態の**物的資本**および**人的資本**への長期投資へと向かわせる。これらの投資は**資本ストック**を大きくし、長い将来に及ぶ経済成長を生み出す。そして長年の成長の累積効果が人々の生活水準をさらに引き上げる。

はじめに異なる法体系の経済成長への効果を対比してみよう。今日世界の多くの法律制度は二つのモデル、つまりイギリスの**コモンロー体系**とフランスの**市民法体系**のいずれかに基礎をおいている。コモンロー体系は政府の限定的な役割を支持する意識的な決定を反映し、政府の行政と立法部門の権力を抑制する司法部門の役割を強調する。市民法体系は、これとは対照的に、強力な中央主権政府の創設に好意的で、立法および行政部門は特殊利益に対して特恵的な措置を認可する権限を持つ。表4－1は両制度のそれぞれを採用する代表的な国の見本を示す。

研究結果では、**財産権**の保障は、イギリスおよび合衆国を含むその旧植民地国の、コモンロー体系の国ではるかに強力である点が明らかになっている。フランスとその旧植民地などの国では、市民法制度はゲームのルール、つまり**財産権および契約上の権利**の構造に予測不能な変更が行われる可能性がはるかに多い。この予測不可能性のため人々は長期の固定投資に二の足を踏むようになる。その事実がこれらの国々の経済成長のスピードを落とし、結局は国民の生活水準を引き下げてしまう。

そう推理するのは簡単だ。警察が住宅なり、自動車なりの権利保護の助けにならないと知れば、多分あなたはそれらの財産を取得しようとはしないだろう。同様に、営業や雇用上の契約が容易に執行

表4－1　法体系の違い

コモンローの国	市民法の国
オーストラリア	ブラジル
カナダ	エジプト
インド	フランス
イスラエル	ギリシャ
ニュージーランド	イタリア
連合王国（イギリス）	メキシコ
合衆国（アメリカ）	スウェーデン

できないとしたら、あなたはそんな契約を結ぶことはしない。だから財サービスをたくさん生産することになりそうにない。また今後一〇年の間に、いや一年後さえもゲームのルールがどうなっているか不明で、将来を計画できないとしたら、あなたは収益が上がるまで何年もかかる長期の生産的投資をしないだろう。コモンローの法制度は契約を執行し、財産権を保障する上で優れており、現在の経済活動を推進し、将来にわたって経済成長を促進する、と期待されている。

一九六〇年から一九九〇年代へかけての世界の国々の経済成長の成果に関する研究は、強力な財産権制度のあるコモンローの国々のほうが市民法の国々より成長率が三分の一高いことを見出した。対象になった三〇年以上の間に生活水準（国民一人当たり所得で計測）はコモンローの国民は市民法の国民と比較して二〇パーセント以上も高まった。こうしたパターンが一世紀もの期間継続すれば、財産権が保障されたコモンローの国の一人当たり所得は八〇パーセントという驚くほどの違いを生み出すだろう。

時代と制度の違いというさらに広い見地から経済成長を評価した他の研究によれば、政治の安定、暴力や窃盗からの保護、契約の保障、それに政府規制の負担のないことの全部が持続的成長に寄与した点を明らかにした。事実、経済成長の長期的な違い、したがって今日の実質所得水準の格差を説明するのは自然資源に恵まれていることではなく、このような主要な諸制度である。制度の強力な効果を例証するためメキシコと米国を対比して考えてみよう。国民一人当たり所得はメキシコのおよそ一二、〇〇〇ドルに対し米国は約四八、〇〇〇ドルである。メキシコが米国がこれまで享受してきたのと同じ政治的、法律的諸制度で発展してきていたならば、メキシコの今日の一人当たり所得は米国に等しかっただろう。

長期に経済成長を決定する上で、こうした諸制度の大きな重要性を前提にもう一つの重要な設問が可能だろう。国々が今日有している政治的および法的な諸制度はどのように獲得されたのだろうか？

答えは驚くなかれ病気と関係があるのである。かつてヨーロッパの植民地だった七〇か国以上を研究して明らかになったが、植民地経営の戦略は多様だった。オーストラリア、ニュージーランドおよび北アメリカでは、入植者たちは地理的、気候的に健康に適していることを見出した。だから永住する魅力がある。そこで、入植者たちは個人財産を保護し、国家の権力を抑制する制度を作り出した。しかし、ヨーロッパ人がアフリカや南アメリカにやってきた時、マラリアや黄熱病など死亡率の高い熱帯病に遭遇した。これが入植者の定住への意欲を殺ぎ、金属鉱物の採掘、換金作物やその他の資源に焦点を合わせたメンタリティを育てた。その結果、民主的な諸制度や長期に安定した財産権制度を推進しようという誘因は乏しかった。初期制度の違いは長年にわたる経済成長の違いを助長し、これらの諸制度が広範に永続したため、これらの諸国における今日の政治的、法律的な性格形成と生活水準を決定し続けた。

近年の出来事は政治的、法律的な諸制度の効果が、いずれの方向へも、劇的に加速しうることを例証している。一九七九年に制度改革を始めた中国を取り上げよう。これは主要二方面で行われた。一つは、第32章でもっと詳しく検討するが、中国はある程度の数の中国人を対象に限定した状況下で私有財産権に関する実験を始めた。二つには、中国を西側企業が事業展開するのにより安全な場所とするため、中国政府は外国からの投資に対する障害を取り除きだした。制度変革は控え目だったが総合的な効果は大きかった。中国の経済成長は加速し平均して年七パーセントに達した。それほど大した数字でないというなら、この三〇年の間に中国人の一人当たり実質所得を六倍にも増やすのに十分な率だったことを心に留めてほしい。

制度変革が潜在的に危険でありうる一例として、ジンバブエ以上の国はない。一九八〇年英国からの独立を勝ち取った時、同国はアフリカでもっとも繁栄していた国の一つだった。だが、ロバート・ムガベが初代の（現在まで唯一の）大統領として権力を掌握して以来、彼は国家の法の支配を解体し、また同国を豊かにする助けになっていた諸制度を切り裂き始めた。彼は土地に対する財産権の保障を減らし、やがてこれらの権利をすべて没収してしまった。ムガベは徐々に大部分の財サービスの価格を統制する措置を取っただけでなく、国民が取引する際に許容される通貨の価格さえも統制した。それどころかムガベ政府は多量の食料備蓄やジンバブエから輸出可能あるいは輸入された有価物の大半を没収した。要するに、生産あるいは貯蓄されたものは何でも没収の対象になった。そのため生産と貯蓄への経済的誘因は、控え目に表現しても、減少している。

この結果、一九八〇年から一九九六年の間に、ジンバブエの一人当たり実質所得は三分の一減少し、一九九六年以降もさらに三分の一低下してしまった。労働力の八〇パーセントが失業し、投資は不在。さらにインフレーションは近年二億三、一〇〇万パーセントという仰天する年率に達している（一三日ごとに物価が二倍になる）。進歩を可能にした諸制度が抹殺されたため、何十年にもわたる労働と投資の成果は破壊された。これこそわが身に降りかかる危険なしには無視できない教訓である。

演習問題

1　主要な自然資源の物理的存在量が同一であるAとBの二国があると考えよう。A国ではこの資源から抽出した利潤は政府にすべて没収される可能性がある。B国ではそのようなリスクは皆無である。政府による収用のリスクは両国の資源の経済的価値にどう影響するか？　どちらの国民が裕福か？

2　いくつかの国では他のグループへ分配する目的で、あるグループから資源を収用する政府の政策が広範な政治的支持を集めることがある。質問1に対する解答に照らして、この事実をどう説明したらよいか？

3　ある国の低い生活水準を決めている重大な要因がその国の法律的、文化的な諸制度の有害な組み合わせだとしたら、世界の他の国民がその国の生活水準を永続的に引き上げるにはどう手助けしたらよいか？

第二部　需要と供給

需要と**供給**の法則は、経済分析の道具箱の中で、もっとも基礎的で、いちばん有用な用具である。実際にも**需要の法則**（商品の価格が低いほど需要は大きくなる）は、経済学のすべての命題の中で、これ以上ない強力な単一の命題である。率直にいって、信じられないほど多岐にわたる人間の諸行動を説明する能力において、経済学の他のどんな命題も、需要の法則に対抗できるものはない。例えば、なぜ都心地区の建築物が辺鄙な郊外地の住宅と比べて高層になるのか？　またサッカー・スタジアムでは明らかに低い席の方が観戦に有利であるのに、なぜ人々は高い席に座りたがるのか？　需要の法則は理由を説明してくれる。需要の法則にほぼ匹敵する強力な説明力を持つのが、**供給の法則**（商品価格が高いほど、生産者からの供給量は増大する）。残業して働けば割増し賃金が支払われるのはなぜか？　またなぜ冬場よりも夏場の方が海浜の駐車場の料金がそれほどまで高くなるか？　供給の法則は理由を理解するのに役立つ。

需要の法則と供給の法則を合体させると、自発的な交換取引から生ずる巨額の**交易の利益**が浮かびあがる。第5章「売春防止、禁酒法、それに麻薬取締り」では、そうした利益を生み出す交換取引を政府が禁止しようと企てた時、どんな事態が生じるかを検証する。結果はしばしば驚きであり、コストはつねに高く、悲しいことに時には悲劇的でさえある。例えば、禁酒法時代に連邦政府がアルコール飲料を非合法化した時、アメリカ人の反応はビールからハード・リカーへ乗換え、また泥酔するまで飲む機会が多くなった。また、政府が現在推進中のマリファナやコカイン等の麻薬撲滅の努力が、大都会で多発する走行車からの銃撃騒ぎを引き起こしたり、麻薬常用者に過剰服用を奨励する事態を招いている。最後に、売春防止法がエイズ（後天性免疫不全症候群）の蔓延《まんえん》を助長している理由を説明する。

市場は時に思いがけない場所で人類のため利益を創出する。その一つが人間の臓器移植。毎年何千人もの人々が生命を救ってくれる臓器の提供を待ちながら空しく死んでいく。第6章「腎臓売ります」で見るように、生命を救う上で主要な障害の一つは、ゼロ価格での自発的な臓器提供は許されるものの、人間臓器の移植に対し提供者個人が支払いを受けることを禁じている事実にある。移植手術を執刀した外科医に報酬を払うことは合法だし、またその手術室で臓器移植が行われた病院が利潤を得ることも法律的に正当だ。しかし、あなたが自分の角膜、腎臓、それに肝臓葉などを売ることは法に反する行為だ。さらにあなたの死後摘出採取されたあなたの臓器から、あなたの遺族が利益を得ることさえ非合法である。これが移植に使われる人間の臓器の数を減らし、何千人もの死を結果している。他国の経験から臓器への支払いが提供者を増やす誘因になることが分かる。また悪用（非自発的な「提供」など）に対する保護措置は実行が比較的容易である。さらに臓器移植への支払いは、すでに実際上すべての移植費用を支払っている医療保険事業にも比較的わずかの費用を追加するだけである。結局、移植臓器への対価支払いを認めることは、提供者の利益になるし、それ以上に重要なことは移植を受けた何千人もの生命を救うことになる。これこそ正しく交易からの利得の古典的な例証の一つである。

第7章「物価の名目と実質」の焦点は、私たちが身の周りの世界を評価するため、供給と需要という分析用具を使用する際、物価を正しく測定することが肝心だという点である。私たちは毎日市場での取引でいろいろな価格に巡り合っている。だから、これは簡単なことに聞こえる。しかし、私たちが直接に観察しているのは、**名目価格**、つまり、ドル（またはユーロや円）表示の商品単価だ。分析上（そして市場での私たち自身の決定にとって）重要なのは**実質価格**である。これはインフレーション修正後の価格であり、それぞれの品目の真実コストを表示する。私たちがまた、品目間、時点間で実質価格を比較する場合はそれぞれの品質変化を修正しなければならない。私たち人間には、日々の売り買いを決定する際、これらの修正を自動的に行う能力が備わっているように見える。しかし、経済情勢の記事を書くジャーナリストや経済政策を策定する政治家には、この日々の選択という常識は忘れられているようだ。その結果は、せいぜいばかげた報道記事であったり、最悪では破壊的な政治的決定である。

生産を刺激し、消費を配分し、そして希少財の効率的な割当てを保証する価格の力。私たちは毎日いやというほどその実例を目にしている。それなのに、人間が生きる上でこれほど大切な水のような財に対しても、価格が驚異的な機能を果たしうることを人々は時に忘れてしまう。人々の健忘症は水を巡る各種の神話が原因になっている。神話とは、この惑星（地球）はどうやら干上がりつつある、水は生命維持の必需品だから市場による配分は不可能だ、あるいは海水は容易には淡水化不可能といった（誤った）観念のことだ。

第8章「水を使い果たす?」では、そんな観念は念入りな吟味に耐えるものでない点を見よう。地球は閉鎖系である。水は汚染されることも、浄化されることも、また循環することも可能だが、使用されたからといって破壊されるわけではない。その上、水ほど貴重なものはないわけだから、競争市場の自由な作用にまかす上で理想的な候補である。開かれた水市場へ干渉する企てはいずれも私たちの富の総量を削減し、負担能力のもっとも低い人々、つまり所得分配の最底辺層に不釣り合いなまでの負担を強いることになる。

本章の重要な結論は次のとおりだ。周期的に世界のさまざまな地域を苦しめる水不足と水危機が旱魃の結果であることは滅多にない。はるかに多くの場合、需要と供給の法則が支配する現実を受け入れる意思も能力もない政府官僚たちにより引き起こされる人災なのである。

第9章「増税のマイナス誘因」で見るように、需要者および供給者が市場で実際に直面する実効価格は種々の活動や財に課せられる税によって重大な影響を受ける。課税の影響は大規模で、時には混乱を招き、あるいは非生産的でありうる。所得への課税が引き上げられると、人々はいまより働かなくなる。財への税金が重くなると、それらの財の消費が減る。そうはいっても、税率水準が低ければ反応は穏やかであり、税率引上げで**税収**が増える可能性がある。しかし、ある水準を超えると、税率引上げの抑制効果が需要者あるいは供給者の意欲を損ない、税収は実際に減少する。課税の抑制効果が社会総産出の減少の原因となる事実をも考え合わせると、結果はどう見ても双方とも損になる「負け－負け」ゲームとなることは確実である。

需要供給分析の適用例の最後が第10章「家賃統制の愚行」だ。この章は第5章で論じたのと同じ論点、すなわち、自由市場への政府介入の効果にもどり、**家賃統制**（アパートの家主が請求できる家賃の法的な上限規制）について検討する。家賃統制の効果は、第5章で観察された結果ほどには悲劇的ではないとしても、同様に意外であり、しばしば高くつく。家賃の法的上限規制はホームレスの数を増やし、人種差別を助長し、さらには全国の主要都市の何十万戸もの住宅の広範な破壊の原因になった。ここで私たちは一つの単純な事実を見過ごすわけにはいかない。つまり、政治家は法律を作り、官僚は法の執行に最善を尽くすだろう。だが、経済の究極の支配者は需要と供給の法則である、という単純な事実を、である。

5　売春防止、禁酒法、それに麻薬取締り

一九一四年以前の米国では、コカインは合法だったが、今日では非合法。アルコール飲料はいまでは合法だが、一九二〇年から一九三三年の間は非合法だった。売春は現在ネバダ州でのみ合法であり、他の四九州では非合法である。[注]売春、酒、それに麻薬――これら三つの商品のすべてには、少なくとも一つの共通点が存在する。いずれもその消費は取引を望む売り手と買い手の双方を結び付ける。つまり、「相互に利益のある交換行為」mutually beneficial exchange（少なくとも取引の両当事者にとって）

[注]――この記述はまったく正確というわけではない。今日でも、コカインは医師の処方があれば合法的に入手できる。ネバダの売春も、「地元の選択権」を行使して、その旨宣言した郡においてだけ合法であるにすぎない。合衆国のいくつかの郡は、いまでもビール、ワイン、蒸留酒の販売を禁じている「禁酒地域《ドライ》」のままである。

言わせれば）である。部分的にはこの特性のために、これらの消費を禁じようとする過去および現在の試みは、いずれも目覚ましい成功は収めなかったし、生産、流通、および使用に関して一種独特な形態を生み出した。以下、理由を探ろう。

当局が任意な取引を禁止しようとする時は、売り手か買い手のどちらを追跡するか決定しなければならない。ほとんどの場合——とくに売春、酒および麻薬が関係する場合は間違いなく——当局は売り手側を標的にする。理由は限られた取締り予算から最大の便益を得る道だからだ。一人のコカイン密売人、いや末端のけちな売人《バイニン》一人ですら、毎日数十人から数百人ものユーザーと取引することが多い。これは禁酒法時代の「スピークイージー」（非合法のアングラ酒場）と同じ状況だ。売春婦は普通一日に三人から一〇人もの「カモ」（遊客）をつかまえる。麻薬の供給者を拘禁すれば、警察は数数件——時には数百件も——の取引を未然に防止できる。これはバイヤーを一人一人追いかけるよりはずっと費用効率のよいやり方だ。といって、警察が非合法商品の消費者を目こぼししているわけではない。実際にも、警察官が密売者に化ける「オトリ捜査」作戦が新聞社会面のトップを飾ることも少なくない。とはいえ、取締りはほとんどが供給側に焦点を当てているので、ここでもそれにならうこととしよう。

非合法商品の供給者を狙い撃つ取締り活動は、供給者の営業コストを押し上げる。罰金、懲役刑および場合によっては暴力沙汰に巻き込まれるリスクは営業費用の一部となり、現在および将来の供給者はこの点を計算に入れる必要がある。非合法営業の企業家には商売をきっぱりやめて、才能を他の分野で生かそうとする者もいる。取引を警察の目からくらまそうと秘密の（しかも金のかかる）手段に頼る者もでてくる。また警察官が顧客にまぎれこむ危険を最小限にしようと、取引相手の範囲を限定しようとする者もいる。総じて、営業のコストは高騰する一方、価格の如何にかかわらず、入手できる商品は少なくなる。供給減少の結果は、商品価格の上昇だ。

価格の上昇こそ、ある意味では、まさしく取締りの官憲が狙うところである。というのは、売春、酒および麻薬の消費者は**需要の法則**どおりに行動するからだ。価格が上昇すれば、消費量は減少する。そこで、売り手に対する取締り強化の即時的効果は、非合法商品の買い手の消費を減退させる。しかし、それ以外にも効果がある。

第一に、問題の商品が非合法であることから、非合法活動に**比較優位**を有する連中が供給（とおそらく需要）の業務へ参入してくるだろう。前科者で犯罪歴がこれ以上増えることをそんなに気にしない輩《やから》もいる。他の犯罪に手を染めている間に、警察や検察の追及をたくみに逃れる技を磨いた者もいる。中には単に社会を嘲弄する手段の一つとして新しい非合法活動に目を付けた手合いもいる。一般論でいえば、ある活動が非合法化されると、犯罪者に適性のある人間がその（非合法）活動に引きつけられる。

普通、非合法契約は法的手段に訴えて履行を強制できない（かりに強制できたとしても、代金不払いの苦情を警察へ訴える間抜けな非合法商品の売り手などいるだろうか?）。こうして、非合法商品の買い手と売り手は、しばしば契約の履行を強制するのに私的な手段に訴える。私的手段とは往々にして暴力を意味する。[注] その結果、暴力行為に適性のある連中が非合法活動に誘われ、そこで才能を発揮する大きな**誘因**を与えられる。これが禁酒法時代（一九二〇〜一九三三年）にアメリカの殺人率が記録的高水準に達し、アルコール飲料が再び合法化されると急激に低下した理由の一つである。また一九八〇年代に麻薬関連の殺人事件が急速に増加したことや、麻薬まみれの多数の都市で走行中の自動車からの狙撃事件が日常茶飯事となったこと、などを説明するのに役立つ。一九三〇年代のトムスン自動小銃や一九八〇年代のMAC－10マシンガンは契約の強制執行に必要な低コストの手段にほかならなかった。

非合法商品の売り手を廃業に追い込もうとする官憲の企てには別の効果もある。最近の卸売り価格では、五〇、〇〇〇ドルの純粋ヘロインの重量は約一ポンドだが、同じく五〇、〇〇〇ドル相当のマリファナは約一〇〇ポンドもある。密売人ならずとも明白なのは、一ポンド（の密売品）を秘匿する方が一〇〇ポンドを隠すよりずっと容易だということだ。だから、逮捕と訴追を逃れようとして、非合法商品の供給者はできるだけ高価な種類の商品、つまり効き目の大きい麻薬、度数の強い酒類を取引しようとする誘因を持っている。禁酒法時代の酒類密売者はビールやワインよりアルコール度の高いハード・リカー（蒸留酒）を主に販売した。今日でも「密造酒」はバーボン、スコッチ、またはウォッカなど正規のハード・リカーの約二倍のアルコール含有量がある。アメリカで一九一四年に麻薬が禁止されて以後、密輸業者は効力のおだやかな阿片の輸入をやめて、より高価で、より効力が強く、また中毒性のより大きい誘導体であるヘロインへと切り換えたのである。

強度の高い非合法商品へ移行する動きは、ユーザーをも取締りの対象とされるようになりさらに強まった。供給者と同じく、ユーザーたちにとっても強度の高い商品を隠す方がはるかに容易である（コストが安い）。ユーザーへの罰則に応じて相対価格の変化が生じた。通常、非合法な物品の使用は販売よりも刑罰が軽い。しかし、同一カテゴリーに属する行為（使用または販売）であれば、商品の単価には無関係に同一の刑罰が課せられる。例えば、禁酒法時代、ワインももっと高価でアルコール度の強いハード・リカーもともに非合法だった。今日でも、純度九〇パーセントのコカイン一グラムの所持と純度一〇パーセントのコカイン一グラムの所持とは同じ刑罰だ。つまり、商品の単価（したがって効力）とは無関係に所持量に応じて、逮捕に伴う固定費用（法定の刑罰）が存在する。このようにして、刑罰の仕組みが、効力の弱い種類の品目の相対価格を引上げ、効力の強い種類の品目の使用をユーザーに奨励することになる――阿片の代わりにヘロインを、マリファナに代えてハシーシを、ビールではなくハード・リカーを、というように。

ユーザーに対して刑罰が課せられるようになって、使用態様の変化が促された。一九一四年以前は、コカインはアメリカでは違法ではなく、今日のカフェインと同様に軽い興奮剤としておおっぴらに使用されていた（コカインはコカ・コーラの当初の組成材料の中にさえ含まれていた）。長い期間にわたって、それほど大量でないが、定期的に消費するという使用態様は、品物が非合法化されると、相対的に高価になる。「ちょびちょび」型使用（少量ずつ時間をかけて消費）は「まとめて」型使用（大量をいっぺんに消費）より当局の目にとまりやすい。これは保有期間が長期になり、また麻

［注］――原理的にいえば、暴力――強制的な拘置など――は法的機関による合法的な契約の履行強制においても重要な役割を演じる。ただ私たちはあまりそれを暴力とは考えない。通常憲法上の保護や訴訟法の規則がクッションになっているからである。

薬に手を出す回数も多くなるという単純な理由からだ。こうして対象品が非合法化されると、消費者にはより集約的な使用法へ切り換える経済的誘因が生まれる。コカインの場合も、一九一四年以前には普通は大量に希釈《きしやく》して液状で経口摂取していたのに、非合法とされた後は鼻から吸引したり、注射する方法に変わった。禁酒法時代、毎晩晩飯前にカクテルを何杯か飲むのは控えるようにはなったが、その代わり回数はずっと減ったものの、いったん飲むとなったら、いつもへべれけになるほど飲んだ。同じ現象が今日でも観察される。二一歳未満の若者は二一歳以上の成人よりアルコール飲料を消費する機会は少ない。しかし、一度飲み始めるや、泥酔するまで飲んでしまいがちである。

驚くにはあたらないが、非合法商品の供給者は自分の商品をおおっぴらに広告などしたがらない。潜在的消費者（将来の顧客候補）ばかりでなく、警察も案内掲示板をチェックしたり、テレビを注視するからである。供給者はまた簡単には身元や営業の場所や時間を明かにしたがらない。警察に逮捕される機会を増やすことになるからだ。結局は、販売される商品の価格と品質に関する情報は「地下へ潜って」しまい、それが消費者にとって不運な結果を招くこともまま起こるのである。

合法商品については、消費者はいくつかの情報獲得手段がある。友人、広告、および個人的経験などから商品について知りうる。合法商品の場合は商標がつけられ、他商品との識別が可能だ。商標は法律で盗用が禁じられ、裁判所が守ってくれる。誰にでもたやすく識別できるブランド（銘柄名）がついているので、消費者は商品の品質と価格を十分に知ることができる。ある商品を使ってみての経験が使用前の期待にそわなければ、同じ銘柄を二度と買わないことで、この不快な商品と縁切りができる。

一群の商品が非合法化されると、それらの商品に関する情報の入手方法は少なくなる。銘柄名はもはや法律の保護を受けることがないので、有名銘柄品の偽造が行われる。商品が事前の予想どおりでなくても、消費者が供給者を罰するのは困難（高コスト）になる。結果は、しばしば品質の低下と信頼性の動揺である。これは非合法商品の消費者にとって、多くは不快な、時には生命に関わる結末を招くことになる。

売春を取り上げよう。売春が公認されているネバダ州の郡では、売春婦は郡政府への登録が求められ、普段は施設の整った売春宿の屋内で商売する。売春宿はおおっぴらに広告し、馴染みの客が商売の中心である。保健所の係官が性病は毎週、エイズは毎月検査している。これと比較して、売春が非合法な地域の実情を見よう。そこでは売春サービスの供給者は主に街娼である。決まった場所での営業はすぐに警察に探知され、手入れを受ける。何度も場所を移動し、警察の執拗な襲撃を回避する。常連の客などは滅多にいない。つまり、客にとっては後にも先にもこれ一回きりの接触がほとんど、とのこと。

結果は著しく対照的である。ネバダ州では、公認された売春婦から性病を移されたという事例は「ゼロに近い」と推計されている。今日まで、登録された売春婦でエイズ検査の結果が陽性と出た者は一人もいなかった。対して、ネバダ州外のいくつかの主要都市では、売春婦の間の性病の罹病率は、一〇〇パーセントに近いと推定されている。マイアミでは、ある調査によると検束された売春婦の一九パーセントがエイズ検査で陽性と判明した。またニュージャージー州ニューアーク市では、検査した売春婦の五二パーセントがエイズ・ウイルスに感染していたし、首都のワシントン特別区およびニューヨーク市でも、売春婦の約半数がエイズ・ウイルスのキャリアー（感染者）であると信じられている。非合法商品の市場においては信頼できる情報が欠如しているので、客は往々にして自分が何を購入したのか正確には分からない。その結果、時には思ってもいなかった代物《しろもの》を掴まされることもある。

つぎにアルコールと麻薬を考えよう。今日ではアルコール飲料はブランド名を衆知してもらうため大々的に広告され、信頼できる取扱い業者が販売している。アルコール度や品質が期待からはずれた商品などを売れば、取引を打ち切ったり、友達に言いふらしたり、場合によっては訴訟に訴えるなどして、消費者は供給者を直ちに罰することができる。一九一四年以前の米国では、阿片またはコカインを含有した数百もの商品について同様な状況が一般的だった。

禁酒法時代、アルコール飲料の消費者は一体自分がどんな中身のものを購入しているか正確には知らなかったし、購入した商品に不満があっても翌日供給者をどこで探したらよいか分からなかった。時には蒸留酒に致死性のメチルアルコールを混ぜるような悪い奴もいた。メチルアルコールの混合比率がごくわずかだと、水で薄めた酒も「ピリッ」とした味わいになる。だが、ほんのちょっと比率を上げただけで、メチルアルコールは何も知らない消費者の目をつぶしたり、殺してしまうことさえあった。「評判の好い」スピークイージー（翌日も同じ場所で営業している見込みのある）でさえ、高価な外国産ウイスキーのボトルは、ついにラベルがはげ落ちてしまうまで、地元で密造された「下等酒」により何度も繰り返し補充された。

一九七〇年代には、品質の高さが評判だったパナマ・レッドまたはアカプルコ・ゴールド・マリファナを買ったはずが、茎や種子ばかりか、オレガノ（シチューや肉料理に使う香味料植物マージョラムの乾燥葉）みたいなものまでいっぱい詰め込んだ、低品質のポット（巻きタバコ状にしたマリファナ）を掴まされることが一再ならずあった。コカインの買い手の心配は、流通の流れの中で人手を経るごとに、どの程度不純物が混ぜられたかという点ばかりではなく、どんな不純物が混入しているかという点にあった。近年コカインの純度は小売段階で一〇パーセントから九五パーセントの間に分布している。ヘロインは五パーセントから五〇パーセント。混入物は砂糖、麻酔剤、アンフェタミンなど雑多だが、時には殺鼠剤が使われた。

前述したように、非合法商品の使用者を法律で処罰すると、効力の強い商品を集中して使用するように仕向けてしまう。この事実に非合法商品の品質と効力への信頼度が低いことが組み合わさると、恐ろしい事態となる。禁酒法時代、急性アルコール中毒（アルコールの過剰摂取）による死亡率は今日の三〇倍以上の高率だった。一九二七年一年だけでも、一二、〇〇〇人が急性アルコール中毒で死亡した。さらに、何千人もが酒に混入された不純物のため、目が見えなくなったり、死んだりした。今日では、年間約四、〇〇〇人がコカインまたはヘロインの消費が直接の原因となって死亡している。そのおよそ八〇パーセントが、思った以上に効き目が強力だったための過剰服用、または不純物の副作用が原因となって死亡したと推定される。「買主の危険負担」caveat emptor（買い手よ用心せよ）は非合法商品を消費する際に決しておなざりにはできない警告であるのは明らかだ。

この章の冒頭で述べたように、商品非合法化の効果の一つは価格の上昇。じゃあ、どれぐらい上がるの？　こう聞く人もいよう。一九九〇年代の初め、コロンビアからのコカイン輸入阻止のため、連邦政府は年間約二〇億ドルを費やした。ある研究の結論は、米国政府の努力はコカイン価格を四パーセント上昇させる結果となったという。また同研究によれば、コカイン価格をさらに二パーセント追加して引き上げるコストは、毎年一〇億ドル。もっと最近、ノーベル経済学賞受賞者ゲーリー・ベッカーのグループの推計では、麻薬との戦いに合衆国は毎年少なくとも一、〇〇〇億ドルも使っているという。その効果は？　現在のヘロインおよびコカインの価格は記録的低水準にある（つまり、取り締まり効果が乏しい）。

マリファナの輸入を禁止しようとする政府の努力は、おそらくはマリファナがコカインよりも探知しやすいだけに、少しは成功した。しかし、そうなったら国内で栽培されたり、比較的にオープンなカナダとの国境を越えて持ち込まれるようになった。おまけに、アメリカとカナダの優秀な農業技術は、品種改良への遺伝子工学の応用とあいまって、効能ベースでは一〇倍以上もの供給増加をもたらしたと推計されている。

数年前には大部分の州および連邦政府はシュウドエフェドリンを含有する感冒薬の販売制限を開始した。非合法の興奮剤であるメタムフェタミンの自家製造原料として広く使われていたからである。販売制限は「メタ」の自家製造を大幅に減らし成功であった。が、同時にはるかに効能の高いメタがメキシコから大量に流入する事態を招いた。つまり、全体としてはメタムフェタミンの消費と中毒のいずれも規制によって減ることはなかった。しかも、輸入品が高純度のため過剰摂取が急増したのである。

また一九二〇年代と一九三〇年代にアルコール飲料の消費を禁止しようとした政府の試みも、ひどい失敗であった。このため、禁酒法施行の根拠となった合衆国憲法修正第一八条が撤回されたのだが、これは合衆国の憲政史上最初の（これまでのところ唯一の）憲法修正条項の撤回であった。「人類最古の職業」と評判の売春は、あのニューアークやマイアミでも今日引き続き大いに繁盛している。

売春、酒、または麻薬の消費を政府が禁止できなかったからといって、その努力がまったくの失敗だったことを意味しない。実際、不純物の混入した麻薬や酒および病気を持った売春婦といった結末を見れば、これら努力の効果は明白である。だが、相互に利益をもたらす交換取引を政府が禁止しようとしてどれほど努力しても、劇的な成功で報われることは期待できそうにない。これがこの章の結論的メッセージだ。

演習問題

1　連邦政府は現在「一〇〇標準強度ガロン」を基準にアルコールに課税している（一〇〇標準強度アルコールとは純粋エチルアルコールをちょうど五〇パーセント含有する。大半のハード・リカーは八〇％標準強度で四〇％のエチルアルコール含有量であるが、ワインは普通二四標準強度、大部分のビールは六～一〇標準強度）。政府がアルコールの度数は考慮せずに、厳密に量だけを基準に課税した場合に、アルコールの消費パターンはどう変化するだろうか？

2　禁酒法時代に、スピークイージーの経営者の中には、警察の手入れをまぬがれようと賄賂を使う者たちがいた。そういう賄賂を払うスピークイージーでサービスされる酒は、賄賂を使わない酒場の提供する酒より上質か、安物かどちらだと思うか？　また二つのタイプのスピークイージーのそれぞれの常連客の間には、何らかの相違（例えば、所得水準に関して）が存在すると予想するか？

3　ネバダとニュージャージーの売春市場を比較すると、重要な相違点が二つ存在する。①ニュージャージーの売春婦は政府の訴追努力のために高いコストを強いられる。②ニュージャージーでは遊客も病気を移されるリスクが高い。売春ビジネスの非合法的性質のため、商品の品質に関する信頼できる情報を入手するのが容易ではない（コストがかかる）からだ。この二つの事実を前提に考えて、ニュージャージーでの売春サービスの価格はネバダと比較して高いのか、低いのかどちらだろうか？　また（人口差を調整した上で）いずれの州が売春サービスをより多量に消費しているだろうか？

4　合衆国医務総監によれば、ニコチンは人類にとりもっとも中毒性の強い麻薬であり、喫煙が原因で米国では年間三〇〇、〇〇〇人から四〇〇、〇〇〇人も死亡している。それなのに、なぜ米国では煙草は非合法ではないのか？

6　腎臓売ります

近年では、毎年七、〇〇〇人以上ものアメリカ人が臓器移植を待ちながら死んでいく。彼らが死ぬのは医者に臓器移植する能力がないからでも、医療保険がコストを支払わないためでもない。一九八四年以降、連邦法により人間の臓器提供に対する支払いが違法とされたから死んでいくのである。[注]男性の精子、女性の卵子、また男女両性の血液の提供への対価支払いは合法だ。臓器の提供を贈与として受けることは法律上問題はない。また移植手術執刀の外科医への謝礼支払も間違いなく合法。さらに臓器の移植手術をした病院が利潤を得ることも適法である。だが、あなたが自らの角膜や腎臓ある

[注]――この法律はもともとアル・ゴア下院議員（テネシー州選出）が提案した。彼は後に合衆国副大統領（一九九三～二〇〇一年）になった。

いは肝臓葉を売ることは法律違反。さらにあなたの死後摘出されたどの臓器からでも遺族がお金を受け取ることは非合法。こうして毎年七、〇〇〇人もの人々が誰かが臓器を贈与してくれるのを待ちながら空しく死んでいく。

人間の身体の一部の移植は新しいことではない。角膜移植に初めて成功したのは、一九〇五年オーストリアでのことだった。腎臓移植の初の成功例（一卵性双生児の間で）は一九五四年、ボストンで行われた。以来、すい臓、肝臓、心臓、肺、手そして顔までも、移植に成功している。実に現在では三七種類もの異なる臓器と人体組織が移植可能である。いずれの移植もコストは安くない。合衆国では腎臓は平均二五〇、〇〇〇ドル、肝臓は五二〇、〇〇〇ドル、心臓では平均六五〇、〇〇〇ドル。ただし、外国での移植（インドや中国での）を手配してくれるサービスがあり、半額以下の価格で手術を受けられる。これらの数字には臓器自体に対する支払いは含まれない。合衆国でもまた大半の国でも違法だからだ。

これほどの天文学的金額は、大多数の国民の手の届く範囲にないことは明らかだ。でも、合衆国では移植費用を通常患者が直接支払うことはない。六五歳未満で医療保険加入者は民間保険が移植費用を支払う。六五歳以上の者には連邦高齢者医療保険制度《メディケア》（Medicare）が支払う。六五歳未満で民間保険に加入していないし、また自力で支払う資産もない者には連邦政府と州が共同で資金負担する低所得者医療補助制度《メディケイド》（Medicaid）が支払う（外国での移植には民間保険、メディケア、メディケイドのいずれも支払いをしない。だから外国での移植は一般には待ちたくない、あるいは待っている間に死にたくない比較的裕福な人々だけが選択する）。

さて、臓器移植の経済学の研究を始めるにあたり、腎臓移植を取り上げよう。腎臓から出発する理由は移植技術が比較的定型的であることに加え、人間は生まれながら二つ腎臓を持っているが、どちらか一方だけでもほぼ支障なく生きていけるからだ。実際には透析という技術のおかげで両方の腎臓がともに機能しなくても何年も生存できている。二〇〇九年合衆国ではおよそ八万人が腎臓移植を待っていた。同年、一万人のアメリカ人が死亡した赤の他人から移植を受けた。それ以外に六千人が親友か親族である生存中のドナー（無償提供者）から移植を受けた（私たちは誰もが余分の腎臓を持つことを想起してほしい）。悲劇的なことに、移植待ちの五千人は死亡か、（移植不適なまでの）病状悪化のため移植候補者リストから消去された。その他の二千人は肝臓、心臓、肺その他の重要臓器の移植を待つ間に死亡した。執刀する外科医に支払うと同様、腎臓（臓器自体の取得）への対価支払いが合法的であれば、彼らは救えただろうか？　それとも腎臓市場は最終的には、思いやりでなく金儲け動機の悪徳ブローカーが不本意な犠牲者から採取した「提供」臓器に依存する闇市場になるのだろうか？　これが正しく、生命を救う臓器を提供する人々（あるいは死亡したばかりのドナーの遺族）に対して、報酬を支払うことを許すべきかどうか、そうした深刻な問題を巡る論議の核心である。

肝心なことをまず最初に考えよう。腎臓や肝臓葉の提供行為はドナーに対し潜在的な危険性がある。でも、そんな理由からは臓器取引に反対はできない。つまり、現行制度は金銭的な報酬なしという前提の下で人々がリスクを冒すことを許している。だが、友人や家族に支払いなしで提供を認めるのは手術が安全だからという理由なら、お金と交換に片方の腎臓や肝臓の一部を切除することが危険すぎることになるのだろうか？

この他にもたくさんの論争点がある。それらの探求を始める前に、まずは人間の臓器への支払いが適法である国、イランの実情を見よう。この国では生存者からの提供割合が人口一〇〇万人当たり二三人と世界最高である。イランでは臓器に対する金銭的報酬の支払は一九八八年以来合法であり、一〇年間に腎臓移植患者の滞貨は一掃された。これは他国では達成されたことのない成果である。

イランの制度では移植を待つ個人はまず親族の中で自発的提供者を探さなければならない。そういう人がいなければ、（親族以外の）死者の中から適合する提供者が出るまで最高六か月間待つ必要がある。その時点で移植希望者は国民臓器移植協会へ申請し、有償で提供する自発的提供者の腎臓を受ける。提供者は一、二〇〇ドルプラス保険料全額支払い済みの健康保険サービス一年分を政府から、また二、三〇〇ドルから四、五〇〇ドルまでを被移植者（当人が貧乏ならば代わりに慈善団体）から、受け取る。提供者と被移植者はまた個別に交渉して追加の現金支払いに合意することも可能だが、ほとんどのケースで前述の金額で十分である。この他純粋に利他的なドナーからも、また間近に解剖された死体からの提供もある。だが、イランで基本的に希望者全員が腎臓の提供を受けることが可能なのは対価支払いが認められているからだ。またイランの制度は「闇取引」なしに、また（貧乏だから）移植費用を支払う能力のない人々にも、移植を可能にした。ともかく、イランの方式は何千人もの国民の生命を救ってきた。

人体移植対価の支払い制度について多くの人々が心配するのは、非自発的提供者出現の可能性だ。つまり、臓器市場ができると、悪徳ブローカーが金儲けのため人を殺め、飛び切りの高値で臓器を販売しようとするのでは、という心配である。だが、イランでは二〇年以上もの間悪徳行為が行われた気配はない。でも、これはそれほど意外なことではないだろう。臓器と被移植者との間の組織適合が移植可能なほど近いかどうか確認すべく開発された医学技術（ＤＮＡ検査なども含め）を前提に考えれば、いまでは臓器Ａが自発的ドナーＡから採取され、非自発的ドナーＢからのものでないことはたちどころに確認できるからである。

実際、身の毛もよだつホラー小説を別として、人間臓器の市場を認める危険に関する現実のホラー物語の大半は臓器市場の欠如（不存在）に起因する物語なのだ。例えば、過去の中国では多くの「移植観光客」に、毎年処刑された何千人もの受刑者の臓器が移植されていた。中国政府は本人が「同意」した場合にのみ使ったと言い張っていたが、多くの人権団体は異議を唱えている。ただし、一点だけ異論のないのは、受刑者なり彼らの遺族に一セントも支払われなかった事実だ。臓器は単純に取り去られただけだった（現在この慣行は停止されたようだが）。

アメリカとイギリスの両国で、死後間もない死体から臓器やその他の部分を切り取った、「臓器略取」として広く評判になった事件があった。これらの事件では、死体の一部は研究に使われ、他の部分は金儲けのため売却するつもりだった。いずれの事件でも、切除は本人の生前の同意も、遺族による死体解剖への同意もなしに、実行された。だが、これは窃盗だ。格別に身震いする話だが窃盗であると心に刻むべきだ。別の形の盗みについて考えよう。毎年何千人もの高齢者たちが「フィナンシャル・アドバイザー」を騙った悪い奴等に虎の子の退職資金を詐取されている。では、投資顧問行為への代金支払いは誰に対しても非合法とすべきだろうか？　またそのような犯罪人を告発し投獄するため、私たちのあらゆる努力を傾注するべきなのだろうか？

パキスタンとフィリピンでは最近まで移植臓器取引のための小規模な市場があった。現在パキスタンでは人間臓器の売買は禁止されているし、フィリピンでは同国人以外への移植は違法になっている。両国では腎臓を二、〇〇〇ドルから三、〇〇〇ドル（両国の一人当たり年間所得に相当する金額）で売却したが、長期間に及ぶ健康への悪影響のため、取引を後悔するようになったドナーのエピソードが伝えられている。しかし、同様な問題は無償のドナーについても生じうる。また合衆国などどんな国でも臓器市場のドナーは無償のドナーが現在受けているのと、最小限同程度の医学的、心理学的なカウンセリングを確実に受けるようになってほしい。

さて、臓器提供への支払いを認めた場合の追加費用に関連して何が問題だろうか？　まず、移植費用の大半を支払うメディケアやメディケイドの予算は破綻しないだろうか？、また民間保険会社の金庫が空っぽになってしまわないか？　腎臓の場合十分な情報が入手できるので、答えはおそらくノーだろう。一人当たり所得が一二、〇〇〇ドルのイランでは、提供者への支払いはそれより少ない額で腎臓市場の需給をバランスさせるのに十分である。パキスタンとフィリピンでは一人当たりの年間所得相当額で両国の移植観光客市場を十分維持できるだろう。

米国の一人当たり年間所得はほぼ五〇、〇〇〇ドル。それらの国々よりはるかに高額だから、提供者数の大幅増加を促すには腎臓提供の対価ももっと多額でなければならないだろう。ところが、専門家の推計によれば、腎臓一件当たりの支払いが一〇、〇〇〇ドルであっても、実際には私的、公的保険はともに多くの移植で支出節約が可能だとのこと（前述したように移植費用のほぼ全額が保険から支払われている）。理由は透析（年間七〇、〇〇〇ドル）やその他の慢性腎臓疾患の治療コストがべらぼうにかかるからだ。

人間臓器に対する支払いを認めれば毎年移植件数が増加することはほぼ確実であり、まさしくこの点こそが問題のポイントだ。対価支払いは臓器の供給を増やす。またそれが移植を待ち受ける人々の間で死亡を減らす。対価支払い制度は移植コストを増やす。移植手術も増える。腎臓一件当たりでは、手術料二五〇、〇〇〇ドルプラス臓器自体の単価一〇〇、〇〇〇ドル。腎臓への支払いが年間五千件の移植増加を可能にするとしよう（合衆国でもイランで成功したように腎臓への超過需要を解消するという前提での計算）。これで国全体の追加コストは一七億五千万ドルになる（五千件×三五万ドル）。

この他第二のコストが発生する。臓器自体への対価支払い制度は人道的提供減少の原因となろう。何件ぐらい減少するか確かなことは分からない。そこで安全を見て次の二つの前提をおこう。一つは支払い制度の下では生存中のドナーからの人道的提供はなくなる。二つには死亡したドナーのすべての遺族が支払いを求める。この二つの前提からは現行制度の下で執行された一万六千件の移植のすべてに一〇〇、〇〇〇ドルが加算される。追加費用は年額一六億ドルで、新規の移植コスト一七億五千万ドルに合算すれ移植支払い制度に対する年間総コストは三三億五千万ドルになる。

コスト増の反面、透析費用が確実に節約できる。少なくとも五千人は年間七〇、〇〇〇ドルの透析治療を受けることがなくなる。さらに現在腎臓移植は順番待ちに三年から四年もかかるが、この期間が大きく短縮されることで追加の節約ができる。ただし、それ以上に重要であるのは、一人当たり六〇〇、〇〇〇ドルポッキリで毎年五千人もの生命を救えることだ。しかも、この額には透析治療が不必要になることからの節約は勘定に入っていない。

こんな計算によって、人間の生命を云々するなんて、デリカシーを欠いた人たちですね。読者はそう思うかもしれないが、今日の医療の標準からは、人間の臓器自体に対価支払いを認めることは、不必要な苦痛を和らげ、毎年何千もの生命を救う、ほぼ一〇〇パーセント安全で、抜群に安上がりな方法である。いったんそう判明した以上、人々からそうした機会を奪う者たちこそ本当に無神経でデリカシーのない人たちではないだろうか？

演習問題

1　現在臓器移植の費用のほとんどを支払う民間保険会社の株主たちは、提供臓器に対する対価支払いを禁止する制度を支持しているようだが、なぜだろうか？　メディケアおよびメディケイドが支出する費用の最終負担者である合衆国の納税者も、同じように提供臓器への支払いに反対すべきだろうか？

2　臓器への対価支払いが移植の金銭的コストを押し上げるのなら、民間保険会社やそれにメディケアおよびメディケイドだって移植の基準を厳しくし毎年の移植数を減らそうとするかもしれない。だが、それは可能だろうか？　もし可能だとしたら、現行制度と比較して誰が得をし、誰が損をすることになるか？

3　臓器移植の平均的待ち時間は腎臓では三年から四年（腎臓障害の主要原因である糖尿病の罹患率が上昇しているため、待ち時間は急激に延びると予想されている）。移植を待つ多数の患者は透析治療を受けなければならない。年間コストは一人七〇、〇〇〇ドルで、民間保険、メディケア、メディケイドが支払う。臓器への対価支払いが認められるなら、移植待ち時間は三年短くなる。この結果、平均的患者には透析期間は一八か月短縮される。腎臓の場合、臓器への対価支払い制度の下で保険会社の損益分岐点（売上高と費用が一致する収入金額のこと）となる価格は何ドルだろうか？　計算の内訳を示し、あなたの推理を説明せよ。

4　合衆国では死者からの臓器提供については「事前承諾（opt-in）」制度を採用している。つまり、（死因究明のための）死体解剖後の臓器提供には事前（運転免許証取得時など）に、それを明示的に選択しておかなければならない。他の多くの国では「事前拒否（opt-out）」制度を採っている。提供を許可しないと生前に明示的に選択していなければ、故人は死体解剖後の提供を望んでいたと推定されるのである。もし合衆国（その他の事前承諾国）が「事前拒否」制度へ移行したら、死体解剖後の提供による臓器供給はどう変化しそうか？

7 物価の名目と実質

数年おきにガソリンや電気あるいは食料品などの重要物資の価格が急上昇する。その度にマスコミは、新聞、雑誌、ウェブサイトなどで刺激的な見出しで報道する。時には何日も続く。テレビ解説者も、いらだち心配する庶民にインタビューして、生活必需品の値上がりに対するお決まりの反発を報道する。聞いていると世界の終末が近付いているかのようだ。

マスコミごひいき筋のガソリン価格を取り上げよう。本書の著者たちは現在かなりの年配なので、一九八〇年にガソリン価格が一ガロン一ドルと前例のない水準まで高騰した当時のTVインタビューを記憶している。二〇〇五年初頭にガロン二ドルの壁を突き抜けた時にも、同様なインタビューが行われた。二〇〇六年に三ドルに上昇し、また二〇〇八年の夏、四ドルに達した時にも、内容は似たり寄ったりの反応だった。もう何年も経過しているのに答えはいつも前回と同じ。「マイカーの運転をやめるべきだと思う」、「バイクを買うつもり」、「大型車を売って小型車に買い替えようと思う」など。記事ではかならず「記録的多数の人たちがご近所のスクーター特約店に群がっている（または、すぐにもそうなりそう）」という話が続く。

私たちが価格上昇の財サービスの需要量と供給量への効果を的確に分析しようと望むなら、マスコミ報道やインタビューへの人々の回答に依拠してはならない。結局重要なのは言葉ではなく行動なのだ。経済学者は彼らの**顕示選好**（巻末の「用語解説」を参照）によって消費者をもっともよく理解できるという。同様に会社の株主たちをいちばんよく理解するには彼らの発言ではなく行動を分析することだ。人々の行動は価格変化後財サービスを実際にどれだけ買うか、その購入量に反映される。決して、ＴＶ記者が報ずる消費者の苦情やインターネット上のブログ、フェースブック、マイスペースあるいはツイッターへ掲載された消費者の不満ではない。

需要供給分析にとって関連のある価格は、他のすべての価格に対する（その財サービスの）相対的な価格である。理由は人々の意思決定は**名目価格**ではなく**相対価格**に基づいて行われるからである。名目価格は一財と交換に一ドル紙幣何枚を手渡さねばならないか、その枚数を告げるにすぎない。名目価格はこれらの財獲得のため支払わなければならない実質的な犠牲（財または私たちの労働サービスに換算した）に関して何も語ってくれない。相対価格は、これとは対照的に、一財を獲得するための実質的な犠牲、つまり、他の財の取得をどの程度あきらめる必要があるかを告げてくれる。

別の説明ぶりでいえば、**インフレーション**と呼ぶ一般物価水準の上昇と特定の財サービスの名目価格を分離して考えなければならない、ということだ。ある年度にすべての名目価格が三パーセント値上がりすれば、相対価格は変化しないが、この三パーセントのインフレーションはある特定の財を獲得するため必要とした実質的な犠牲の量を変更させるものではない。現実の世の中ではインフレーションが進行中の期間に他よりも速やかに上昇する価格もあるし、中には例えばＤＶＤプレーヤーやＭＰ３プレーヤーのコンピュータ演算能力（一単位当たり）の価格のように、下がる価格さえある。しかしながら、人々の行動を予測したいならば、一財の相対価格がどうなったかを知る必要があるが、それにはインフレーションを修正する必要がある。

ここでガソリン価格の例に戻ろう。あなたの祖父母は一ガロンのガソリンが三〇セントで買えた時代のことを話してくれるだろう（一九五六年から一九六四年までのほとんどの時期の平均的な名目価格）。今日あなたが支払う価格はその何倍もの水準だ。それでも人々は運転をやめない。実際、米国の乗用車やトラックのガソリン消費量は価格がたった三〇セントだった時代のおよそ三倍。何かが起こっているに違いない。いちばん重要なのはガソリンの価格を含め、すべての名目価格の一般的上昇だ。

二〇〇八年の夏ガソリンの価格はじり高になり、一ガロン当たり四ドルを超えた。当時大統領候補だったバラク・オバマは「家族が一息つけるように」政府がガソリン価格へ介入すべきだと主張した。当時、アメリカの有権者の三分の二がガソリン価格は「極めて重要な政治的争点」だと思うと言っていた（ところが、同年秋になってガソリン価格は急落しだしたが、その時は新聞一面の記事でもＴＶインタビューでも消費者の幸運について触れたものは少なかった。また政治家はこの件についてはただ口を閉ざすだけだった）。二〇〇八年末現在の名目価格を全体的インフレーションを修正した後のガソリンの相対価格は一九八〇年当時の水準より低かった。これは多くの人々には意外な事実だろう。だがインフレーション修正は異時点間で適切に物価を分析するには絶対不可欠である。

ガソリンの実質的な負担を考える時、格別関係のある事項について付言する必要がある。人々は時代が進むにつれてより生産的になる。よりすぐれた教育を受け、また進展する技術変化が同一の時間投入でもより多くの生産を可能にする。この生産性上昇の結果、アメリカの消費者の**可処分所得**はほとんどの年で前年より増加し、長期では平均して確実に上昇する。アメリカ人は平均して豊かになるに従い、ガソリンを含め、購入を望む品目の相対価格が上昇しても、購入できるだけの収入上の余裕を持つようになる。

この点の理解を助けようと、経済学研究者のインドゥール・ゴクラニーとジェリー・テーラーが「ゆとり指数（ａｆｆｏｒｄａｂｉｌｉｔｙ ｉｎｄｅｘ）」を考案した。一九四九年から二〇〇八年の間の世帯収入をガソリンの価格と比較したものだ。その際、一九六〇年を基準年に選び同年のゆとり指数を一と定めた。基準年との比較で、指数がより高ければ家計のゆとりはもっと大きいということだ。ガソリン価格が一ガロン四・一五ドルの時、ガソリンのゆとり指数は一・三五だった。つまり、二〇〇八年の平均的な世帯の可処分所得のガソリン価格に対する比率は一九六〇年と比べて約三五パーセント高かった。あなたの祖父母がガロン三〇セントでマイカーを満タンにしていた一九六〇年にさかのぼって比較すれば、三五パーセントもゆとりが生じているわけだ。あなたはそんなこと信じられないというかもしれないが、真実なのだ。さらに二〇〇八年末にかけてガソリン価格は下がったのでガソリンゆとり指数は二・〇を突破して上昇した。

時代が変わってもガソリンの質は不変だが、多くの他の製品の品質は時とともに変化し、普通はよくなる。異時点間で財サービスの価格の比較を始める時、私たちはこれほど重要な側面を忘れてしまいがちである。初めての車に何ドル払ったの？　高齢者にこう質問すると、二、〇〇〇ドルから五、〇〇〇ドルの範囲で答えが返ってくる。今日では新車の平均価格は二四、〇〇〇ドル程度。前述したように価格比較には、両時点間に進行したインフレーションをまず考慮しなければならない。このケースの場合、インフレーションの修正だけでは、例えば五〇年前と比べて新車の相対価格は三〇パーセントほど高い。

これは一九六〇年当時と比較して本当に三〇パーセントも高いという意味なのだろうか？　多分そうではなさそうだ。半世紀も前の車と比較して今日の新車は数々の面で品質の向上が見られる点を考慮すべきだからである。今日の平均的な新車は以下のような新しい装置を搭載している。

コンピュータ制御アンチロック・パワー・ブレーキ
パワー・ステアリング
CDまたはMP3プレーヤー付デジタル・ラジオ
エアコン
スチール・ベルト強化ラジアル・タイヤ
クルーズ・コントロール（自動走行制御）
パワー・ウインドウおよびパワー・ロック

エアバッグ
四〇パーセント燃料効率向上

これらの改良されあるいは新規に設置された装置のリストは実際にはもっと長い。今日、平均的に自動車はより安全になり、故障も少なくなり、整備の必要も減った。また五〇年前には夢に見ることもできなかった多数の便利な設備が装着され、走行距離で測った耐久性もほぼ確実に二倍は長くなっている。だから、インフレーションだけでなくこれらの品質向上も考慮すれば、今日の車の相対価格は五〇年間に相当程度下落したことはほぼ確実である。新車販売店で「ステッカー・ショック」（値札にビックリ）を経験することもあろうが、インフレーション修正後の**品質固定価格**は実際には五〇年前よりは低い。

インフレーションと品質変化を調整する必要性は、名目価格の値下がりが続いている財を検討する場合にも適用される。好例はコンピュータの演算能力である。平均的なパソコンの名目価格は過去数十年、一般的インフレーションの進行にもかかわらず低下した。最近ではウインドウズのデスクトップ・コンピュータは平均価格は約五五〇ドル、ラップトップは七〇〇ドル前後だ。一〇年前にはそれぞれの機種の名目価格はいずれも二倍の高さだった。そこでパソコンの価格は五〇パーセント下落したと思いがちだが、これは間違い。実際には五〇パーセント以上下がっている。

理由は二つ。一つはこの一〇年の間にすべての財サービスのドル表示の平均価格は三〇パーセント上昇した。つまり全体のインフレーションがそれだけ進行したわけ。これは平均的なコンピュータの相対価格が三分の二も下がったことを意味する。それでもまだ極めて重要な事実が考慮されていない。演算能力が大幅に高まっている事実のことだ。今日の平均的なコンピュータの処理速度は一〇年前の少なくとも一〇倍以上速くなったが、いまも指数曲線的に加速している。さらにハードドライブ（ハードディスク）は大型になっている。モニター画面はいまは平らな液晶表示だが、以前はかさ張るブラウン管だった。ラップトップも軽量化した。記憶容量（ＲＡＭ）もさらに増大。そのように改良点のリストはどんどん長くなる。いまもパソコンに対する人々の欲求不満はあるものの、ハードウエア、ソフトウェアの両面で、一〇年前より大幅に信頼性が高まった。長年のユーザーはそう語ってくれるだろう。だからインフレーション修正後のパソコン価格の低下だけを見ていたのではコンピュータの相対価格の本当の低落を過小評価してしまう。

この物語の教訓は単純である。これまでに「上がったものは下がらなければならない」ことを学んだことだろう。いまは価格に関しては「上昇は実は下落である」ことが少なくないことを知った。これはあなたが消費者や企業の行動を本当に理解したいと思うなら覚えておきたい教訓である。

演習問題

1　原油、ガソリン、灯油、電気、それに食料品の価格高騰はメディアで大々的に報道される。それなのにメディアはこれらの値下がりをほとんど論評しない。なぜなのか？　説明を試みよ。

2　品質向上により、インフレーション修正後の価格が、その実質価格を正確に表現しない財サービスのリストを作成せよ。次いで時の経過とともに一貫して品質が低下する品目リストが作成可能か試みてみよ。その上で、前者の例を見出すほうが後者の場合よりもはるかに容易である原因を考えよ。

3　二〇〇八年夏ガソリン価格が上昇しだした時、小型エンジン搭載のモータースクーターの価格が急騰した。例えば、これから二年後にこの形態の輸送手段の需要がどうなるか予測し、その理由を説明せよ。

4　人々が自分たちは今後こうすると言っていることに耳を傾けるのではなく、むしろ人々が直面する経済的誘因の変化に目を向けたほうがより正確な予測ができるだろう。なぜか？　理由を説明せよ。

8　水を使い果たす？

マスコミのトップ見出しを信じれば、人類はいまにも渇き死にしそうだ。何本か見本を示せば納得してもらえるだろう。

世界は渇く（USニューズ&ワールド・レポート）

水不足が戦争へ発展するか（フィナンシャル・タイムズ）

干上がる（エコノミスト）

水不足で世界はひどく困窮（USAトゥデイ）

世界は水を使い果たしている、とでも言うようだ。

でもそんなことは可能だろうか？　結局、地球の表面の約七一パーセントは水で覆われている。ミシガン湖一つだけで世界の全人口が二年間使うだけの水量がある。ずばり言えば、地球は閉鎖系である。水を使っても水を破壊するわけでない。飲んでも、水洗トイレで流しても、灌漑に使っても、あるいは蒸発させても、いずれ春の驟雨の水滴のように清潔で純粋な形で返ってくる。事実三週間ごとに全世界の人口の年間使用量を満たすだけの雨が降る。そうならいったい何が問題なのか？

水は究極の再生可能資源である。つまり水を使用する行為は私たちへ回帰する循環過程の出発点なのだ。しかし、この点が核心なのだが、水は同時にまた希少資源である。つまり、私たちが望む時、望む場所で清潔な水をほしいだけの量手に入れることは無料《タダ》ではできない。望みを実現するには何か他の資源（の入手）を犠牲にしなければならない。そして、経済活動の水準が上昇するにつれて、水への需要も増大し、その結果水を消費するコストも大きくなる。

この意味では水は他のどんな希少財とも違いはない。もっとたくさんほしければ、より多くの他のもの（の入手）をあきらめなければならない。ただし、水がブロッコリーなどと違うように見えるのは、水がまったく手に入らないと比較的短期間に惨事が発生するからである。水が十分希少になれば、希少な水を入手するのが自分であり隣人や敵ではないことを確実にしようと人々はお互いにとても不快な行動に出るようになる。だがこれが本当に心配すべき事柄なのか見る前に、水についてもう少し勉強をしてから議論を始めるほうがよいだろう。

地球の表面に存在する膨大な水量の九七・二パーセントは海水であり、正常な状況の下では飲用あるいは灌漑用に用いるには塩分が多すぎる。その他二・一五パーセントは南北両極地の氷で、とても便利とは言い難い水源である。残りの〇・六五パーセントのうち〇・六二パーセントほどが地下水層や類似の地質学的構造に保水されている。この地中水源は再貯水するのに何百年もかかり、私たちの議論の時間枠では淡水の持続可能な源泉にはなりえない。残るのは降雨である。

幸運なことに雨はたくさん降る。しかも、冒頭引用のトップ見出しとは異なり、世界的にも年々の降雨量は大きくは変わらない。降雨量の三分の二はほとんど誰も住まない海洋上に降る。しかしそうであっても、また蒸発や地上へ降った雨も大半が貯留される前に海へ急行してしまう事実を考慮しても、なお毎年利用可能な降雨量が多量にある。事実、全世界人口一人当たり年間五、七〇〇リットルも降ってくる。これは平均消費量の六倍にも当たる量だ。だが、使用可能な降雨量の分配に当たり、母なる自然は格別公平無私であるわけではない。例えば、中国は全世界人口の二〇パーセントもの国民がいるのに降雨量は五パーセントにとどまる。ブラジル、カナダ、それにロシアを合算すると、人口は世界の六パーセントなのに、利用可能な降雨量は二九パーセント。米国全体では人口が五パーセント、降雨量もほぼ五パーセントでバランスがとれているようだが、地域別に見るとかなりの格差がある。アラスカ南東部とハワイの山岳斜面では大量の雨が降るが、カリフォルニア州の南部地区では降雨量は極めて少ない。しかし人々が雨の少ない地域を日常的に選んで住む事実は本章の基本的な論点の一つを浮き彫りにする。つまり、水は経済財であり、市場で問題が解決される他の経済問題（食料、住居や衣服の調達など）と同様、分配も消費も基本的に市場で解決可能な経済問題である。この点に明確に焦点を当てながら、近年広まっている水を巡る神話のいくつかを検討しよう。

神話一、この惑星（地球）は干上がりつつある。すでに触れたように、この点何も心配する必要はない。いちばん安上がりで、しかも完全に持続可能な清潔な真水の供給源は降雨である。世界中の地上部分には毎年およそ一一三、〇〇〇立方キロメートル（三、〇〇〇兆ガロン）もの雨が降る。このうちほんの小部分が一時的に（生存中の）植物や動物に蓄えられるが、いずれすべてが地下水の再貯留に回るか、蒸発して雲をつくり、雨や雪となって降ってくる。年年歳歳一一三、〇〇〇立方キロメートルのすべてがそうなのだ。時にはブラジルには多くスーダンでは少ない。また時には不便なことに洪水となって氾濫することもあるが、地球は閉鎖系だから水は私たちとともに地球上にとどまるのである。

神話二、水洗トイレや農業での使用を減らせば節水できる。地球は閉鎖系だってこと覚えてる？　それってトイレにもアルファルファ（牧草）にも当てはまるんだよね。水洗トイレで流した水は月へ送られるわけじゃないからね。下水管を通って汚水処理場へ送られ、そのあと地下水層へ流入するか、あるいはやがて雨降りの形でまた私たちの頭上へ返ってくる。いわゆる節水型トイレ（やシャワー）も水の存在量には何ら影響がない。上下水道管を流れる水量をほんのチョッピリ減らして、上下水道網の（建設、維持等の）ため使用する資源を少量保全するのに役立つかもしれないが、反面相殺要因もある。これらの機器は通常、標準型のトイレやシャワーヘッド（噴水口）に比べ余分に生産コストがかかる上に、人々は二回流したり、より長い時間浴びたりしがちである。結局、節水にならないばかりか、これらの機器が資源保全に役立つという証拠はまったくないのだ。

世界中で膨大な水量（通常補助金付の）を費消することで悪評高い農業も、水を破壊しているわけではない。農業で使われた水の大部分は蒸発するか、河川へ流れ込むか、地下水層へ吸い込まれる。少量が農作物の中に一時的に貯蔵されるが、これとて間もなく動物か人間に食べられ、毎年一一三、〇〇〇立方キロメートルを私たちの頭上へ戻す同じ循環システムへ単純に回帰してくる。農業での水使用のすべてが高コストであることは疑問がない。他の部門で（もっと有効に）使用可能だからだ。さらに農業用水は一般に納税者負担により補助されている。農民に水の市場価値全額を支払わせれば、農業での使用を減らし、資源配分を改善することを通じて私たちの集合的富（国民所得の水準）を引き上げるだろう。だからといって、利用できる水量を変えるわけではない。

農業用水の使用は重要な二つの経済問題を提起する。一つは、いま見たように世界中で政府の政策は農業用水を補助金漬けにする原因となっている。農民たちは一エーカーフート当たりの水に一〇ドルか二〇ドルしか払っていない。これは他の用途向けであれば五〇〇ドルから一、〇〇〇ドルは支払う水量である（「エーカーフート」は灌漑水量の単位。一エーカーを一フートの深さに満たす水量。一、二三三・四六立方メートル、約三二五、〇〇〇ガロン）。これだけ巨額の補助金のおかげで農民たちがより裕福になっていることは疑いないが、社会に対する損失ははるかに大きく、私たち全体の富は（差し引き計算して）低下している。（それなのに、なぜこんな補助金が存在するのか？ その理由の説明に関しては第2章および第23章を参照のこと）

二つには、私たちは農業用水を補助しているだけでなく、通常私たちは農民が他のユーザー、とくに非農業部門のユーザーに対して水を売却したり賃貸したりすることも禁止している。これは比較的雨の少ない乾燥地帯のアメリカ西部では格別問題である。というのは、地表および地下の水に対する権利の大部分を事実上農民が所有しているが、「使ってしまわなければ権利を失う」、つまり、農作物のため「有益に」使用しなければ権利が消滅する決まりになっているからだ。しかし、この水はしばしばもっと生産的に「使用」可能である。（無理に取水せずに）河川に流れるままにしてあれば、例えばマスやサケなどの溯上魚種の産卵その他の不可欠な生命活動を支える助けになるだろう。法律も、環境のための使用も「有益な」使用であると認めるよう、ゆっくりながら変化しつつあるが、水使用に関する既存の規制がいまなお私たち全体の富を低めている。

神話三、水は他の財とは異なる。水は生命活動に不可欠だから、他の財とはどこか違うところがある。でなくとも、少なくとも独特な方法で取り扱われるべきだ。多くの人々がそう考えているようである。まず初めに水は需要供給の法則に従わないという観念を払拭しよう。事実、使途によっては水の需要は比較的非弾力的だが、全用途では需要の法則が予測するとおりに反応する。つまり、水の価格が上昇すれば、人々はその使用を減らす。同様に取水源から望む場所まで水を引いてくるにはコストがかかるが、それでも供給の法則はやはり成立する。水の価格が上昇すると、水の供給者は消費者への供給を増やす。方法には、河川の流れる方向を変える、あるいは雨水を集めるなど単純なものもあるが、逆浸透技術によって海水を淡水化するとか複雑なものもある。しかし、たとえそれが、尿を新鮮な飲用可能な水にリサイクルするといった秘技めいた製造手法であったとしても（国際宇宙ステーションで行われている）、水が不足すれば（水の価値が上がれば）、人々は確実に入手する方法を見出す点で信じられないほどの発明の才能を発揮するという事実は依然として変わっていない。

神話四、水の料金規制は低所得消費者を保護する。水は他の財とは同様に扱うべきではなく、とくに水料金は生産者価格（供給者が受け取る価格）、消費者価格（消費者が支払う価格）とも政府の法令によって低価格に維持すべきだと主張する者たちがいる。人々、とくに貧乏な人々を高料金から保護し、また供給者が「過度の」利益を稼ぐのを阻止するためだ。ともかく、現在世界中で一一億人ほどの人々が清潔な水をすぐ入手できる状況にない。これらの人々の多くは、独占的な供給者となろうと企む者たちにとって格好の標的になっている（だから、政府による保護が必要なのだ）。

政府は価格制限によって水（に限らず何でも）の供給者の利潤を減らすことができることは間違いない。だが、現実にはそれで消費者、中でも最貧層の消費者を保護することにならない。水への価格統制は供給量を減らし、一般に消費者の暮らし向きは悪くなり、とくに貧乏な人たちは痛手を受ける。価格が均衡水準に達するのを認められた場合に比べ、消費者は少ない水しか入手できなくなり、非価格的な配給制（時間給水から清潔な水の入手不能まで）へ追い込まれてしまう。事実、世界中で貧乏な人たちが清潔な水へのアクセスがほとんどあるいはまったくできない地域を調べてみると、潜在的な供給者から人々を「保護」しようとする政府の努力が事実上アクセス欠如の主要な原因であることが判明する。例えば、ブラジルでは、民間の水料金に対する政府規制のため、ある大きな国際水資源開発企業が同国での操業中止を余儀なくされた。その結果清潔な水の供給が減少した。インドでは、多数の地方政府が水は無料で供給されるべきだと広く主張していることが同国で水の分配を改善する努力の大半を効果的に阻止してきている。また中国では、政府の価格統制が水公益事業から供給源の新規開発と既存の配水網改善の意欲を奪っている。第10章で詳しく見るように、政府による価格統制は財をより希少にし、その結果もっとも被害を受けるのは一般に社会の恵まれない階層なのである。

神話五、海水は飲むには塩辛すぎる。実際上、特別に順応した種（生物）でない限り長期に及ぶ塩水の摂取は高度に有害である。だが、海水の淡水化技術は現在急速に進歩しており、また脱塩化のコストも過去二〇年の間に九五パーセント以上とやはり急低下している。地球上の比較的雨の少ない乾燥した地域（南部カリフォルニアを含め）では淡水化は他の供給源との間で価格競争できるようになっており、大規模な淡水化プラントが世界中で操業している。

淡水化の過程で副産物として高濃度の塩水が発生する。過度な塩分に敏感な海洋生物への被害を避けるため、濃縮塩水を海へ戻す時には広域に拡散させるなど注意深く処理されなければならない。とはいえ、これは日常の気遣いにすぎない。加えて、広域拡散処理が無理だったり、費用が掛かり過ぎたりする箇所では、濃縮塩水は蒸発させ、固形物にして活用するか通常の埋め立て施設へ投棄することもできる。結局、淡水化の技術進歩が続くので、世界の広い地域で海洋からの水は雨水を集めるよりコストが安くなりそうである。水を使い尽くすどころではなく、やがて人々は世界のどこででも水道の蛇口をひねるぐらい容易に水を入手できるようになるだろう。

演習問題

1　人々はどれほどの量の水を「必要」としているか？　その際、あなたが彼らの料金を支払う立場になっても、その答えは同じか？

2　次の文章を採点してほしい。「補助金付きの低価格で農民たちへ売却された連邦水資源の勘定書（コスト）を納税者が支払ったにしても、その水で栽培された農作物を食べるのもやはり納税者。補助金付きの水が使われ農作物が安くなっているのだから、納税者は正確に支払っただけ取り戻している。だから農民たちが使う水へ補助金を出したからといって無駄遣いではない」。こういう答案にあなたは「A」か「F」か、そのどちらを与えるか？

3　カリフォルニアを定期的に襲った旱魃の時期に、農民たちは農作物の灌漑のために補助金付きの水を購入できた。ところが、家屋所有者たちが庭の芝生に散水などすれば、巨額の罰金を支払わされた。同じカリフォルニア州の住民なのに、二つの異なるグループに対する扱いがこんなに違うのはどう説明したらよいか？

4　価格以外の手段で水を割り当てることは概して社会に損害を与える。それなのに、政府がそうすることが少なくない理由を示唆せよ。

9　増税のマイナス誘因

政治家たちはいつも税収を増やす何か新しい方法はないかとウの目タカの目のようだ。そして、どんな財サービスであっても、課税決定が供給量にも需要量にも何の影響も与えないかのように語る（行動さえする）ことがひっきりなし。実際経済学者の間ではこんなことが言われている。「政治家たちはすべての需要曲線と供給曲線は**完全に非弾力的だ**と信じている」と。そういう世界では増税しても需要量、供給量のいずれにも何も影響しない。何と素晴らしい世界であることか！――政治家たちのファンタジーランド（幻想世界）は。

現実の世界では税率の変更は**相対価格**を変化させる。消費者、貯蓄者、投資家あるいは勤労者としての立場で個々人はこれらの相対価格の変化に反応する。本当に印象的な例を取り上げよう。一九九一年に議会が制定した奢侈税のことだ。当時議員連中は連邦予算の赤字を縮減するため追加的な税収を探していた。彼らは大型のプレジャーボート、高級車、毛皮、航空機それに宝石類など高価な奢侈品に目を付けた。期待される税収増加にとって、これ以上にすぐれた税目選択はあるだろうか？と。お金持ちは支払いがどれだけになろうがまったく気にしない。そうでしょう？　だからお金持ちと呼ばれるんじゃないですか？　そうして、議会は一〇〇、〇〇〇ドル超のボート、三〇、〇〇〇ドル超の乗用車、二五〇、〇〇〇ドル超の航空機、一〇、〇〇〇ドル超の毛皮製品および宝石類に対し一〇パーセントの奢侈付加税を課税する法律を通した。

連邦政府は新税は向こう五か年間に九〇億ドルもの税収をかき集めてくれる、と見積もった。ところが何年も経たないうちに奢侈税はひそかに廃止された。なぜかって、連邦政府にとって増収実績はほとんどゼロだったからだ。

奇妙に見えるかもしれないが、お金持ちの人たちもやはり相対価格変化に反応したからである。高価格の新品ボートの代替品として、中古の豪華船を買った者たちがいた。また古い船を新船へ買い替えしないと決めた者もいた。さらには新船を外国で購入したが、課税されるのを回避するため米国へ寄港させない者がいた。政治家にとってこのエピソードの教訓は、需要と供給の法則は、貧富、老若あるいはどんな属性の人たちかを問わず万人に適用されることである。

政治の幻想世界と人間行動の現実とが乖離している理由の一部は、通常政治家たちが**静態分析**をしている事実へ帰すことができる。どのような制約条件の変化（例えば税率引上げ）に直面しても、人々の行動は静態的である（変化しない）と仮定している。奢侈税を推進した政治家たちが**動態分析**を用いていたら、新税に直面して消費者（金持ちの者だって）は購買決定を変化させるはず。そう正しく予測したに違いない。

動態分析は、税率変更の税収実績（現実の税収額）への効果は、関連した財サービスの需要曲線あるいは供給曲線の**弾力性**に決定的に左右される事実を前提にしている。つまり、消費者が税金込みの価格に対して鋭敏に反応するなら、（一件当たり税額または税込価格に対する比率で測定した）高い税率でも比較的にわずかな税収総額しか生まない。例えば、奢侈税の場合、新品で高級品仕様のボートに対する**需要の弾力性**は比較的に大きい。だから、ボートへの税率が引き上げられた時需要量が大きく落ち込み、その結果実際の税収はごくわずかにしかならなかった。

次に課税問題の需要面から供給面へ移行しよう。供給量も相対価格の変化に反応するだろうか？という問題だ。答えはイエス。でも政治家の発言に耳を傾けてもどうしてなのか分かりっこない。近代的な連邦個人所得税が初めて課せられたのは一九一六年のこと。最高税率は一五パーセントだった。やがて最高限界税率は引き上げられ、一九五一年から一九六四年の間には九一パーセントと仰天するほどの高率にまでなった。この限界税率は一九六五年には七〇パーセントへ低下した。一九八〇年には五〇パーセントに引き下げられた。一九八〇年代の大半とそれ以後は最高限界税率は三一パーセントからほぼ四〇パーセントの間に分布してきている。

アメリカのいちばん金持ち層の人々にとってはいくら所得税を払うかなんて問題じゃない。税金を払った後でも大変な金持ちなんだから。政治家たちは（一般国民の間にさえいるが）よくそう信じている。こうした信念の背後にある「理論」は、労働供給が税引き後の手取り賃金に対して完全に無感応だというものだ。言い換えれば、各個人の労働の**供給曲線**が固定的年間労働時間数に対応する（横軸上の）点からほとんど垂直に引かれているということだ。つまり、労働の**供給弾力性**が極めて低いと考えている。

確かに、あなたの知り合いの中には所得税の税率如何に関係なく毎年同じ時間、同じ強度で働く労働オタクもいるかもしれない。しかし経済学では（「現実の世界では」という意味）変化は限界点で発生する。限界税率の引上げ（手取り賃金の低下）に反応して働くのを減らす個人が何人かいれば、そのとき労働の総供給曲線は右上がりとなろう。これは超大金持ちだって変わらない。つまり、他のすべての財サービスの供給曲線とまったく同じである。

データは私たちの予測を確証しているようである。一九八〇年に限界所得の最高税率は七〇パーセントだった。最上位一パーセントの所得稼得者層が同年の連邦個人所得税の一九パーセントを支払った。二〇〇七年には最高税率は三五パーセントだったが、最上位の一パーセント層が支払った税額のシェアは倍増以上にもなった。これはどう説明できるだろうか？　答えはわりかた素直である。つまり、限界所得税率の引き下げで手取り所得が増えた。それが経済的誘因となって人々がより多く、より勤勉に働くようになった。またリスクをとる事業家としての役割でも、成功すればより多くの税引き後の純所得増加になるから、ほとんど常により大きなリスクを積極的に負担するようになる。

ヨーロッパのデータは、広範な所得分布を通じて、まさしく同じ経済的誘因が働いていることを示唆する。一二パーセントをちょっと上回る増税で、ヨーロッパの平均的な成人は、四週間分に相当する年間一二〇時間も労働時間を減らした。こうした税率変化は多少でも働いている人口の急減と多くの者たちの地下経済への移行の原因になった。総括的にいえば、税率引上げは生産減少と失業増大の原因になり、また脱税努力の顕著な増加を招いた。

以上述べてきた点は所得分配の最底辺層の人々にも適用される。今日では多くの国で、また米国では多くの状況下で、低所得の人々は政府から各種の給付を受け取る。これらの給付は、食料品購入券、家賃補助、医療補助、健康保険補助、および直接の現金給付などの形態で実施される（「福祉」と呼ばれることが多い）。これらの政府給付の受給者たちは通常給付収入に対して所得税を支払わない。米国の場合は、**勤労所得税控除**（**負の税**または**税額控除**の一形態）を受けることとさえある。

このような個人が職に就いたら（あるいはより高収入の職へ転職したら）、通常二つのことが生じる。一つは政府の福祉給付の一部または全部を失う。二つには連邦所得税（それにおそらく州の所得税も）を支払い始めなくてはならない。福祉給付の一つでも失うことは従来より多く課税されることと同義である。また目に見える税金を支払う義務が生じることは事実上重複課税になる。

所得階層の頂点と同様、底辺の人々による労働供給量も限界所得税率の変更に影響を受ける。よい職に就き、福祉受給者名簿から削除されると給付を失うばかりか所得税を支払うことになるわけだから、福祉対象者には就職しようという経済的な誘因が少ない。よい例が、過去二〇年の大半ヨーロッパで最速成長経済を実現したアイルランドである。二五年前には同国経済は大失敗で、ヨーロッパ諸国中の最貧国の一つだった。問題の一つは福祉受給者が職に復帰し失業手当てを打ち切られると、なんと一二〇パーセントの実効限界所得税率で課税されたのである。もちろん一二〇パーセントの税率で直接課税されたわけではないが、実際の所得税に福祉給付の打ち切り額を合算すると暗黙の限界税率は実際に一二〇パーセントだった。つまり、働きに戻ると実際に使える所得は約二〇パーセント減ったのである！　いうまでもないが、制度が抜本的に見直されるまで、大多数の貧乏なアイルランド人は福祉受給者名簿にとどまり続けたのである。

大変興味深いことに、低所得の個人に対する経済的誘因の抜本改正は、高所得企業に対する税率（したがって経済的誘因）の大幅な見直しと同時に行われ、同様な成果を上げた。一九九〇年代に同国は法人（利潤）税をヨーロッパで最低の一二・五パーセントへ引き下げたが、この税率は米国の三五パーセントのほぼ三分の一である。二〇〇四年以降、アイルランド政府はハイテク企業に対し、アイルランド国内で事業を立ち上げあるいは拡張すれば節税できるよう、企業の研究開発支出に対して二〇パーセントの税額控除制度を創設した。ほぼ即時的に、アイルランドは新規投資や、利潤の三分の一以上を税務署へ献上したくない成功した企業を吸引する強力な磁場となった。

低い法人税率と研究開発への優遇税制の組み合わせが何百もの多国籍企業をアイルランドで事業開始へと誘った。（人口がたった四百万人の国に対して）何十万人もの新規雇用をもたらし、アイルランドは研究開発を行う企業の本拠地として、たちまちにしてヨーロッパ連合（ＥＵ）の当初加盟国一五か国の中でナンバーワンとなった。では、アイルランド政府の税収はどうなったか？　税率を大幅に引き下げたのに、税収実績は同国の史上最高水準へと急増した。税率は低いのに、同国の法人利潤税収のＧＤＰ比は、米国より五〇パーセントも多い。

以上の物語の教訓は単純である。「人生には死と税金以外確実なものはない」は真実だが、税率が高くても常に税収が増えるとは限らないこともまた同様に真実である。政治家たちがこの教訓を無視すれば、結局自分自身が恥をかくことになるだけである。

演習問題

1　一九五一年当時、あなたが九一パーセントの連邦個人所得税の税率階級に属していると気付いたら、連邦税金債務を減らすために法律の盲点を見つけようとする経済的誘因はどれほど大きかったと考えるか？　これとは逆に一五パーセントの最低税率階級にいると分かったら、税金支払額を減らすため法の抜け穴を探ろうという誘因は同じだっただろうか？　説明せよ。

2　次の仮設的な税目それぞれの誘因効果が原因となって人々の行動をどう変化させるか？　つまり、それぞれの課税に応えて人々は何を減らそうとし、何を増やそうとするか？　説明せよ。

a　二階建て以上のすべてのオフィスビルに対して一階当たり一、〇〇〇、〇〇〇ドルを課税

b　すべての赤い色の乗用車に一台当たり二、〇〇〇ドルを課税（赤い色の車以外は非課税）

c　新本の大学教科書すべてに一冊当たり一〇〇ドルを課税

3　今後一〇年間に連邦限界個人所得税が相当程度引き上げられると想定しよう。すべての所得水準のそれぞれの個人は、どんな反応をするだろうか？　増税の直後の反応ではなく、時間の経過とともに行動がどう変わっていくだろうか？　税率引上げの、例えば一年後には一週間後と比べて反応の大きさはどれほど違ってくるか？　また一部に税率引上げが施行される以前に行動を変える人々が出て来ることはありうるか？　説明せよ。

4　一国の租税構造が誰がその国へ移住し、誰が他国へ移住するかの決定にどう影響するだろうか？　A国では個人所得の二〇パーセント課税、B国は個人の稼いだ四〇、〇〇〇ドルまでの年間所得に対して一〇パーセント、四〇、〇〇〇ドルを超えるすべての所得に四〇パーセントの課税であると

仮定しよう。まず、年間所得が四〇、〇〇〇ドルの個人と一〇〇、〇〇〇ドルの個人について両国での課税額を計算することから出発しよう。次にもっと一般的な論点を勘案しよう。両国の間で言語、文化および気候が似かよっており、しかも両国を隔てるのが河川で、両岸のどちらに住むか選択が可能な場合、両人のうち、どちらがA国で住むことを選択し、どちらがB国を選択する可能性が大きいか？　両国を隔てるのが河川ではなく海洋の場合、あなたの推理はどの程度まで妥当するか？　言語、文化あるいは気候が異なる場合はどうか？　説明せよ。

10　家賃統制の愚行

　ロサンゼルス近郊の美しい海岸線で囲まれたサンタモニカの町を散策してみると、奇怪なまでの対照ぶりに気がつく。どこでもよい、街の一角に立って眺めると、荒れ果て、修理されぬままに放置された賃貸住宅が、八〇〇、〇〇〇ドルもする邸宅に隣合っている。また別の街路では、高級車の販売店やハリウッド・スターに最新流行の衣装を売るトレンディな洋品店の横に、やはり放棄され誰も住まない共同住宅《アパートメント》が存在する。エッ、不思議な話だ、だって？　そう。でも、地元ではサンタモニカ人民共和国として知られるこの町では少しも不思議な話ではない。かつての厳重な家賃規制のため、家屋の所有者は建物を売り払うこともままならず、空き家にして荒れるにまかせてしまったからだ。

　サンタモニカから東へ三、〇〇〇マイル、ビッグ・アップル（大きなリンゴ）と愛称されるニューヨーク市でも住宅が放棄されている。家賃統制によって強いられる損失に耐えきれなくなった家主が余儀なくそうしたからだ。ネズミと短時間立ち寄るコカイン密売人以外は誰も居住する者のいない放棄住宅を、ニューヨーク市政府はいまでは何千戸も所有している。その一方で、同市は二〇万戸の賃貸住宅の不足（「住宅ギャップ」）に直面している。家賃統制で新規の貸家建設が抑制されてしまうからだ。しかし、市所有のアパートが居住可能な状態なら、このギャップは現行の統制家賃のままでも容易に縮小できる。

家屋の所有者が請求することのできる家賃額を地方政府が指示できるシステム――なんらかの形で**家賃規制**を実施している全国二〇〇余の市や町では、この種の物語はごく日常茶飯事だ。管理不良の賃貸住宅、放棄されたアパート棟、過密の共同住宅に詰め込まれた借家人、家賃統制監督官で肥大した役所、そして誰も貸し手のいないホームレスの家族たち。いつでも、どこでも原因は同じ。家賃上限の法的規制だ。

話の発端は一九四三年に連邦政府が第二次世界大戦時の一時的措置として家賃統制を課したことだった。連邦事業は戦後終了したが、ニューヨーク市は自己事業として統制を継続した。ニューヨークの統制下では、賃借人が契約を更新する限り、通常の場合、家主はアパートの家賃を引き上げることができない。サンタモニカの家賃統制はもっと後の出来事である。一九七〇年代のインフレは、カリフォルニアの人口急増とあいまって、住宅価格と借家家賃を記録的水準に押し上げた。一九七九年にサンタモニカ市（住民の八〇パーセントが借家人）は家賃を一年前の水準へ引き下げるよう命じ、あわせて将来の家賃の上昇は一般物価の上昇率の三分の二以内に抑えるよう定めた。ニューヨークでもサンタモニカでも、家賃統制の目的は自由競争市場で決まる水準以下に家賃を抑えることにあった。

この目標を達成する目的で、両市は家主および借家人の統制違反を防止する規則を次々と定めたが、これらの規則は執行にコストがかかるばかりか、正常な市場機能を歪めるものだった。

注目に値するのは、ニューヨークでもサンタモニカでも家賃統制の制度が現在ゆっくりながらも規制解除に道を譲りつつある事実だ。もう長年のことになるが、ニューヨークの一部のアパートは、完全な家賃統制と比べて、それほど厳格ではない「家賃安定」規制に従えばよいことになっている。加えて、家賃月額が二、〇〇〇ドルを超えるアパートは賃貸期間満了時に規制が撤廃された。サンタモニカではカリフォルニア州法により、一九九九年以降新しく空き家となったアパートの家賃は引上げ可能とするよう義務付けられた。それでも、両市ではいまも貸家市場の大半は家賃統制が支配的である。したがって、本章では統制の影響に焦点を当てて検討する。

一般論をいえば、自由競争の住宅市場で妨げなしに変動することで、家賃（賃貸価格）は三つの主要な機能を果たす。①価格が現存する希少な住宅を競合する入居希望者に配分する。②価格が現存する住宅の効率的維持を促進し、適切な場所に新規住宅を建設する刺激剤になる。③価格は需要者による住宅の使用を割り当て、希少な住宅の有効利用を促す。家賃の統制は賃貸価格がこれらの機能を効果的に果たす上で妨げになる。では、どう妨げるか、次に見よう。

家賃統制は新しい賃貸住宅の建築を抑制する。デベロッパーや抵当貸出し権者は新規に賃貸住宅を建築する事業に乗り出す気にはなれない。事業の収益性のもっとも重要な長期的決定因である家賃が、家賃統制によって人為的に押し下げられているからだ。最近のある年に、空家率は一六パーセントだが家賃統制令のないダラス市では一一、〇〇〇戸の住宅が新たに建設された。同じ年に、サンフランシスコ市ではわずかに二、〇〇〇戸が新築されたのみである。同市の空家率は一・六パーセントだが、厳格な家賃統制法が存在する。ニューヨーク市では、政府から補助金の出る公共住宅を除いて、新築賃貸住宅は統制の適用が除外されている超高級マンションだけであった。またサンタモニカでも事務所用や商業用の建築物——ともに家賃統制は適用されない——の新規建設が記録的ペースで進められている一方で、新しい民間アパートの建設はまったく干上がってしまった。

家賃統制は既存の賃貸住宅の供給をも悪化させる。賃貸価格が自由市場価格以下の水準に抑えられると、財産所有者は家賃を引き上げて、維持、補修、および改築のコストを回収できなくなる。だから、こうした活動が大幅に削減される。あげくの果てには、税金、電気・ガス料金、それに割れた窓ガラスを取り替えるといったごく些細な補修費が、押さえ込まれた家賃額を上回ってしまう。その結果、建物は放棄される。ニューヨークでは、滞納した税金を市が請求してくる前に、借家人のいない統制対象の建物にかけた火災保険金を受け取ろうとして、放火という手段に訴える家屋所有者も出る始末だ。サンタモニカでは、家主の多くは人の住んでいない建物を他の使用目的に転用しようとしたのだが、市当局は転用を認めてほしければ、代わりの賃貸住宅を建てる費用として、アパート一戸当たり五〇、〇〇〇ドルまで支払えと主張する。驚くことではないが、こんな負担までして転用しようという家主などめったにいるはずはない。だから、家屋は落書きいっぱいで無人のままに放置される。

家賃統制は希少な住宅の割り当て過程をも妨げる。このため、借家人の移動が大幅に限定されてしまう。例えば、赤ちゃんが生まれたとか、息子が大学に入学し家を出るとかいう、一家の住居スペース需要の変化が生じても、家賃統制住宅を明け渡すことは相当なコスト（犠牲）になる。ニューヨーク市では、家主は新しい借家人が入居する前に、しばしば「礼金」支払い（キー・マネー、多額の現金前払い）を請求する。住居移転のコストが高いことから、大家族が狭苦しい住居で辛抱したり、小家族や単身者さえもが大変広いアパートに住むようなことが起こる。この住居の移動性が乏しい現象は、ニューヨークでは「住宅渋滞」として知られるようになった。同市の借家人の二〇パーセント以上が（家賃統制のため）狭すぎたり、あるいは広すぎるアパートに住んでいる。サンタモニカでは、一九七〇年代の家賃高騰に反応して、多くの家屋所有者は自分の家の一部を賃貸したのだが、結局罠にはまったようなもので、家を売って、郷里に帰って引退しようにも、間借り人を立ち退かすことができない。

当然のことだが、家賃統制が生み出した各種の歪みは家主および借家人の両方に法律をかいくぐろうとする努力を呼び起こした。これが家賃統制の執行を任務とする繁雑で、膨大な予算を食う政府官僚機構の肥大化を導いた。ニューヨークでは、借家人が交替すると家賃を上げることができるので、それが経済的な誘因になって、家主は嫌がらせをして、借家人に住みにくくしたり、些細ないいがかりをつけて借家人を立ち退かせようとする。そこで、市当局は家主にとって追い立てが極めて高価につくよう対抗手段に出た。借家人が厚顔にも繰り返し契約条項に違反しても、この違反が「合理的な」期間内に是正されさえすれば、借家人を立ち退かすことはできない。家屋所有者と弁護士が何回か法廷に足を運んでも違反が是正されない時は、立ち退かせることは可能だが、それにはまた面倒で費用のかかる訴訟手続きが必要となる。借家人の側でも、家主に支払う家賃をかなり上回る価格で、家賃統制のアパートの全部または一部を「又貸し」しようと試みる。市当局と家主はいずれも転貸を禁止しようと努めるので、関係者一同はしばしば市の住宅裁判所（主として家賃統制に関係する紛争を審理するため設けられた司法制度）で争うことになる。

毎月の家賃が厳格に規制されているので、家主は入居希望者の中から借家人を選ぶのに、別の手法に訴える。毎月確実に家賃を払ってもらわないと困るとの理由をつけて、家主の多くは高収入の専門職《プロフェッショナル》にしか貸そうとしない。ある評論家がコメントして曰く、「家賃統制の下でサンタモニカは以前よりも若く、白く、金持ちになった。これは誰も異論がないところだ」。同じパターンの現象が、カリフォルニア州バークリー市やマサチューセッツ州ケンブリッジ市の家賃規制法のもとで生じている。

家賃統制法を執行するため拡大してきた諸官庁の業務は繁雑であり、また予算を大食いすることは疑いない。一九八八年から一九九三年の間に、ニューヨーク市は五一億ドルもの予算を使って、放棄された建物の再生事業を行った。それでも放棄建物の滞貨は記録的ペースで増加している。市の住宅法廷が満杯のため移管されてきたり、あるいは判決に対する控訴を受けるので、いまやニューヨークの他の裁判所ではその対応に追われ、凶悪犯や麻薬密売人に対する刑事訴追の障害になっている。サンタモニカでは、設立の当時は七四五、〇〇〇ドルの年間予算と二〇名の職員だった家賃統制委員会は、一九九〇年代の初めまでに、職員規模は三倍、予算は五〇〇万ドルに達した。その費用を支払うのは誰か？　家主は一戸当たり約二〇〇ドルの年間特別評価税を課せられている。一九九九年、州が義務付けた条例改正により、新しい借家人が入居する時点でアパートの家賃は引上げが可能になったとはいえ、新しい家賃は賃貸期間が継続する限りその水準で統制される。実際の話、家賃統制委員会はサンタモニカの数万戸もの統制対象住居の各戸について、家賃の許容上限額を知ることができるよう便利なウェブ・サイトを開設している。

皮肉なことだが、家主とならんで、家賃統制の被害者は低所得者層、とくに母子家庭であることが少なくない。実際にもいまでは研究者の多くは、ニューヨークやロサンゼルスなどの都市でホームレス人口が増加しているのは大部分家賃統制に責任がある、と信じている。そもそも貧乏人が毎月期限までに何としてでもきちんと家賃を払うといっても、頭から差別しようとかかっている家主には通じない。一般的にいって、統制家賃は市場価格をはるかに下回る水準に決められる。これでは、アパート所有者には低所得者を借家人にしようという経済的な誘因は存在しない。この点は入居希望者の主な収入源が生活保護費である時はなおさらである。事実、ニューヨーク住宅裁判所に出頭してくる借家人の大多数は、不時の出費や生活保護費の給付遅延という理由で、家賃の支払いができなかった低所得の未婚の母たちである。彼らの控訴が棄却され立ち退きが決まると、あとは公共の一時収用所に入るか、ホームレスになって街頭に住むしかない。サンタモニカでは、州法で義務付けられた統制が始まる以前には一部屋か二部屋のアパートを生活保護受給者やその他の低所得者へ貸していた家主も、あっさり建物を放棄してしまった。人為的に抑制され、貸家経営の費用も賄えないような家賃を受け取るよりも、空き家のまま放置したほうがましだというわけだ。住人のいない、壊れかかった一八部屋のアパート棟の所有者はうんざりしたあげく、友人に頼んで壁に自分の気持ちをスプレーで書いてもらった。「ボクはこんながらくたを壊してしまいたい。だが、ビッグ・ブラザー（政府）は許してくれない」。多分この家主がかつて強制収容所を逃れて、自由を求めアメリカへ移住してきた人だったからだと思うが、友人はその気持ちを汲んで、旧ソ連邦のシンボルである巨大な「ハンマーと鎌」の絵を書き添えている。

家賃統制による荒廃は米国に限られるものではない。インドのムンバイ（旧ボンベイ）では統制家賃は現在もなお一九四〇年当時一般的だった水準に設定されている。市街の中心部に近い地域の寝室二間のアパートの統制家賃は月額わずか八ドル五〇セント（近くの同規模のアパートの自由市場家賃は月三、〇〇〇ドルもの高値になることがある）。当然、家主は建物を荒廃するままに放置する。このためアパートの倒壊は人口一、二〇〇万人の都市生活の日常の風景となっている。この一〇年間に統制対象の建物が五〇棟以上も倒壊し、九〇人以上もの人々が死んだ。市政府の推計ではおそらくもう一〇〇棟もの共同住宅が倒壊寸前にあるとのことだ。

共産党が支配する国家でも家賃統制は免除されるわけではない。広く報道された数年前の記者会見でベトナム外務大臣のグエン・コ・タクは「社会主義というロマンティックな概念」がベトナム戦争後の同国経済を破壊したと言明した。タク氏はまた、家賃統制は人為的に需要を刺激し、供給を抑制したので、その結果ハノイの住宅の全部は修理されないままになったとも述べた。その上で、タクはこう結論した。「アメリカ人はハノイを破壊できなかったが、低家賃がこの町を破壊したのだ。このような愚かな政策は変更されなければならない。私たちはそれをよく理解している」と。

これと同じ発想に誘発されて、カリフォルニア州はサンタモニカに対し家賃統制条例の変更を強いたのは明らかだ。政策変更の結果は新規に空き家となったアパートの家賃は即座に高騰し、また空き家率も顕著に上昇したが、これらは私たちが正確に予測した通りの結果だった。しかし、面白いことに、アパートを探している将来の新しい借家人は、多くの家主が期待したほどには新規に借入れ可能となったアパートに熱心ではなかった。理由は？　家賃統制の二〇年が長年にわたる維持補修の不足を招き、アパートは到底清潔とは言えない代物だったからだ。借り手の一人は「この地域の大半が、要するにぼろぼろになっているのが問題」という。また他の一人はこう不満を述べた。「気の滅入るような、チキン・スープのにおいの染み付いた古い茶色のカーペットの場所などには移り住みたくありません」と。家賃の値上がりがサンタモニカ・アパートの雰囲気と風格を徐々に変えつつあるが、それも市場が本来の機能を発揮することが認められる度合いに応じてのことにすぎない。

演習問題

1　政府は頻繁にアパートの家賃を統制するが、なぜ住宅価格はそうしないのか？

2　家賃統制されたアパートを借りる権利に対して家主が支払いを要求する（また借家人が申し出る）「礼金」の金額を決定する要因は何か？

3　賃貸住宅の所有者以外に、家賃統制の結果損害をこうむる者は誰か？　また誰が利益を受けるか？（アパートに対する）家賃統制の賦課は、既存の一家族住宅の市場価格にどのような効果を及ぼすか（一戸建て住宅は家賃統制の適用外である）。では、家賃統制の更地価格に対する効果はどのようなものか？

4　家賃統制が課せられると、なぜ賃貸住宅の所有者は家屋の維持補修費用を削減するのか？　家主がそう決定するのは、彼らに支出するだけの金銭的な余裕がないからだろうか？

第三部　労働市場

労働市場にはほとんど誰もが参加する。しかも私たちの大部分は人生の大半をそうしている。ある意味では労働（あるいは**人的資本**、経済学者からは時にそう呼ばれるが）も他のどんな**経済財**と違いはない。つまり、労働は**希少財**であり、したがって経済学者が使用する基本的な用具が労働市場を理解するのに適用できる。とはいえ、労働市場で現在進行中と見える現象を理解するには、時には格別の注意が必要になる。この市場では必ずしもすべてが外見どうりとは限らないからだ。

第11章「女性の低賃金はなぜ?」で見るように、二〇世紀の中葉以降歴史上前例のないほど大量に女性が流入することにより労働市場に革命が生じた。以前には女性には閉じられていた仕事で現在当たり前に働いているとはいえ、依然男性よりは少ない賃金しか支払われていない。データはそう示唆する。この外見上の賃金差別の大半は女性自身の職業選択に原因がある。女性たちは危険の少ない職場で勤務時間に融通性があり、一週間の労働時間の少ない仕事に従事している。安全で融通が利き、しかも労働時間の短い雇用が望ましいということだ。こうした仕事の属性を修正すれば、男女間の実質賃金差は一見した外観よりはるかに小さい。それでも疑問は残る。女性がそうした職を選ぶのは、本当に自ら好んだ選択なのか、あるいは男性の雇用主や経営幹部たちによる差別の結果強いられたからではないのか?、という疑問である。これはさらに研究しなければ解明されない問題だ。

差別という問題は労働市場の働きに対して政府が干渉する時にも発生する現象で、第12章「最低賃金制度の功罪」で検討する。本書ではこれから繰り返し見るように政府の行動の効果は必ずしも外見どおりではないし、支持者たちが通常主張するものとは同じではない。**最低賃金制**の主要な敗者である不利な立場にあるマイノリティ（社会的少数者集団）のティーンエージャーたちの多くはこうした損失に対処する能力をいちばん持たない人たちであり、他方同法を利他的な見地から支持する人たちは事実上最大の勝利者であるようだ。本章の教訓は単純な忠告である。あなたのために何かをしていると主張する人物が現れたら、その人物があなたに対して何をしているか問うてみることが賢明である。

不利な立場にある人々の窮状が第13章「アメリカの貧困」の中心的な焦点になる。過去四〇年か五〇年にわたり所得分配の底辺にいる人々も生活水準の上昇を経験してきた。しかしごく最近になり、所得分配の最上層の生活水準の上昇と比較して改善が緩慢になった。本章ではこれにはいくつかの要因が働いていることを知る。教育の報酬割増効果の上昇と技術変化がトップの演技者（スーパースターたち）の稼ぎをさらに増やす助けになる反面、高率の移民流入が所得分布の底辺近くで賃金を下押しする。悲しいことに、一部のもっとも恵まれない人々の生活改善を目指す政府の施策は逆効果だったことも（全部ではないが）また明らかになった。ここでも重要な公共的問題では物事はめったに外見どおりではないことを知る。

第14章「雇用よサヨナラ」では章のタイトルから明らかなように、労働市場における雇用問題を取り上げる。ここではアメリカの企業がアメリカの労働者の不利になる雇用の輸出をしているとの苦情を検討する。過去十年、多くのアメリカ企業はサービス業務（技術サポートや顧客サービス）を外国在住の労働者へ移すようになった。この業務の新奇性（および想定される経済への被害）に対する苦情にもかかわらず**アウトソーシング**（外部調達）は他の形態の貿易と違わない。アメリカ人が外国の会社から技術サポートサービスを購入すれば、そのサービスは米国の居住者ではなく外国の居住者により供給される。その範囲内でアメリカの技術サポート雇用は減少する。しかし外国人が私たちに財サービスを販売するのは、見返りに私たちから何かを購入できると期待しているからだ。そこで究極的には、外国からの財サービスの**輸入**（購入）は外国への財サービスの**輸出**（販売）を増やす結果になるはずである。すべての種類の自発的な交易と同様、国際貿易は通商相手国に富を作り出す。それぞれの国の居住者は異なる財貨サービスを生産することで彼らの**比較優位**を最大に活用することになる。こうした活動に対する政府の規制は私たちを貧乏にするだけである

11　女性の低賃金はなぜ？

二〇世紀の中葉以降、雇用市場では一つの革命が進行した。これまでにない多数の女性が賃金労働者として市場に参入したのである。一九五〇年には労働年齢人口の約三分の一の女性が賃金労働力だった。いまでは六一パーセント。この期間に男子の**労働力参加率**は八九パーセントから七六パーセントへ低下した。今日では女性はアメリカの賃金労働力のほぼ半分を占める。また女性労働の在り方にも圧倒的な変化が生じた。五〇年前には看護師か教師以外で女性の専門職はまれだった。今日では毎年開業する新米の弁護士や医師の半分近くが女性だ。同じ五〇年間に賃金も在り方を変えた。一九五〇年には女性の中位数所得は男性の三分の二にすぎなかった。いまでは八〇パーセントを稼ぐ。

でも、数字を見直してほしい。平均で男子の八〇パーセントという数字は本当だろうか？　事実を考えてみよう。雇用主のコストの七〇パーセント近くは賃金。そうなら、女性のみを雇用する雇用主は男性のみを雇うよりも労働コストを二〇パーセントも節減できる。これは売上高の約一四パーセントも利潤を増やすことになり、平均的な企業が稼ぐ三倍もの利潤率だ。女性の賃金が男子より（本当に）二〇パーセント低いなら、雇用主には女性を雇う以外に選択肢はないだろう。

そこであなたは自問するだろう。「きっと、性差以外にも収入の『男女間格差』の説明に役立つ男女間の違いがあるのでは？」と。それが正解だろう。収入は経験、教育、婚姻状況それに年齢などを反映する。しかし、経済学者が米国国勢調査局や労働統計局の全国データを利用し、個人特性のすべてを（統計的に）コントロールして計測しても男女の賃金間にはなお説明できない差が残る。個人特性に関して同一の計測値を持つ男女間で男性の収入は女性よりも少なくとも一〇パーセント多く、またある研究ではその二倍の差が見出される。

研究者の多数説では、男女間の説明不可能な給与格差は主に女性差別の結果だという。推理は単純。社長や役員の大半は男性であり、どちらを雇うかが問題になると「同窓会閥」などで男性が有利になるという。この見方によれば、女性が雇われるには低賃金の受け入れに同意するしかない。

では事実はどうだろうか。四〇年以上もの間、人種や性別による労働力差別は違法だった。二つの主要連邦官庁である平等雇用機会委員会と連邦契約順守局は、もっぱらあるいは大半を、差別廃絶法令の着実な施行推進のために努めてきた。現在の判例によれば、雇用機会均等法はこう規定していると言う。すなわち、職場において女性（または社会的少数者集団）の賃金が低いという統計結果が見出されれば、雇用主は差別に関して有罪と推定され、反証責任がある（つまり、統計的事実が差別の結果ではないことの挙証責任は雇用主側が負う）。連邦政府の役所がこの分野やそれ以外でも法の執行に当たり完璧な仕事をしているとは誰も考えない。だが、どれほど近視眼的であっても連邦政府のお役人たちがこれほど執拗に続く二〇パーセントもの賃金差を見逃すとは思えない。

経済学者たちが個別企業の賃金支払記録を研究した時、何が実態かという点に関するヒントが得られ始めた。企業の所在地、仕事の類型、被雇用者の責任（権限）、その他の要因に関して具体的、詳細な被雇用者情報の実績データを利用して行われたこれらの分析は男女間のいわゆる賃金格差がはるかに小さいことを明らかにした。通常五パーセントを超えないし、格差がまったく存在しないことも少なくない。企業レベルデータと経済全体平均データの間にこれほどの鋭い対照が存在することは明らかな性差別以外に（あるいはそれに加えて）何事かが働いていることを示唆する。

「何事か」は実際には以下の三点である。第一は女性の賃金は子供の有無に対して極端に敏感である。この問題を徹底的に研究した英国では、女性の平均賃金は第一子誕生の直前から下がり始め、この子供がティーンエージャーになるまで低下が続く。収入は第一子が二〇歳前後に回復し始めるが、完全に回復することはない。母親になることに伴う収入低下は三分の一程度であるが、育児が終了後の賃金回復も落ち込み分の三分の一にすぎない。アメリカのデータは大西洋のこちら側でも、同じパターンが存在することを示唆している。

子育て時代の女性が被害を受ける給与減少はいくつかの理由がある。責任が軽く勤務時間の短い「ママさんコース」へ乗り換える人もいるし、また第一子誕生の頃に、より柔軟な勤務時間とそれに応じて賃金の低い別の雇用主の職場へ転籍する人もいる。全体的にいって平均的な技能を持つ女性が二四歳の時一子をもうけると、子供のないまま勤務を続けた人と比べ、生涯所得は一〇〇万ドル近く少なくなる。強調に値するのは似たような効果は男子では観察されないことだ。実際には、子供を持つ男性は子供のない男性より多く支払われている。これらの発見は大多数の人々には意外でも何でもない一事実を強力に示唆している。つまり、労働市場への女性の広範な参入にかかわらず、家庭での育児の第一義的な責任は女性に残されており、その結果キャリアが被害を受けるのである。

男女の賃金差を説明する第二の要因は職業選択にある。女性と比較して、男性は危険なあるいは不快な雇用に集中する傾向がある。いくつか業種を名指しすれば、漁業、建設業、治安維持（警察官）、消防、貨物輸送や鉱山業などだが、平均に比べより危険で男性が圧倒的である。その結果労働災害による死者の九二パーセントは男性である。危険な職種は**補償的賃金差**として知られる、職場での死亡または傷害の危険の差を反映する付加給付が支払われる。均衡下では付加賃金は危険増分を相殺する以上ではない。だから、計測された賃金が仕事上必要な教育その他の要件と比較して高給であるように見えても、外見は当てにならない。リスク調整後では、給与の価値は実質的に危険の少ない雇用の給与より多くないが、高賃金の外見が計測される男女間格差に寄与している。

賃金に影響する第三の主要な要因は労働時間である。男性は一週五〇時間を超える超過勤務をしているので、女性の二倍以上働いていることになる。全体的には男性の平均有給勤務時間は女性より約一五パーセント長い。男性はまた女性と比べパートタイムではなくフルタイムの有給雇用で働いているケースが多いようであるが、これによる賃金差は極めて大きいことがありうる。一週四四時間働くのと三四時間働くのとでは、男女の区別なく賃金の額は二倍以上になる。この実質的な男女間の有給勤務時間差は一部は「ママさんコース」現象の結果だが、残った疑問は、これは雇用主側に責任のある差別なのか女性の選択の結果なのかという点である。

私たちもそうした疑問に確定的に答えることはできないが、それでも職業選択（したがって賃金）の男女差の一部は差別によると信じる理由がある。例えば、最高賃金のブルーカラーの職場は通常労働組合のある職場だが、産業別組合も職業別組合も女性を組合員として受け入れることに反対してきた長い歴史がある。あるいは医学の場合。皮膚科や放射線科といった専門診療科には数多くの女性医がいるが、これは勤務に融通性があり、労働時間も限定的であり、またパートタイムでの勤務も可能な職場だからである。しかし、多くの医師たちは、報酬の高い外科などの専門診療科には女性医の進出が顕著に少ないが、これは女性に対する差別の結果であり、女性が好む選択を反映したものではないと主張する。この主張が正しいとしたら、ある専門診療科で女性医が男性医と同等の報酬が支払われていても、高給の勤務場所からの女性の排除は平均給与を引き下げ、彼女たちを貧しくしてしまう。

職場における男女差別の問題が近い将来最終的に決着することはありそうもない。計測された給与差はそれが経験、教育やその他の要因に由来するものであっても、同等の能力を持った男女間での真の給与格差を誇張していることは明らかである。とはいえ、子育ての負担がより重く女性の上にのしかかる現状では、たとえ女性が同額の給与を受け取ったにしても、同量の仕事に対するものではない。つまり「同一労働、同一賃金」にはならないのである。

演習問題

1　週四〇時間までの労働に対して時間当たり二〇ドルの基準賃金、週四〇時間を超える超過勤務には時間当たり三〇ドルを支払う。雇用主がこう提案したと考えよう。雇用主は労働者に自らの勤務時間を選択することを認めている。そこで、被雇用者Aは週三六時間、Bは四二時間働くことを選択した。AとBの平均週間給与額を算定した上で、両者間の「給与格差」(%比で)を計算せよ。あなたの見解ではこの給与格差の観察値は差別になるか？　あなたの結論を正当化せよ。

2　最近の英国の研究では既婚の男子は未婚の男子より多く稼いでいることが分かった。ただし、これは彼らの妻がフルタイムの有給雇用に就業していない場合だけの話である。この事実をどう説明したらよいか？（ヒント：どちらのケースで夫は子育てを含めて家事の責任を分担しようとするか？）

3　自分自身の事業を営む女性は、男性の事業主と比較し、半分の純利益しか稼いでいない。まず、女性がなぜ低利潤をすすんで受け入れるのか、その理由を考えよ。これは被雇用者として女性にはより貧弱な選択肢しかないことを反映しているのだろうか？　それとも、男性が思う以上に女性が好都合だと思う自営業が持つ別の属性を反映しているからだろうか？　その上で、なぜ女性は低い利潤しか稼がないのか？　その理由を考えよ。これは差別の証拠だろうか？　そうなら誰が差別しているのか？　差別の結果でないとしたら、何が低利潤を説明するか？

4　性別や人種によって賃金差別することを禁止する法律がある一方で、教育や経験による賃金差別を雇用主に許すのはなぜだと考えるか？

12　最低賃金制度の功罪

賃上げを望むかと聞かれれば、労働者たちは直ちにイエスと答えるだろう。でも、首切りや労働時間の削減はと尋ねれば、答えはおそらくノーだろう。**最低賃金**の効果に関する論議はまさにこの点が中心になる。

最低賃金とは企業が労働者に対して合法的に支払い可能な最低の時給のこと。最低賃金制度の支持者たちは、低所得の労働者は不十分な賃金しか払われていない、だから自らや家族を養うことができないと主張する。また最低賃金は賃金分配の最底辺の給与を引き上げるだけで労働者にも企業にもほとんど弊害はないという。反対の者たちはこう反論する。低賃金労働者の大半は未熟練の若者たちであり、養う家族などいない。最低賃金は職に就けない他の多くの者たちのはるかに大きな犠牲の下に少数のティーンエージャーたちの所得を増やしてやるだけだ。いちばん重要なことは経済的階層の底辺にいる多くの者たちは、雇用主が連邦最低賃金で雇い入れるのに必要とされる技能を身に付けていないことだ。働く意欲はあるが仕事が見つからない。だからこれらの者たちは経済的階層をよじ登ってより高い給与の職に就くのに必要となる基礎的な技能を決して学ぶことがない。問題の所在は明らかだ。しかし事実はどうだろう？

連邦最低賃金制度は一九三八年、公正労働基準法の一条項により創設された。初めは当時の製造業平均賃金の約四〇パーセントに相当する時間二五セントに設定された。以後四〇年の間に法定最低額は定期的に引き上げられたが、通常製造業平均賃金の四〇から五〇パーセントの水準で、おおむね経済全体の市場賃金動向と一致していた。一九七〇年代後半の高インフレーションに対応して最低賃金は一九七四年から一九八一年にかけて七回引き上げられ、製造業賃金の四二パーセントに当たる時給三ドル三五セントに改定された。ロナルド・レーガン大統領は最低賃金凍結を約束し、彼がホワイトハウスを去った時には据え置かれた最低賃金は平均賃金の三一パーセントになっていた。一九八九年に議会を通過した法律は最低額を一九九〇年は三ドル八〇セント、一九九一年は四ドル二五セントに引き上げた。五年後議会は二段階で五ドル一五セントに引き上げた。二〇〇七年から二〇〇九年にかけての期間、最低額は三段階で現行の時給七ドル二五セントへ引き上げられた。

およそ五〇万人の労働者が最低賃金を稼いでいるが、一五〇万人程度の者たちには最低賃金を下回る額しか支払われていない。法律の適用除外になっているからだ。最低賃金制度の支持者たちはこの制度が雇用労働者の搾取を阻止し、本人と家族を養うのに十分な賃金を稼ぐ助けになっていると主張する。とはいえ、七ドル二五セントの時給はフルタイムの労働者が四人家族を貧困への転落を防ぐのに必要だと政府が考える額の約三分の二にすぎない。実際のところ、四人家族が一人の稼ぐ賃金で貧困線にまで浮上するには、最低賃金は時給一一ドルを上回る必要がある。

それでも最低賃金に対する反対者はそんな計算は関係ないと主張する。例えば、最低賃金を稼ぐ労働者の三分の二は独身者で、貧困境界の上方領域にとどまるのに十分な稼ぎになっている。さらにこれらの独身労働者の半分はティーンエージャーで、多くの者はおそらく衣料費と自動車関連の経費を除き金銭上の義務を負っていない。だから最低賃金は主として援助など必要ない上位中産階級のティーンエージャーの利益になるだけで、同時に何千人もの不利な立場にあるマイノリティ（社会的少数者集団）の若者から職を奪っている。反対者はこう主張する。

数年前にニュージャージー州の最低賃金の改定が短期的には雇用に悪影響を及ぼさなかったと示唆する研究が発表され、最低賃金に関する論争は熾烈化した。さらにカナダに焦点を当てた他の学者の研究が最低賃金引上げの影響を一層鮮明に解明した。カナダの最低賃金は時期的にもまた地域（州）によっても重要な違いが存在する。これらの違いが最低賃金改定の短期および長期の影響を区別して考察することを可能にした。短期の効果はニュージャージーの研究が含意しているとおり、実際上無視できる程度である。しかし、長期では最低賃金引上げのマイナス効果は実に大きい。短期では、企業は最低賃金引上げに反応して労働力を大量に削減しないというのは正しい。しかし、時間が経つにつれて最低賃金引上げによるコスト上昇が小規模企業を廃業に追い込む。雇用の落ち込みが明瞭に現れるのはこの分野である。

カナダの研究結果は、最低賃金の雇用へのマイナス影響を指摘する米国の圧倒的多数の実証データと整合的である。つまり、労働者に対する需要量もすべての財に対する需要量と同じで価格に反応する。賃金が高くなるほど求められる人数は少なくなる。しかし、最低賃金により何人の職が失われたかに関する議論は残っている。例えば、最低賃金が三ドル三五セントから四ドル二五セントへ引き上げられた際の雇用喪失人数の信頼できる推計値は五〇、〇〇〇人から四〇〇、〇〇〇人まで分布している。最低額が五ドル一五セントに引き上げられた時は研究者たちは最低二〇〇、〇〇〇人の雇用が脅かされると示唆していた。さらに最近でも何人かの経済学者は連邦最低賃金の七ドル二五セントへの引上げは究極的には最大で一〇〇万人が失職する原因となると推定していた。労働力人口が一億五、〇〇〇万人を超えるアメリカにとって、このような数字はそれほど大きくは響かないかもしれないが、最低賃金引上げの結果職に就けない人々の大半がティーンエージャーだ。労働力の約五パーセントを構成するにすぎない彼らが失われた雇用機会による損失のほとんどすべてを負担するのである。

職を失う可能性のもっとも大きい若者は、主にマイノリティに属する恵まれない立場の青年たちだ。平均して、これらのティーンエージャーは仕事に関する技能を持つことがもっとも少なく、職場内訓練を最大に必要としている。これらの不利な立場にあるティーンエージャーたちがこうした技能を身に付けるまでは、あるいは身に付けない限り、最低賃金の結果として失業状態になる可能性がもっとも多く、より上位の経済階層へとよじ登る機会を持つことはもっとも可能性が少ない。ティーンエージャーの失業率が全人口の三倍以上であり、黒人青年の失業率が三〇パーセント近辺に高止まりしている状況の下で、批判者たちは最低賃金がマイノリティの青年が労働市場で長期的に成功することに対する主要な障害になっていると主張している。

事実、最低賃金制度には、その支持者たちが論じたがらない一面がある。雇用主らが性別あるいは人種を根拠に差別する可能性を大きくするからだ。賃金が市場の力で決まる時には、差別する雇用主は、それだけ人数が少なく、したがってよりコスト高の労働力供給プールを相手にすることになる。しかし、政府が市場賃金を上回る賃金を義務付ける時は低技能の労働者の余剰が発生し、差別がしやすく、差別したことのコストも安くなる。元財務長官のローレンス・サマーズが述べたように、最低賃金制度は「雇用主に対する経済的な罰金を免除する。彼には金髪の白人を選ぶことが可能になる」。

最低賃金に対する批判者はまたこう論ずる。この制度の下では、企業は基礎的な技能を欠いた労働者を訓練することに積極的でなくなる。会社はより高給を正当化できるよう経験ある労働者だけを選んで雇い入れる。企業はまた労働コストを押し下げる努力の一環としてフリンジ・ベネフィット（付加給付）にも消極的になりがちである。差別の拡大、低技能労働者に対する職場内訓練の減少、新入りの労働者に対する付加給付の削減などが見込まれることは多くの観察者を不安にする。経済学者のジェイコブ・ミンサーが述べているように、最低賃金制度は慢性的失業者にとって「機会の喪失」を意味する。

最低賃金制のこれらの逆効果にもかかわらず、多くの州や地方政府は職を持つ人々は「ゆとりを持って生活できる」賃金が支払われるべきであると信じている。事実、一部の州や地方自治体では最低賃金（時に「生活賃金」と呼ばれることもある）をより高額で義務付けており、最高のニューメキシコ州サンタフェの時給九ドル五〇セント（インフレーションを反映して毎年調整される）まで分布している。メリーランド州ボルチモアなどのケースでは地域の最低賃金は関連政府機関と取引関係のある企業の労働者に対してのみ適用される。しかし、サンタフェとすべての州決定の最低賃金の場合は零細規模や産業（例えば農業）を理由に適用除外と宣言された若干の企業以外の全企業に適用になる。

政治家が最低賃金の引上げを決定するのは、何か月も続くことが少なくない激しい論戦を経た後である。ある者たちには生活水準の引上げ、他の者たちには雇用機会の喪失という錯綜した利害関係が絡むため、最低賃金を巡る議論はまもなく論争に発展することは意外ではない。米国労働省の元高官が言ったように「最低賃金が問題になるとどの立場を取るかは容易ではない。雇用増加、差別削減それに職場内技能訓練の拡充に味方するか、労働者の賃金引上げを支持するかのいずれかしかないが、いずれの立場を選んでも、反対の立場の者からはぼろくそにやっつけられる」。議会も大統領もこの問題に直面する時は、いずれか一方あるいは双方とも通常同様に感じるものなのだ。

演習問題

1　最低賃金の引上げは、ティーンエージャーたちのある者にはより高い賃金を稼ぐことを可能にするが、他の者たちには職を失わせる原因になる。ではティーンエージャー全体としては福祉向上になるだろうか？

2　低賃金の引上げ以外で、マイノリティの若者たちの雇用を減らすことなく、低賃金労働者の所得を引き上げる方法はあるだろうか？

3　労働組合のような組織労働団体は、構成員全員が最低賃金以上を稼いでいるのに、最低賃金引上げの支持者であるのはなぜだと考えるか？

4　最低賃金引上げがひょっとして雇用を増やすようなことが可能であるか？

13　アメリカの貧困

一九六〇年には米国世帯のもっとも貧しい二〇パーセントは総所得の四パーセントを多少上回る額を受け取っていた。今日ほぼ五〇年に及ぶ政府の貧困克服努力の後、底辺の二〇パーセントは総所得の四パーセント弱を受け取っている。一九六〇年にはほとんど四、〇〇〇万人のアメリカ人が貧困な生活を送っていた。貧困者への援助に数千億ドルも支出されてきたのに、現在もなお三、八〇〇万人のアメリカ市民が貧困下で生活している。世界のいちばんの金持ち国で貧乏は驚くほどしぶとく続いているように見える。

私たちがその理由を理解しようとすれば事実を直視することから始めねばならない。第一に、貧困下で生活するアメリカ人の絶対数は過去五〇年間ほとんど減少しなかったが、人口増加が貧困世帯の割合を大きく減らした。慣行的な測定値では一九六〇年にアメリカ人の二二パーセント以上が貧困生活だったが、今日では総人口の一二パーセント強が貧困線以下にいる。

第二に、貧困を測定する伝統的手法は個人の現金所得のみに焦点を当てている点で誤解を招きやすいのかもしれない。実際には政府の統計専門家は世帯規模別の世帯に関して「最小適正家計収支」（貧困線）を積算し、その上で何人の人々がこの線以下の現金所得しかないか決定する。だが連邦政府の貧困対策の主要な構成要素は**現物移転**（現金ではなく財サービスの移転）の形態で行われる。メディケア、メディケイド、家賃補助、食料購入券および学校給食などである。これらの現物移転の金額評価額を総所得の計算に含めれば、低所得水準の人々の生活水準は五〇年の間に相当改善してきている。

受給者の総所得を測定する上でこれらの現物移転をどの程度含めるべきかに関して意見が一致していない[注]。それでも、大半の研究者はこれらの現物移転と**勤労所得税控除**（低所得者への特別な税額還付）が、所得分布の底辺の人々に対する主要な所得源である点は認識が一致している。これらの移転

［注］――意見の不一致には二つの理由がある。第一は同じ金額であっても現物移転は現金所得と比べ一般に価値が低い。現金なら受け手は自らの消費パターンに合わせて選択できる余地がより大きいからである。第二には医療費は貧困者に対する重要な移転項目であるが、貧困者のためのメディケイド支出の総額を算入すると、それは病気にかかればかかるほど貧困者は豊かになることを含意してしまう。だから、おそらく正しい測定値は貧困者でなければ請求されることになる医療費、つまりその場合自分の財布から支払わなくてはならない医療費（または医療保険料）だけを算入すべきだろう。

と税を調整すれば過去五〇年間に貧困線以下で生活するアメリカ人の比率は大まかには半減したと見てよいだろう。同じく重要なのは人口のもっとも貧しい二〇パーセントの生活水準が一九六〇年以来二倍以上に向上したことだ。要するに、米国の貧困者数が大きく減少したし、またいまも貧乏のままの者たちも五〇年前の貧困者よりは一般的に裕福になっている。

所得測定にどのような尺度を用いようが、大部分のアメリカ人が大規模な**所得流動性**を示すことを忘れないことが肝心である。彼らは時間とともに所得分布の中を動き回る傾向を持つ。所得流動性の最重要な源泉は収入の「ライフ・サイクル」パターンにある。労働力への新規参加者たちは初めは低所得だが、大半の労働者には仕事上の経験を積むにつれて所得の上昇を期待できる。一般に年収は五五歳近辺で最高に達する。収入のピークが人口の**中位数年齢**（現在ほぼ三七歳）をかなり上回っているので、現在の収入分布の「スナップ写真」は多くの人々が所得分布のより高位の位置へ上昇中である姿を映しだす。現在低所得の人たちも平均的には将来所得増加が見込まれているわけだ。

もう一つの所得流動性の主要な源泉は幸運の女神のご愛顧によって生まれる。いつの時点でも、高所得の人々の所得は、宝くじに当たったとか、あるいは長期間待ち受けたボーナスを受け取ったとか、最近の幸運により異常に高額である可能性がある（平均的に期待可能な額との比較で）。反対に、現在低い所得の人々の所得は、例えば自動車事故で怪我し欠勤したとか一時的に失業状態になったとかの最近の不運な出来事により異常に低いことがありうる。時間が経てば、幸運の女神の効果も人口全体に平均化される傾向がある。したがって今日の高所得の人たちも将来は所得が減る傾向があり、他方現在低所得の人たちも将来は高所得になる傾向があろう。これは現在貧困線以下で暮らしている多くの人々も恒常的ではなくむしろ一時的にそうなっていることを意味する。

時間の経過による個々人の所得の推移を調査した研究が所得流動性を生み出す諸力の効果を見事に明らかにした。一九七〇年代と一九八〇年代の間、例えば、年代の初期に所得の最上位の二〇パーセント層（第五分位階級）にいた人々で年代末にも同階層に止まっていたのは半分に満たなかった。同様に、年代の初めに最下位の二〇パーセント層（第一分位階級）にいた人たちでも、年代末までにはほぼ半分がその階級から抜け出ていた。新聞記事などでは事実は反対であるように報じられるが、所得流動性はなお確固として頑健である。一九九六年から二〇〇五年（ごく最近の研究対象となった一〇年間）でも、一九九六年に最下位の二〇パーセント階層にいた人々の半分以上が二〇〇五年までにはその階級から脱出していた。

とはいえ、米国での所得不平等を増幅し、あるいはそうした外観を与えるいくつかの諸力が存在する。だからそれらの性質を解明することが最善である。まず第一に貧困線のはるか上方にいる人口割合が増大していることだ。一九六九年にはアメリカの人口全体の約四パーセントのみが貧困線を七倍以上超える所得があった。今日アメリカ人の約二〇パーセントが同じ高さの所得を得ている（四人家族で平均一五〇、〇〇〇ドル）。所得分布の最高階層での所得の跳躍的な増加の大半はさらにその階層の頂点部分で起こっている。三〇年前にはアメリカの最上位一〇パーセントの所得稼得者が所得全体の三一パーセントを取り込んでいたが、今日では三七パーセントをかき集めている。しかもこの跳躍の大半はその中でもごく少数の人々の間で起こっている。三〇年前にはトップの一パーセントが総所得の九パーセントを占めていたが、今日では一六パーセントを取り入れている。だから、インフレ修正後の所得は全体的に増大はしているものの、頂点部分でいちばん急速に上昇していると見える。このパターンは一九九〇年代に初めて明白になったが、経済学者が説明に努めているものだ。いまだなすべき仕事は多く残っているが、若干の回答は出てきている。

一つは主要な人口学的変化が起こりつつあることだ。アメリカは高齢化しつつあるし、また高齢世代人口は若年世代人口と比較して所得不平等度が高くなりがちである。高齢者たちは運勢の上がり下がりをより多く経験しているからだ。アメリカ人はまた教育水準が上昇しているが、これも所得不平等を増やしがちである。低学歴者たちの所得は狭い範囲に集中しがちであるのに対し、高学歴者たちでは拡散する傾向がある。ある者たちは自らの人的資本を所得増加に役立てる一方で、その他の者たちは余暇時間増加を工夫するのに振り向けるからだ。高齢化と教育というこれらの二つの人口学的変化を合体すると、所得不平等度拡大の外見の七五パーセント以上が説明可能になる。

二つには最上位層における急速な所得増大の相当部分は実は現実の反映というよりは、むしろ会計上の擬制計算によるものだ。一九八〇年代後半までは、所得の大部分を個人所得ではなく法人所得として計上することが大富裕層には税法上相当な利益になった。つまり富裕層の所得の大きな部分が税務当局にではなく、所得分配の問題を心配する政策決定者の目には隠されていたのである。その後の税法改正が法人所得ではなく、個人所得として申告することを促すようになったのであり、彼らの所得は実際には変わっていないのに、政策決定者の目には変化したように映っているのである。

そうであっても、現在では一部はいわゆるスーパースター効果によって、所得分布の最上層の、極めて希薄な上限部分を占める人たちが増加していることが明らかである。技術的変化が最高演技者が手腕を発揮可能な経済的市場の規模を広範に拡大した。例えば、携帯電話、ビデオ会議それにeメールなどを利用して、企業の最高経営者は以前には可能でなかったはるかに大きな事業を効果的に指揮できる。スポーツや娯楽のスターたちもいまではケーブルTVやインターネットを使って、ライブの演技に出席できる何万人よりもはるかに多数の何千万人（あるいは何億人）の観客に向かい合うことができる。これらの追加的な顧客はそれぞれサービスに対する料金を喜んで払ってくれるので、それに応じて最高層の所得は何倍にもなる。

最高層の所得についてはこの程度にして、最低層はどうなっているのだろうか？　一九九〇年から二〇〇五年までの間、米国への膨大な移民の流入があった。新移民は普通長期の居住者より稼ぎが少ない。所得が測定される人々の集団に大量の移民が付加されると、たとえ個々人すべての所得が増えている場合にも、平均所得は落ち込む。だから、移民は所得分配の底辺層で所得の測定値に押し下げ圧力を及ぼす。しかし、新移民はまた未熟練者の労働市場に対し競争圧力を強める。結局、移民はアメリカの高校中退者の賃金をおそらく四パーセントから八パーセント程度引き下げるようだ。これは大したことではないように見えるだろうが、すでに所得の低い人々の間で起こっている点を思い出してほしい。これら両方の効果は二〇〇七年から二〇〇九年の不況により縮小、あるいはおそらく逆転している可能性がある。アメリカでの経済の状況悪化が多数の新しい移民を母国へ帰国させる原因になったからである。

公共政策もまた底辺の人々の所得に悪影響を及ぼした。一例として、麻薬との戦いは文字通り何百万人もの人々を前科者にし、もともと低所得のアフリカ系アメリカ人に不釣り合いなほど過大な負担を負わせた。例えば、一九九〇年以来二〇〇万人以上のアフリカ系アメリカ人男性が重罪の麻薬犯罪容疑で投獄されている。出所して、労働市場へ復帰しても犯罪記録がほとんどの仕事から彼らを排除してしまう。重罪犯の前科者には時給八ドル以上の職を見つけることはほとんど不可能だ。その結果、これらの人々の所得は大幅に減額され、もっと貧乏になる。

社会保障障害保険制度（ＳＳＤＩ）の拡充も、同じく底辺での所得停滞に寄与した。六五歳未満の真の障害者を援助する目的で一九五六年に創設された事業だが、以後連邦政府のもっとも急拡大した所得移転制度になった。現在では連邦支出は年間ほぼ一、一〇〇億ドルに達している。本制度では本当に障害者でなくとも、現在働いていない時には政府からの支払を受けることが可能である。一九九〇年以降、社会保障庁からの傷害保険受給者数は約八百万人とほぼ三倍に増えた。受給者が受け取る月額の実質額が過去三五年間に六〇パーセントも増え、また受給資格要件が緩和されたことを考えると、これは驚くまでもないことだ。現在連邦政府は食料購入券や失業手当てよりも多額を障害支払に支出している。

これは何を意味しているのだろうか？　以前は慢性的な苦痛や一時的な傷害があっても働いていた者たちが、その中でも特にしっかりした職業訓練や教育を受けていない者たちがいまでは働く代わりに傷害給付を受けることを選択している。社会保障障害支払の平均額は非課税で月額一、〇〇〇ドルを上回っている。職場階層の下層にいる多数にとっては月額一、〇〇〇ドルはかなりよい金額だ。ＳＳＤＩと関連連邦障害事業は、真の障害者にとっては確実に生活改善になる。しかし、障害給付が非課税であることや家族や友人とより多くの時間を共にすることが可能になる事実とがあいまって、現在では多くの受給者がより高い給与の仕事から身を引いている。この状況はまた所得不平等の測定値が上昇することを意味する。本事業によって、障害給付受給者の生活状態が改善していることは明らかであるとしても、政府統計が集計した彼らの家計所得は明らかに低下するのである。

貧困政策の前線では確実に明るい一点が存在する。一九九六年に実施された「福祉改革」計画だ。それ以前は低所得世帯は「児童扶養世帯補助」と名付けられた連邦補助金に対して、無期限の受給資格があった。この事業は一九九六年に「貧困世帯臨時援助法」に衣替えした。受給期間に制限が置かれ、またすべての受給者に対しては、職業技能を高め、労働市場へ参入または再参入するための追加的な経済的誘因と援助が与えられた。この政策変更の全般的な効果に関してはいまだ研究の途中だが、所得分布の底辺層の所得を緩やかながらも引き上げたことが明らかになった。

執拗に続くアメリカの貧困は、貧困者自身や彼らの窮状を研究している分析家にはがっかりだが、問題を国際的な文脈で考察することが有用である。日本やヨーロッパの大半の国といった他の工業化先進国では所得分布の底辺の人たちはアメリカの貧困者よりよい暮らしをしていることが多い（必ずというわけではないが）。通常貧困者はアメリカの場合と比べ国民所得からいくぶんか大きい配分を受けているが、分配される国民所得はアメリカより小さい。だから、アメリカと比較してみると、人口のもっとも貧しい一〇パーセント層は日本およびドイツでは平均所得が高く、英国およびイタリアの平均は低い。

世界人口の大半に当たる発展途上国では貧困の意味はアメリカとはまったく異なる。アフリカと多くのアジアでは所得分布の底辺の人たちは、年間四〇〇ドルかそれ以下で暮らすのが当たり前である。アメリカでは年一〇、〇〇〇ドルから一五、〇〇〇ドルは稼ぐのとは対照的だ。第4章「国富の謎」で述べたように、この仰天するような生活水準の違いは世界中で観察される法律的および経済的な諸制度の広範な差異に起因する。アメリカでは、他の工業化された先進諸国と同様、これらの諸制度は人々に対し、彼らの能力を働くことに向けさせると同時にその資産を政府による没収から保護する経済的誘因を提供する。したがって、最善の反貧困計画は人間が生得の能力を最大限に活用できる制度的環境を創出することである。

演習問題

1　大部分の近代社会が貧困を減らそうと努めるのはなぜか？　その際、なぜ彼らは単純に万人が同一の所得を持つことを要求する法律を成立させることでそうしようとしないのだろうか？

2　誰が貧乏になり、誰はならないかを決める上で、ゲームのルールはどんな助けになるか？（ヒント：人種差別を禁じた一九六四年公民権法はアフリカ系アメリカ人の所得に、白人のアメリカ人の所得と比較して、どのような影響を与えたか？）　あなたの答えを説明せよ。

3　次の三つの現物移転のどれが、受給者の真の所得をいちばん引き上げると考えるか？　無料のゴルフ・レッスン、公営バスの無料乗車、それとも無料の食事？　その答えの理由は？

4　貧困者がより良い住宅に居住できるよう助成する三つの代替的方法を考察しよう。一つは年六、〇〇〇ドルの経費を要する政府補助住宅、二つ目はアパートまたは戸建の借家家賃に対する年六、〇〇〇ドル相当の住宅バウチャー（クーポン券）、三つ目は年額六、〇〇〇ドルの現金。あなたが貧乏だったら三つのうちどれを選ぶか？　あなたの決定の根拠は何か？

14　雇用よサヨナラ

一九八〇年代後半へタイムスリップしよう。当時、経済学者たちにもっとも気掛かりだったのは、アメリカの企業が直面したアジアの競争者たちからの容赦ない競争だった。「日本株式会社」とその隣人たちはコンピュータのメモリーチップを当時例のない低価格で生産を始めた。結果は、米国の半導体メーカーの利潤の急低下であり、半導体メーカーとその政治的な支持者たちによればアメリカの雇用に対する恐るべき脅威だった。不気味に迫る産業雇用喪失の問題は政治の情景を支配していた。半導体産業の指導者たちは連邦議会の議員たちに対し、米国の半導体生産者の保護のため連邦政府が介入しなければ米国の技術優位は失われるだろうと説得に努めた。専門家の中には、政府の保護と支援がなければ米国のマイクロエレクトロニクス産業は一〇年以内に恒常的、決定的な劣位産業へ縮小するだろうと予言さえした。

それではまた二〇年後の現在へたち戻ろう。国内政策論議でたびたび繰り返される問題はいまもほとんど同じである。確かに、どの国がどの米国産業から雇用を「盗んで」いるかという細かい点は変化しているが、大きくは変わっていない。事実、二〇〇四年の大統領選挙の際には**ホワイトカラー雇用の海外調達**は国旗を冒瀆するのと等しい非アメリカ的な行為であると非難された。CNNテレビの有名なビジネス解説者ルー・ダブスは米国の雇用を海外へ送り出している「非愛国的な」会社の全部をリストアップすることさえ始めた。議会下院は国務省および国防省がいかなる形態でも外国へ外部発注することを阻止する措置の成立を試みた。ドン・マンズーロ下院議員（イリノイ州選出、共和党）は「海外への外部調達をいつまでも無限に継続し、それにより戦略的な軍事基盤を弱体化しながらも、本議会が手をこまぬいて雇用が失われるのを座視し、何もしないだろうなどと期待することはできない」と語った。

インテル社（世界最大の半導体メーカー）の取締役会会長のクレイグ・バレットによれば、今日ではアメリカの労働者たちには「インド、中国それにロシアの三億人と見込まれる教育水準の高い人々」が立ちはだかっている。「これらの人々は米国で行うことのできるどんな仕事でも効果的に行うことができる」。これと同じく、フォレスター・リサーチ社は二〇一五年までに三三〇万人のサービス雇用が「海外へ」移動すると予測している。そのうち五〇万はコンピュータ・ソフトウエアおよび関連サービスであると想定されている。二〇〇四年民主党指名の大統領候補ジョン・ケリーはこうした雇用輸出会社のリーダーたちを「ベネディクト・アーノルド社CEO（最高経営責任者）」と呼んで非難した。［訳注］バラク・オバマが二〇〇八年に大統領選挙運動中に中国やインドに「雇用を出荷する」ことは止めるべきだと言った。経済諮問委員会の委員長がサービス雇用の海外調達はそんなに悪い考えではないと公言した時、多数の政治家たちは彼に激しい非難を浴びせかけ、国内のサービス雇用の外国への輸出は米国経済を襲った最大の疫病であると主張した。

激しい論議を引き起こす外国居住の労働者へのサービス雇用の外部調達問題を理解するには本章の書き出しの話題まで戻る必要がある。一九八〇年代後半におけるコンピュータチップスやその他のハイテク製品の「アジア来寇」の後、現実には何が起こっただろうか？　結果はシリコンバレーのご臨終などではなかった。それどころか、アメリカのハイテク企業は挑戦に応戦して、自分たちがもっとも優位にあるものを同定し、それ以外は外国の競争者に任せたのである。彼らは革新的になった。彼らはパソコンとインターネットの開発を主導した。彼らは一九九〇年代を通して雇用創出のエンジンになった。事実、私たちはアメリカビジネスの歴史を振り返って、外国との競争が経済の特定の一部門を脅かした時期がこの他に無数にあったことを知る。その競争にかかわらず、また巻き込まれた分野がどういう結果になったかにもかかわらず、アメリカ経済は繁栄を続けてきた。

労働市場の柔軟性が人々を驚かしたのは今回が初めてではない。一九六〇年頃に始まり、当時多くの専門家が予測したのはコンピュータとロボットの産業界での利用増大が大量失業と大衆の貧困を招来することだった。ところが、コンピュータとオートメーションはほとんどあらゆる産業を通じて仰天するほどの**生産性**増大を生み出した。この生産性の増大が過去五〇年の間に八、二〇〇万人もの雇用を創出し、また同じ期間内に**実質一人当たり所得**を三倍にする助けになった。これは一九六〇年代に専門家たちが予測した結果だなどとはとてもいえない。とはいえ、労働市場の将来予測は決して容易ではない。労働市場に関する情報と専門知識の主要な源泉であると認められている労働統計局（BLS）の実績を取り上げよう。二〇年前BLSはガソリンスタンドの従業員と旅行代理業者は、アメリカで急増すると予測した。事実は両方の職業で雇用は減少したのだった。また二〇の職種の雇用に関してBLSは二〇年間に大幅な減少を予測したが、半分の職種では雇用は増加し、中にはたくましく増加したものも多い。

私たちがこれまで目撃してきたのは、経済学のすべての中心的な概念である**比較優位**の継続的な検証作業である。デービッド・リカードが二世紀前に着想し、それ以来誰も反証したことない観念である。もっとも、外国との厳しい競争に直面しているアメリカの会社役員たちは反証したいと常時努めているのではあるが。簡単にいえば、比較優位の原理は、一個人なり、一企業なり、一国家なりがある一つの物事を行うのに際立って上手であれば（そうするコストが低い）、定義上、他の物事を行うのはそれほどには上手でないはずである（より高いコストが必要）。比較優位は誰にとっても隙間《ニッチ》が存在することを含意する。これらの隙間は、国内的にも国際的にも束縛のない自由な交易が認められ、参加者全員が自分のもっとも得意とする活動に専念することを許せば、もっともよく埋めることができる（それにより私たちの国富は最大に増加する）。

現在の状況を考えてみよう。米国の同類たちと同様、インドの技術者たちはコンピュータのプログ

［訳注］——ベネディクト・アーノルド（一七四一—一八〇一）は、独立戦争時の米国の将軍で英国に内通した反逆者（『ランダムハウス英和大辞典』による）。

ラム開発と革新的な新技術を提供する能力を持っている。インドのプログラマーとハイテク技術者たちの給与は米国の同類たちの四分の一。この結果、インドはアメリカより低い金額のコストで両方の仕事を実行できる。インドはこの両方に**絶対優位**を持っている。別言すれば、プログラム開発も技術の革新も米国より少ない単価で生産できる。これは米国がプログラム開発の雇用だけでなく革新的な技術の雇用も失うことを意味しているのだろうか？ それはまた米国とインドが国際貿易を行えば、私たちの生活水準が低下してしまうことを意味するのだろうか？

デービッド・リカードは今日私たちがすると同様、両方の問い掛けにノーと答えただろう。インドが両方の活動に絶対優位を持っているとしても、その事実はインドと米国が何を生産するかの決定には無関係である。インドはプログラム開発の仕事に比較優位を持つ。理由の一部はこの活動は**物的資本**を余り必要としないからである。その反面、米国は技術革新の仕事に比較優位を有している。このような長期的なプロジェクトを実行するのに必要な資本を獲得するのが比較的容易だからである。その結果、インドのプログラマーは過去においてアメリカのプログラマーが行っていた仕事をますます多く行うようになる。これと対照的に、アメリカの企業はさらに一層革新の仕事へ転換する。米国は技術革新に専門化し、インドはプログラム開発に専門化する。それぞれの国の企業経営者は自分たちが比較優位を有する活動に特化することを選ぶのである。これまでと同様アメリカ経済は「もっとも秀でた」活動に集中し続けるだろう。

この原理は世界トップクラスのスポーツ選手で通常観察される現象と異ならない。彼らは身体的にも頭脳的にもいくつかの種類のスポーツ活動で事実上勝利するだけの技能を有している。彼らはいくつものスポーツで絶対優位を有しているが、それでも彼らは比較優位を持つ一つのスポーツに最終的に特化することに変わりがない。彼らがそうするのは他のスポーツで時間を「浪費する」と収入が減ってしまうほど、そのスポーツが（いちばん）得意だからである。ちょうど同じことがインドの技術者にも当てはまる。

外国労働者にサービスを外部調達するという一般的な問題に戻ろう。コンピュータのプログラム開発はこうした外部調達が起こっている一分野である。外部調達は米国の所得税申告の書類作成といったちょっと驚くような仕事にまで広がっている。事実は米国の大小の会計事務所がアメリカ市民のための納税申告書をインド人を使って作成させているのである。少なくとも二五万件の申告書が毎年バンガロールとムンバイで作成されている。さらにアメリカの病院は（当然インターネットを通じて）X線のコンピュータ写真をインドの医師や技術者へ送り、最終診断のためアメリカに送り返す前の整理をさせている。

ホワイトカラーの行う労働集約的な仕事（簡単な苦情への回答、電話での注文取り、コンピュータの初期設定方法の説明や簡単な医療検査結果の解説）を海外へ移転することは、一九八〇年代に私たちが日本やその他のアジア諸国から低価格のコンピュータチップスを購入したことと違いはない。また一九八〇年代と一九九〇年代に労働集約的な繊維品の輸入を増やし始めた時に私たちがした行動と基本的に異なるところはない。海外との競争のため、特定の産業が時間とともにもっと革新的になり、またコスト意識を高めることを強いられたが、全体的には米国の雇用総数は時代から時代へ一貫して増大した。実際には、少なくともハイテク産業の部門では、一九八〇年代の「アジア来寇」の余波は生産性ブームだった。

高給の雇用が海外へ送られた証拠はほとんどないのが実情である。大学卒業者の失業率は全労働者の平均より低い。さらに大卒者の失業率は不況時に上昇し、経済拡張期には低下するが、このグループの失業率の全般的なトレンドは過去三〇年間緩やかに下降した。そして大卒者に対する雇用はその他の教育水準の人たちより急速に増加したのである。

アメリカ経済でも他のどの経済でも通常**技術的変化**により雇用は消滅する（実際にはアメリカ経済では毎週一〇〇万人のペースで雇用が消える。労働者が自ら辞職しあるいは解雇されるからだ。しかし通常の年には一週間に一〇〇万をわずかに上回る雇用が創出され労働者たちは新しい雇用を受け入れる）。アメリカの製造業雇用が引き続き縮小しているのは事実だ。しかし、製造業雇用の減少は米国に特有なものではない。製造業雇用が中国やその他の国へ移りアメリカの職が失われていると語られているが、中国のような外国の製造業雇用者数は米国よりも急速に縮小しつつあるのである！

国富を増大させる技術的変化は、心を滅入らせるような反復的で危険な工場労働に従事する必要性から人間を救い出してくれる。私たちはもっと生産的になり、その結果一部に暮らし向きが悪化する人が出るかもしれないが、国民全体としては裕福になる。しかし、すべての人を技術的変化から保護しようとすれば、すべての技術的変化を阻止しなければならない。そんなことを試みても私たちが貧乏になるだけでなく、そんな企て自体が失敗してしまう。他の国々が大喜びして私たちが脱ぎ捨てた先進技術の履物を労せずして取得することになるからだ。

事実、アメリカの会社がサービス業務をインド、中国、その他の国から海外調達できるのは、通信とコンピュータ利用の劇的な改善という技術的変化のおかげである。一つ絶対に確実なことがある。雇用の輸出に対する政治的な不平不満はやがて死滅するが技術的変化は決して停止することはない。私たちは次の大革新サイクルがどういう中身であり、あるいはどの分野が影響されるかは分からない。だが影響されるようになれば、何人かの政治家がさっそく時流に乗ってアメリカ経済に対する新たな脅威が出現したと宣言することだろう。そして外国人がどうやってアメリカ経済を破壊しつつあるかという独善的な演説をたくさん聞くことになるだろう。でもこのことを覚えていてほしい。過去二五〇年の間に技術的変化は私たちが国民としてより富裕になるのを可能にしたし、実際にも米国ではこの間に各世代は直前の世代よりもおおよそ五〇パーセントは豊かになった。この道程において鯨油採取業など時代遅れの産業に従事していた一部の人々が他の雇用に移動しなければならなかったのは事実である。しかし人間が思考できる限り、技術は変化し、雇用もまた人間とともに変化する。これらの変化を進んで受け入れて豊かになることを望むか、それとも変化を拒否して貧乏になるか、それを決定することが私たちにとって唯一の選択肢である。

演習問題

1　外国から自動車、衣料、それにＤＶＤプレーヤーを買うのとコールセンターサービスのような低コストの労働サービスを海外から購入するのとでは何が違うか？

2　プログラム開発サービスが引き続き海外で調達される可能性を前提にして、今後米国でコンピュータ科学の学位に対する需要はどうなっていくと考えるか？

3　どういう風に考えることができれば、移民を海外からの雇用の「対内調達」と見なすことになる、つまり、国内の仕事をさせるため人々をアメリカへつれて来ることになるのか？　いまから一世紀前に（当時多数の政治家が主張したように）すべての移民を禁止することで、アメリカ人に対する「対内調達」増大の脅威を押し止める決定が行われていたと考えよう。その場合、私たち国民はいまより豊かになっていただろうか、それとも貧しくなっていただろうか？　また、あなた自身は果たしていまアメリカ人であるだろうか？

第四部　市場構造

需要と供給に関して議論した際に用いた競争的モデルでは、市場における買い手と売り手の双方の企業が**純粋競争**の条件を満たしていると仮定している。これは、財貨の売り手が**完全に弾力的な需要曲線**に直面していることを意味する。すなわち、売り手は市場価格をそのまま受け入れなければならず、市場価格以上に価格を引き上げようと試みても、一つも売れないという結果になるだけである。これと同様に、競争的モデルにおける買い手もまた、**完全に弾力的な供給曲線**に直面することになる。市場価格はやはり所与であり、これ以下の価格で購入しようとしても失敗するだけだ。それでは誰も売ってくれる者がいないからである。

純粋競争条件の含意は、買い手も売り手も個別では市場価格を左右する力を持たないことだが、ちょっと世の中を眺めるだけで、現実には完全競争の条件は常に満たされているわけでないことが分かる。時には、主要大企業の場合に見るように、市場規模と比較して企業が巨大であり、そのため当該企業の販売または購買計画の大幅な変化が市場価格に影響せずにはいないことがはっきりしている場合がある。またある場合には、買い手または売り手が「余人では変えられない」ため、本人以外の買い手または売り手で正確に同じ物を提供できない場合もある（その古典的な事例がスポーツ界や芸能界のスーパー・スターたちの場合で、彼らはサービス価格を引き上げても多少の売れ行き減はあるものの買い手がいなくなるわけではない）。また、個々には純粋な競争者の企業が、一緒になって**カルテル**を結成し、単一の意思決定主体として行動する場合には、生産量に関する彼らの集団的な決定が市場価格に影響を与える。

売り手の決定が一財の価格に影響を及ぼす場合、エコノミストは売り手の企業を**独占**《モノポリー》と呼ぶ。字義では、「単一の売り手」のことだが、実際の意味は、その企業の生産物に対する需要曲線が右下がりであり、そのため、その企業の決定が生産物価格に影響するということだ。買い手の決定が市場価格に影響を及ぼす場合を**買い手独占**《モノプソニー》、または「単一の買い手」と名付ける。買い手の企業が右上がりの供給曲線に直面しており、この企業の購買計画が商品の購入価格に影響する場合を意味している。このように、自らの決定によって市場価格に影響を及ぼすことができ、したがって企業利潤を最大とする価格を探す（または決定する）必要に迫られる企業（買い手または売り手）を**価格探索者**と呼ぶことがある。この用語法にならうと、純粋競争者は市場価格をそのまま受け入れるわけだから、**価格受容者**と呼ばれることになろう。

各種の市場構造を検討する出発点は第15章「ビッグな石油会社、ビッグな石油価格」だ。ジェット燃料からガソリンから暖房油まで私たちの生活の多くの面で原油が製品原料として主要な役柄を演じている。だから、人々が原油価格を心配するのは意外ではない。そして二〇〇七～二〇〇八年に実際起こったように価格が急騰すると、多数の人々が犯人は巨大石油会社だと考える。でも、勘違いしないようにしてほしい。巨大石油会社は間違いなく価格探索者である。彼らは**限界費用**以上に価格を引き上げてもなお多量の石油製品を販売できる。しかし、彼らの絶対規模（売上高で数十億ドル、総資産額では数千億ドル単位で測った）はどの程度価格を引き上げる能力を持つかに関して確実な指標にはならない。ガソリンなど石油製品の場合、その能力は一ガロン当たり数セント程度と限られた範囲にとどまり、しばしば言及されるような大きな金額ではない。石油会社が私たち消費者からしぼり上げるガロン当たり数セント程度でも多額な**利潤**を増やすことができるが、一九七〇年代あるいは二〇〇〇年代の原油やガソリンの急騰を説明するには十分ではない。その点の解明を始めるには次章へ移動する必要がある。

第16章「契約、企業結合と共同謀議」で明らかになるように、競争の厳しさと低利潤は企業が競争回避の道を工夫しようと試みるほどだ。試みのうちでいちばんありふれているのがカルテルで、製品の価格を引き上げ、カルテル加盟企業の利潤増加を可能にする目的でその産業所属の多数または全部の企業が総生産量を削減しようという、単純な集団的な協定のことである。アメリカではカルテルは通常違法である。でも全米大学体育協会（ＮＣＡＡ）は合法で活発に活動している。カルテルは国際市場ではよるかにありふれて観察される現象だ。本章では原油、ダイヤモンドそれにキャビア市場での三つの国際カルテルを検討しよう。いずれのケースでも、カルテルを形成しようとする**経済的誘因**は大きいが、もっと大きいのがカルテルを抜け駆けしようという経済的誘因の方で、カルテルが形成されるとほとんど同時に生まれる。カルテルは莫大な利潤の可能性を秘めてはいるが、競争の圧力のため本来的に不安定であり、したがって一般的には短命に終わる。これが本章のもっとも重要な教訓である。

競争の度合いがどのようなものであれ、企業はつねに利潤を引き上げる方法を探っている。これは多くの場合、新製品を開発し、優れたサービスを提供する努力を意味する。しかし、時には第17章「コーヒー、紅茶、それとも授業料免除？」で見るように、単に既存の製品に対する価格調整を意味するだけの場合がある。供給の限界コストの差に起因する以外の理由により顧客間で異なる価格を請求する行為は**価格差別**といわれる。米国では厳密には非合法ではあるが、航空機旅行から大学の学資支援までの市場で日常的に観察される。航空機旅行の場合（大学生の）あなたはほぼ確実に価格差別の受益者で、価格差別が完全に排除された場合より低い料金を支払っている。でも、そんなに自己満足しないこと。観光ではなくビジネス目的で旅行し始める時には価格差別の被害者側にいる可能性があるからだ。しかし、そのおかげで、隣席の大学生は陽光の下で春休みをエンジョイすることができる。

大学といえば、いまではかなり費用がかかるようになったのに気付いているだろう。第18章「大学進学のコスト（……またコストさらにコスト）」で検討する話題である。大学経営の市場構造は**独占的競争**と呼ばれる。売り手（この場合は大学）は類似の製品を販売しながら広告を使って製品を他の売り手から差別化する。第17章は大学が学生の間で価格差別することを可能にするだけ十分な市場支配力を持つことを明らかにする。それでもなお、大学間には十分な競争が存在し、この市場構造が現代の大学教育の平均的な高価格を説明できるとは見られない。そうするには近年この市場で役割を演ずるようになった一連の要素、とりわけ大学教育に対する需要の高まりに注目する必要がある。

政府を味方に付けて、競争相手を弱体化あるいは排除することが、厳しい競争からあなたを保護してくれる、おそらくはもっとも頼りになる手段である。第19章「競争の排除」はその点を明らかにする。多分この理由から一連の市場で政府が競争を阻害している点は注目に値する。本章ではタクシーから髪のブレーディング美容までの数個の事例を検討するだけだが、本来そのリストは果てしなく続く。いずれのケースでも手法は同じ。「消費者保護」を装って政府は企業の市場への参入を阻止し、問題の市場への供給を減らす。効果は完全に施行されたカルテル（抜け駆けする違反メンバーのいない）とほぼ同じ。政府により保護された企業は製品の価格引上げと**市場占有率**の拡大の両方を実現できる。政府により「保護されている」と想定されている消費者は、通常は高価格と供給者の間で選択の余地が減ることによるいちばんの敗者である。

15　ビッグな石油会社、ビッグな石油価格

ミルク・クレート（牛乳びんを運ぶ箱）が前代未聞の大量に消え失せ始めた。北カリフォルニアのバークリーファームズでは一日で一、四〇〇箱も「紛失」した。これは同社の通常年の年間紛失数より三〇パーセントも多い。フロリダ州ウインターヘイブンのベルダファームズでも同様なミルク・クレートの行方不明を報じている。ほぼ同時期に、南カリフォルニアの警察官がロサンゼルス川の河川敷に放棄され、放火された大型ＳＵＶ（スポーツタイプの多用途車）の増加に気付いた。

外見上関連のない出来事、つまりミルク・クレートの紛失とＳＵＶ焼却の間には何か共通することがあるのか？　答えは原油および石油製品の価格高騰である。まず炎上するＳＵＶの突然の出現を取り上げよう。ガソリン価格が急騰した時中古ＳＵＶ車の販売価格は急落した。そのため多くの所有者は「逆立ち」状態に落ちたことを知った。これはローンの未払額の方が中古再販売価値より多いとい

う意味だ。そこで、燃やしてしまう方が金銭的にはよい解決策になる。誰かに金を払って車を盗ませ、火を付けさせる。その上で、自動車保険会社から保険金を回収し、おそらくはより小型の車で再出発するというわけ。

行方不明のミルク・クレートだが、盗んだドロボーたちは状況を正確に把握している。原油価格が上昇すれば石油を原料とする樹脂の価格もやはり上がる。ミルク・クレートは樹脂でできている。ドライバーたちがガソリンに記録的な**名目価格**を支払っていた同じ時期に石油樹脂の名目価格もまたピークを記録していた。樹脂はリサイクル可能だ。樹脂価格が上昇すれば、ドロボーたちにとってはミルク・クレートを盗み、再生業者へ売りはらう**経済的誘因**が大きくなる。だからそう実践したのだ。

二〇〇八年の夏、ガソリン価格が一ガロン四ドルで頭打ちした後、急速に下落し半値以下に戻った。ガソリンの高価格に対する大衆や政治家の抗議は同じく速やかに沈静した。しかし、ガソリン価格が次回ジャンプした時には抗議もまた猛烈な勢いで復活してくるだろう。この章のタイトルが示唆しているように、原油価格のビッグな上昇の背後にはビッグな石油企業、数千億ドル規模の石油企業が存在し、これが末端スタンドの給油ポンプでのガソリン値上がりを説明するとの共通の見方がある。初めに「ビッグ」という観念を検討しよう。

今日の石油会社が「巨大」であることは確か。でも巨大でなければならない理由がある。油田の探査はコストがかかる上にリスクの高い事業だ。でも、数千億ドルもの資産価値を持つ石油会社は確実に多くの**市場独占力**を有しているに違いない。あなたはそう考えるだろう。ともかく、二〇〇八年にはエクソンモービルの市場価値（株価総額）は四、八〇〇億ドル、シェルとBPはともに、二、八〇〇億ドルで、シェブロンは「たった」二、〇〇〇億ドルでしか（株式市場で）評価されていなかった。

　しかし、後に判明するように、企業の絶対規模は独占体であることを示す適切な指標にはほとんどならない。会社が競争で決まる水準を上回って価格を引き上げるほどの実効力を持つには市場全体で大きな占有率を保持しなければならない。全体像を正確に把握するため、以下の比較を試みよう。世界で民間所有の三大石油会社はエクソンモービル、シェルとBPだが、三社を合算してもサウジアラビア石油会社より小さい。また三社のいずれもがメキシコ、ベネズエラあるいは中国の国営石油会社ほど巨大ではない。

　誤解しないでほしいが、アメリカの大石油会社は末端スタンドであなたが払うガソリン価格（消費者価格または小売価格）を左右できるし、実際にもそうしている。一例は**地帯価格制**に見出される。地域の市場条件を考慮して異なった価格付けをすることだ。例えば金持ち子弟が通う大学近くのスタンドでは一ガロンでニッケル（五セント）かダイム（一〇セント）を余分に請求する。SUVを乗り回す学生たちはタンクいっぱいで一ドル節約するのにもう一マイル先まで車を走らせることなど考えもしないからだ。ここでニッケル、あそこでダイム程度の価格差でも、年間何十億ガロンも販売していれば合計して大金になる。しかしいくら足し上げても二〇〇〇年代のアメリカが経験した石油製品の価格変動にはならない。

　この価格の上がり下がりは検討する価値がある。原油一バレルの価格が史上最高を記録（一四〇ドルを超えた）というトップ見出しは、実はあなたが思うほどの大きな値上げを意味しているわけではないからだ。というのは、報じられた価格はつねにインフレーションを修正していない名目金額だからである。二〇〇八年に原油とガソリンの価格が現在尺度でも高値水準に達したことは事実だが、インフレ修正すれば一九八〇年代初期に達した水準を五〇パーセント上回るにすぎなかった。第7章で見たように生活水準の向上は実際には原油とガソリンを三〇年前よりはずっと手にしやすいものにしたのである。より大きな歴史の文脈の下ではバレル一四〇ドルの原油、ガロン四ドルのガソリンもいまだ驚くほど安値だった。

比較のため一八〇〇年代の原油とガソリンの価格の推移を見よう。一八五九年カーネル・エドウィン・ドレークがペンシルベニアで石油を掘り当てた時、一バレルの原油は四ドルで購入できた。ただし、当時と現在の物価水準と生活水準の変化を調整すると今日では一、二〇〇ドルと等価になる。ドレークが発見したとの話が広まった後、石油掘削と油田発見の急増が見られ、以来価格は押し下げられた。一八九六年、ヘンリー・フォードが第一号の四輪車を発売した時、給油ポンプ段階のガソリン価格（小売価格）は今日の所得との比較で換算すればガロン約一〇ドルだった（これがフォードがエタノールで走るように車を設計した理由を説明する助けになるかもしれない）。以後粗原油とガソリンやナフサ等の石油製品および石油化学製品などの誘導体の価格は世界の需要と供給の変動に応じて上がり下がりした（実際はほとんどが下落）。これは他の資源、製品およびサービスの物価が需要と供給の時間的な変化に応えて変動するのと同じだ。

三五年ほど前、石油輸出国機構（ＯＰＥＣ）が原油生産を急激に削減したが、これが原油価格を五倍に押し上げた（二〇〇九年価格でバレル一八ドルから九〇ドルへ）。それに応えて先進国、特に米国の石油利用者たちは、需要法則の予想通りに、エネルギーの使用効率を高めた。いまでは一九七三年当時と比べて生産一ドル当たりで五〇パーセントしかエネルギーを使っていない。さらに一九八〇年以後は消費者のエネルギー向け支出割合は三分の一以上も削減された。だから、二〇〇三年から二〇〇八年にかけて原油の実質価格が大幅値上がりした際にも、一九七〇年代に経験したよりはるかに苦痛は少なくて済んだ。

それでも、多くの人々はごく最近の原油値上がりは別格だと主張している。これまで何度もエネルギー危機があったが、いま私たちを待ち受けている危機はまったく別物であると彼らはいう。それはエネルギー問題に関する最近の書名をみるだけで分かる。『(石油) タンクはカラッポ』、『ガス欠』、『迫りくる経済破綻』、『バレル二〇〇ドル下のビジネス繁栄策』など。連邦政府の専門家たちがアメリカ国民に対して実に長い間語ってきたのは、石油は枯渇しつつあるという話だった。例えば一九一四年に内務省はわずか一〇年分の供給量しか残っていないと発表した。同じ内務省は一九三九年には一三年分の供給量があるといった。また一九五一年には油井は一九六〇年代半ばには干上がると告げられた。ジミー・カーター大統領は一九七〇年代に、私たちは世界の原油の**確認埋蔵量**の全部を一九八〇年代の終わりまでに使い尽くすだろうと語った。

これって何か間違っている。世界のすべての先進国の経済が活動し続けるには決定的に石油に依存している。世界の石油が枯渇するという環境の下では、原油の実質価格は時を追って上昇すると予想される。しかし、実際はそうなっていない。世界の石油埋蔵量は減少ではなく増加している。一九七〇年、サウジアラビアの確認埋蔵量は九〇〇億バレルだった。以後同国は一、〇〇〇億バレルを汲み出し販売した。砂漠の油井は干上がったはずだが違う。事実、いまサウジアラビアは地下にはなお二、六〇〇億バレルが残っているといっている。カナダの確認埋蔵量は一九七〇年にはごくわずかだったが、いまではサウジアラビアを除くすべての国より大きい。理由の説明だが、原油価格が急上昇するたびに石油の探査が増加するからだ。これまでは、探査と汲み上げ技術の進歩がよい結果を生み、原油埋蔵量が増えた。一例だが、石油会社は現在大洋の海底から日常的に原油を汲み上げているが、その実質コストは四〇年前にテキサスの地下一〇〇フィートまで掘り下げたのと同じである。長期間にわたるこうしたプロセスの結果、原油の実質価格は低下トレンドにある。

枯渇の可能性についてのヒステリー騒ぎは他の資源についても同じように起こっている。一九世紀末には石炭が枯渇し、産業が次第に活動停止に追い込まれるという新聞記事が無数に見られた。しかし、いまでも五〇〇年分の供給量が存在する。原油、石炭それに多くの他の資源に関して進行中のことは、利潤への誘いがこれらの商品をより多く作り出し、販売する、より進んだ技術へ投資する経済的誘因を企業に与えていることだ[注]。

この探査と発見のプロセスは長年、いや何十年にもわたって生起する長期の過程である。数年間続きうる短期では原油や他の多くの自然資源の**供給の弾力性**は比較的小さい。つまり、短期では価格の大きな上昇でも、供給量のわずかの増加を呼び起こすだけである。だから、経済や政治の情勢展開次第では市場価格の大きな変化が起こりうる。二〇〇〇年代にはハリケーンが米国油田からの供給を一時的に削減した。中東およびアフリカの政治的な騒乱がそこでの供給をカットした。さらに、急速に成長する経済に潤沢に注油できるよう原油を大量に確保しようとする中国政府によって需要は嵩上げされた。供給の減少と中国の追加需要が複合して価格急騰を作り出した。そこへ二〇〇七年〜二〇〇九年の金融危機とそれに続く不況が襲い、原油およびガソリンへの需要と価格を元の水準まで引き下げた。

消費者は値下がりにほっとしたが、まことに奇妙ながら、石油の場合価格が下がっても時には消費者の怒りが爆発する。二〇〇六年の議会選挙（中間選挙）の前の数週間のことガソリン価格が二〇パーセント下がった。多くの人々は、値下がりは選挙結果を変えようと石油大企業と政府が共謀した結果だと不平を述べた。人々が見逃していたのは、ガソリン価格は通常レーバーデー（九月第一月曜日）から一一月第一週の間は値下がりする事実である。この時期は夏のバケーションシーズンが終わりガソリン需要が減る一方で、冬の到来により暖房油需要が増加するかなり以前の時期に当たるからである。

誤解しないでほしいが、石油大企業は大きなリスクをとり、大きな利潤を得ている。しかも彼らは私たちのポケットからガロン当たり五セント（ニッケル）か一〇セント（ダイム）を掠め取る達人である。こちらで五セントあちらで一〇セントとガロン当たりではほんの小額でも合計すれば巨額の利潤になる。これは市場がもっと競争的だったら私たちの財布にとどまった所得である。でも、だからといって、それでガソリン価格がガロン二ドル、原油がバレル八〇ドルも変動するわけではない。その点を理解するには古くからお馴染みの需要と供給の効果にたち戻らなければならない。

［注］――この点はこれらの資源に対する**財産権**が明確に定義され、執行可能で、また譲渡可能であることを前提にしている。第27章「バイ、バイ、バイソン！」で議論するように、こうした条件が満たされないならば、既存の資源を保全し、また資源の新しい源泉を拡大する過程が生起するとは期待できないのである。

演習問題

1　一九七〇年代の特異な期間、アメリカ人はガソリンを買うのに行列して順番を待たなければならなかった。今日では原油市場の周期的な混乱期にあっても、私たちは満タンにするのにめったなことで長時間待つ必要がない。なぜだろう？（ヒント：一九七〇年代には連邦政府が賃金と物価の統制を実施していた）

2　原油の確認埋蔵量の規模が増加し続けるとすれば、地質学者たちが使用する「確認」という語についてあなたはどう感じるか？　また経済学者は「確認埋蔵量」をどう定義するか？

3　ガソリンの給油ポンプでの価格（消費者価格または小売価格）は、二ドルであれ、三ドルあるいは四ドルであれ、例えば一五年前と比べ確実に上昇している。それなのに非常に多数のアメリカ人はガソリン消費の少ない小型で軽量の車に乗り換えてはいない。アメリカ人は大型車が好きなのだ。でも、小型化しないのには別の理由もありうるが何だと思うか？

4　石油大企業の巨額利潤は誰のポケットへ入るか？（ヒント：アメリカの大人の五〇パーセント以上は直接にか間接にかアメリカ企業の株式を所有している）

16　契約、企業結合と共同謀議

一八九〇年シャーマン法は合衆国では「取引または商業を抑制するいかなる契約、企業結合、……共同謀議」も非合法とした。こうした法律の文言を日常の言葉に翻訳すれば、「価格を競争的な水準以上に引き上げるため企業が競争相手と計らって**カルテル**を結成することはアメリカでは非合法である」という意味だ。[注]カルテルが成功すれば、利潤を大きく増やす潜在力を持っているので、カルテルを形成する**経済的誘因**は強力である。しかし、通常は政府が抑制、あるいは積極的に奨励しなくても

［注］――このような規定にもかかわらず、米国の農業生産者たちはアーモンドからオレンジまでの農作物の価格引き上げを集団的に合意することが法律的に許容されている。合衆国農務省に承認され、順守が強制される実効上のカルテルである「販売命令」の庇護の下に行われているのである。

カルテルを維持し続けることは困難である。それは、カルテルを成功させるには、次の四つの要件を満たさなければならないからだ。

①市場占有率。他の生産者が大幅に増産し、その結果価格を押し下げることができないよう、カルテルは潜在能力も含めて生産量の大部分を支配している必要がある。

②代替商品。カルテルの販売する商品の代替物は、比較的貧弱で消費者に余り魅力がなく、供給量も少量で、しかも供給の弾力性が比較的低くなければならない。こうした要因は、いずれもカルテル商品に対する**需要の弾力性**を低め、価格引き上げを可能にする。

③安定性。カルテルが情勢の変化に対応していちいち価格や生産量の変更をしなくて済むように、カルテル産業の**コスト**や**需要**の条件を撹乱しがちな外部要因が比較的少数である必要がある。

④連帯性。値下げにより協定違反行為（抜け駆け）を行ったメンバーを同定し、制裁を加えることにより、メンバーの連帯を維持することが比較的容易でなければならない。

これまでに成功したカルテルは、いずれもこれらの要件を多少なりとも満たしていた。反対に、これらの要件の一つあるいはいくつかが充足されなくなったカルテルは崩壊した。一般論として成功するのは国際カルテルである。それらは実効的にカルテルを禁止する国内法の管轄外（あるいは適用除外）にあるか、または加盟各国の政府自身によって奨励されるかあるいは直接に構成されるからである。

これまでもっとも有名で、またいちばん成功したカルテルの一つはOPEC（石油輸出国機構）である。一九六〇年に形成され、アルジェリア、インドネシア、イラン、イラク、クウェート、リビア、ナイジェリア、サウジアラビアおよびベネズエラといった主要産油国が加盟している。OPEC

は共謀行動に弾みをつけた一九七三年の中東戦争勃発までは石油価格にほとんど影響を与えなかった。サウジアラビア、クウェートなど数か国のアラブ産油国は原油生産量を急減させた。原油の**需要曲線**は右下がりであるため、この減産は原油価格をつり上げ、OPEC加盟国の利益は急増した。一九七三年一月一日には、サウジアラビア産原油価格は一バレル約一〇ドル（二〇〇九年価格で）で購入できた。一年以内に一バレル三二ドルまで上昇し、翌年には四一ドルになり、一九七〇年代末には八〇ドルへ上昇、それで落ち着く気配もなかった。

さまざまな力が重なって、一九八〇年代半ばにかけて原油価格は反対方向、つまり値下がりに転じた。少なくとも部分的にはOPECによる価格引上げに反応して、アラスカのノース・スロープ産原油生産量の増加やノルウェーや英国の北海産原油の積極的販売など、他の供給源からの世界の原油生産量が増加し始めた。こうした供給量の増加がOPEC加盟国が支配していた**マーケット・シェア**（市場占有率）を大きく引下げ、価格規制力を弱める一助になった。

しかし、OPECにとってもっとも重要な問題は、他の多くのカルテルと同様、加盟メンバーの協定破りの行為だった。カルテル加盟の企業や国が多数の場合、おそらくは十分な利益の分配を得られないなどの理由で、つねに現状に不満を抱くメンバーが存在する。彼らはカルテルで決められた価格をほんのわずか引き下げて抜け駆けをするのだが、その結果は、非常に多額の収入の増加（それで利益も増大）である。協定破りの可能性はカルテルという存在を恒常的に脅かすものであり、多くのメンバーが抜け駆けを試みるようになった時点でカルテルは崩壊する。

OPECの場合、一九八〇年代のイラン、イラクという加盟国間の戦争が大規模な抜け駆け合戦の発端となった。両国は重い戦費を賄うために**割り当て量**《クォータ》を超えて生産を拡大し、超過収入を得ようとしたからである。生産割当量に対する協定違反がカルテル全体に広がった一九八六年には、原油価格は二〇〇九年価格表示でバレル二〇ドル以下にまで急落した。世界最大の原油産出国のサウジアラビアは、他のＯＰＥＣ加盟国が生産割り当て量を順守しなければ、生産量を二倍にすると脅迫してやっと秩序を回復した。原油価格はその後二〇〇四年初めまでは一バレル当たりほぼ二五ドルから三〇ドルの水準で推移したが、その後世界需要の増加に応じて急激に上昇し始めた。二〇〇八年に一四〇ドルを超える水準でピークを付けた後、世界的不況の影響で四〇ドル見当まで低下した。

　カルテルが直面している諸困難はダイヤモンド市場でも例証されている。有名なダイヤモンド会社デビアスは以前には世界の供給量の八〇パーセントもの多くを支配していたが、現在では四〇パーセントの市場占有率しかないと主張する。デビアス自身は世界のダイヤモンド産出量のほぼ二五パーセントを生産し、ダイヤモンド商事会社（ＤＴＣ）と呼ばれるカルテルを通してさらに一五パーセントの販売を支配している。デビアスの指示の下ＤＴＣは長きにわたりダイヤモンド原石の販売量を制限し、加盟者の利益を極大化する価格水準を維持してきた。しかし、長年にわたる高利潤維持に成功した後、ダイヤモンド・カルテルは苦難の時を迎えた。カルテルの高利潤は新しい供給源の探鉱に拍車を掛け、オーストラリアおよびカナダで主要な発見があった。加えて世界の生産量のほぼ四分の一を占めるロシアがＤＴＣカルテルを脱会し、ＤＴＣの最大の競争相手であるレフ・レビエフ・グループを通してダイヤモンドを市販するようになった。供給増加とカルテル脱会の複合効果は最高品質ダイヤモンドのインフレ修正後の価格を三〇年前の半分以下に押し下げている。

ロシア人はまた歴史的成功と目された自らのカルテルで問題を抱えている。純正キャビアの供給を支配している（というより支配していた）カルテルのことだ。世界中で最高品質キャビアの主要採取地は、カザフスタンとロシア（ともに旧ソビエト連邦の一部）が国境を接するカスピ海の北端のボルガ川デルタだ。このデルタ水域は、水温、塩分ともにチョウザメが産卵するのに理想的な環境となっている。チョウザメは長い鼻を持つ先史時代からの魚で、その卵は世界でももっとも良質なキャビアとして何世紀にもわたって珍重されてきた。もともとはロシアの王室がとり仕切り、自分たちでほしいだけ食べた後彼らの利益になるように残った供給をコントロールしたのだった。

一九一七年ロシア革命がロマノフ王朝を倒すとすぐ、新しい共産主義の体制はキャビア市場を独占することから利益を上げる可能性があることを見抜いた。こうして、その後の七五年間ほどソビエト国家支配のカルテルがキャビア・ビジネスの上流から下流まで管理した。ソビエトのチョウザメは年間二、〇〇〇トンほどのキャビアを十分採取できるほど産卵するのに、共産主義者のカルテルは年間一五〇トンの輸出しか許可しなかった。この結果、モスクワの闇市場では一キロ（二・二ポンド）当たり五ドルもしない最高級の黒キャビアに、ニューヨークでは一、〇〇〇ドル以上もの値段が付くようになった。

ソビエト連邦の終焉は問題を宿した。**競争**が醜い頭を持ち上げたからだ。最大のチョウザメ漁場は二つの異なる自治共和国ロシアおよびカザフスタンの管轄下に入ったが、両国がともに儲けの多いキャビア企業を自ら所有し運営したいと望んだ。その上、これらの共和国出身の企業心に富むカスピ海の漁師などを含む、さまざまな個人業者がビジネスの権利を主張し、中には独自の**輸出**経路を設立する者もいた（これは公式には「ヤミ市場の海賊行為」と呼ばれる）。この資本主義的な行動の効果は、諸自治共和国独立の年にキャビアの公式輸出価格を二〇パーセント引き下げ、加えてそれ以降の競争のエスカレーションだった。

キャビアの消費者はこうした情勢の変化を喜んだが、古くからの供給業者たちは大いに不満だ。その一人は「われわれはこの手の競争を必要としない。多数の小さな競争相手の出現は価格を低下させ、市場をバラバラに引き裂いてしまう。これは珍味なのだ。キャビアの高級品イメージを守る必要がある」とボヤいている。近年キャビアの世界価格は鋭く上昇しているが、これはロシアやカザフスタンが競争を何とかコントロールできたからではない。この地域に残存するソビエトの工場からの汚染がこの地域のチョウザメの生息数を大きく減らしたからだったことが明らかになった。キャビアの採取可能量の減少はコストと価格を押し上げ、利潤を一層低下させた。さらに追い討ちを掛けたのが、価格上昇に応えてアメリカの企業（ソビエト工場汚染でコストが影響を受けない）がキャビア市場に参入し、旧ソビエト共和国が悩んでいる価格とコストの圧縮をさらに強めたことだ。そこで、ソビエト市民が共産主義は賞賛されてきたような代物でないと知ったと同様、彼らの何人かは、これは多分カール・マルクスが警告した通りなのだろうが、資本主義は思っていた以上に手強い存在なのかも知れないと気付き始めたようだ。

奇妙なことに、シャーマン法やその他の厳しい反トラスト法の存在にもかかわらず、最長に続くカルテルの一つが米国で見出される。全米大学体育協会（NCAA）で、反トラスト法の特別な適用除外を受けて運営されており、大学間のスポーツ競技のルールを定めるだけでなく、選手をスカウトする仕方から報酬額まで決めている。NCAA規則の下では大学の選手たちの報酬は多くない。実際問題として、大学の運動選手への報酬は寄宿舎代、通学費用、書籍代および所属大学の授業料に限られており、平均的には年間二五、〇〇〇ドルから五〇、〇〇〇ドルの範囲の金額である。これはかなりよい額に聞こえるかもしれないし、陸上ホッケーや大学レスリングの選手にとってはおそらく実際にもそうだろう。しかし、大学競技のいわゆるドル箱スポーツ、中でもとりわけアメリカンフットボールやバスケットボールにとっては、自由市場で選手たちが稼ぐだろう額と比べると、この金額は「雀の涙」ほどのはした金にすぎない（当然ながら、まさにこの点が問題なのである。一部は大学運動部のコストを低く押さえようという単純な理由から諸大学はＮＣＡＡで結託しているのだから）。アメリカンフットボールについてはこの問題は格別徹底して研究されてきた。だから、トップの選手たちの価値が実際にいくらぐらいかよく知ることができる。四年間の大学選手の経歴の後、職業チームにドラフトされたある選手は（四年間に）およそ二〇〇万ドルも過少な報酬しか受け取っていなかった。またこれほど優秀ではない選手たちもそれぞれ金額は少ないながらもやはり過少支払いだった。こんな数字に接すると、ＮＣＡＡは大学の運動場での開かれた競争を奨励する一方で、市場での競争になるとスポーツマンらしくない不公正な振る舞いの罪を犯していることが明らかになるのである。

演習問題

1 すべてのカルテルが本来的に不安定であるのはなぜか？

2 生産者が多い市場と少ない市場のいずれが、カルテルを形成することが容易か？

3 最高級キャビアの価格が変化した時、サケ、タラ、マスなど他の魚種の卵からキャビアを製造している業者はどうなるだろうか？ こうした企業はキャビア・カルテルを再建するようロシアやカザフスタンの政府を助ける経済的な誘因を持っているだろうか？

4 あなたのクラスの学生が勉強時間削減カルテルを形成したら、誰が最大の受益者になるか？ また、カルテル協定に違反行為をする最大の誘因を持つのは誰か？

17 コーヒー、紅茶、それとも授業料免除?

数年前のこと、インターネット小売り業の巨人アマゾン・ドット・コム社にはありがたくない評判が広がった。同社は同じ映画のコピーに対し顧客によって異なる価格を請求したからである。アマゾン社は価格差は無作為抽出によるものであり、単に市場調査の意図の範囲内であると言い張った。しかし、一部の顧客たちは、アマゾン社は顧客の特性に合わせて価格を操作している、つまり、もっと払ってくれそうな人たちには多く請求すると不平を言ったのである。アマゾン社の「市場調査」に対する批判はほどなく収束したが、インターネット企業やそれ以外の企業も異なる顧客に対しては違った価格を請求するという方針に逆らうことはほとんど不可能であると知るようになった。理由は単純。人々の購買慣行を追跡することで、顧客の間でどう**価格差別**し、それで**利潤**をどう増やすかに関して、企業はかなり明確な観念を手にできるからである。

価格差別を違法とすべきではないのだろうか？　実際には少なくともある条件の下では違法である。それでもあらゆる種類の業種、おそらくは大学でも日常的に行われている。面白いことに価格差別は実践する企業（大学も）に確実に利益になるが、あなたも受益者になる可能性がある。以下検討しよう。

まずは重要な点から。同一の財の消費者の間での価格差別は、顧客への供給の**限界費用**の差に起因するものでない価格差の存在と定義される。だから価格差別は全部の顧客に対する限界費用が同一で価格が異なる場合、また限界コストは異なるのに価格が同一である場合に発生しうる。前者の例では薬局や映画館が「高齢者」に対して他の顧客より安い価格を請求する場合に発生する、後者の例は「食べ放題」ビュッフェ食堂で見られる。価格は誰も同じだが、食べる量は多い人も少ない人もいる。

価格差別を実施する企業には三つの条件がある。第一は当該企業は少なくともある範囲で**価格探索者**でなければならない。つまりライバル（商売敵）に全部の売り上げをさらわれることなしに、限界コスト以上に価格を引き上げることが可能でなければならない。第二は消費者間で同一財に異なる価格を支払う意思（と能力）に同定可能な差がなければならない。第三は当該企業は安い価格の顧客が高値でしか買えない顧客に再販売すること、あるいは最低価格で購入資格のある顧客が他のすべての顧客のため買い与えることを阻止できなければならない。

価格差別の目的は当該企業の利潤を増やすことだ。これがどう機能するか見るため、ある企業が識別可能な二組の顧客グループ、例えば定年退職者と現役の勤労者に販売していると考えよう。加えて、退職者たちは低所得であり、だから多分この財に関する**需要の価格弾力性**が高い、つまり価格変化に対しより敏感な傾向があると想定しよう。このケースでは当該企業は顧客グループの間で販売の配分替え、つまり定年退職組には価格をわずか下げ、現役組へは価格を何ほどか引き上げることで、コストは同じで売り上げを増やし、より多くの利潤を稼ぐことが可能になる。このもくろみを達成するには、当然ながら、二つのグループを分別できることが必要だ（近似的には年齢を確認して、定年退職者らしいと推定される以上の高齢者に安値提供を行うことが多い）。さらに、企業は低価格購入者から他の顧客への再販売を阻止できなければならない。処方薬の場合は連邦および州の法律がこのような再販売を禁止している。映画館の場合はシルバー割引を受けるには本人自らが直接出向かねばならない（ブロックバスター社のような映画フィルムのレンタル会社は映画館と違い高齢者割引をしない。高いレンタル料金を回避したい若者の代わりに高齢者がフィルムを借り出すのはたやすいご用だから）。

あなたが航空機で旅行をしたことがあれば、その際はおそらく価格差別の受益者だったと思う（あなたの両親や彼らの雇用主が急用のビジネスで旅行した際は差別の被害者だっただろうが）。一九七八年以前の米国では航空運賃は連邦政府が規制していたので、すべての航空会社が同じ政府認可運賃だった。割引運賃は深夜便か週末の便[注]以外はまれだった。いったん規制が撤廃されると、航空会社は顧客間には需要の価格弾力性に大きな差がある、つまり、ビジネス旅行者は通常需要の価格弾力性が

［注］―― これらの割引料金も今日に比べ平均してかなり高かった。航空業規制を担当した連邦政府の監督官庁が価格競争を阻止していたからである。

低く、だから余暇旅行者より高い運賃を支払うことをいとわない点をいち早く見出した。余暇向け運賃は政府規制時代に比べ相当低くなっているのに、ビジネス旅行者向けの運賃は、いまでは以前よりは高値になっている。

航空会社が実施している価格差別の精度と有効性は、「収益効率管理」として知られる手法のおかげで、時間とともに着実に向上している。精緻な統計的技法で大量の過去のデータを処理し、コンピュータによる最新時点予約とあわせて、現在航空会社は所定のフライトには何人のビジネス顧客が搭乗を望んでいるか、またいくらの運賃を払うつもりなのかという点をほとんどピンポイントの正確さで予測できる。その結果、業界内部のある事情通が言うように、「高運賃はさらに高く、低運賃は一層低く」なっている。

作業はフライトが飛び立つ何か月も前から開始される。航空会社は客席を七つかそれ以上もの運賃階級ないしカテゴリー（分類）に分割する。フライトの初期運賃がそれぞれのカテゴリーに設定され、収益効率管理コンピュータが予約状況を過去のパターンと比較しながらモニターするプロセスが始動する。もし事前予約の出足が遅ければ、航空会社は客席を低運賃のカテゴリーへ移す。高価格、フルサービスのチケットを買うビジネス旅客が予想より早く満席になった場合には、収益効率管理コンピュータは割引カテゴリーから客席を除去し、ぎりぎりの最後に現れると予測したビジネス客のために留保する。

客席を埋めることとそれぞれの客席ごとの運賃収入を最大にすることとの間の最適な組み合わせを実現するため多数の技法が使われる。フライト出発まで何週間もの間、それぞれのカテゴリーに指定された運賃水準は競争各社の最近の動向に照らして上下に調整される。そして、飛行の日が近付くと低価格のカテゴリーは完全に閉鎖される可能性がある。さらに予約を求める人々に対してはそのフライトは「売り切れた」と告げられる。しかし、このフライトを他便への乗り継ぎに利用する乗客は空席がたくさんあることに気付くだろうが、これも当然価格次第のこと。こうした微調整の結果は同じフライトの乗客でも、例えばシカゴからフェニックスまでの往復運賃は最高が一、四〇〇ドル、最低価格の客席は二八〇ドルと五倍も違う運賃を支払う可能性がある。

面白いことに、航空会社によって洗練された収益効率管理の技法は、現在大学で学生に供与される学資支援策を決定する際に活用されている。つまり、名目授業料を所与として、より多くの学資支援の供与はそれだけ価格（大学教育を受ける価格）を引き下げることだと考えることができる。また学生たちも他のすべての人々と同様、**需要の法則**にしたがって行動する。例えば、早期に入学を申請した学生たちは授業へもっと熱心に出席するから、これらの学生たちへの学資支援供与はそれほど多額でなくてもよいことを、大学側は見出した。学資支援問題コンサルタントの一人は「学校へいちばん興味を持った者たちは価格にはそれほど神経質にはならない（授業料等にはそれほどこだわらない）」という。類似の傾向だが、いくつかの大学でもキャンパス訪問にやってくる者たちは授業出席により関心があることに気付いた。そこでこうした学生に対してはわずかながら支援を減らすという反応をした。大学側は日常的に学生たちに学園訪問を勧めているのだが……。

学資支援供与における価格差別の定型的な特徴に加えて、大学はまた在籍者数を毎年モニターしている。これは航空会社が運賃カテゴリーごとの予約状況を注視しているのと同じだ。医学進学過程の学生が多すぎ、人文系は不足していると分かったら、学資援助の供与額を調整して大学が入学を勧誘したい学生には通常より大きい学資支援が供与される。一領域で卓越しているが、他の専門学部もバランスをとって維持したいと評判の学校は学資支援ゲームには格別に熟達している。カーネギー・メロン大学の募集担当副学長は述べているが、供与する学資支援策に精緻な調整を加えることなしには「本学はエンジニアとコンピュータ科学者ばかりの組織になり、美術やデザインの専門家は誰もいなくなってしまう」。カーネギーメロンはまた請求する価格を決定するに当たり競争の重要性を認識している。入学を認められた学生らは、春に支援供与を通知された後、他の大学から提示されたより有利な支援案をファックスするよう促される。この目的のために留保されていた特別勘定の資金を使って、（同大学にとり）望ましい学生が受け取った（他大学からの）提案に匹敵する支援を供与する。

価格差別は世界規模でも実践可能である。大半の主要製薬会社は薬品購入者の国籍を根拠に価格差別を行う。理由の一部は、他国民の所得が米国より低く、それらの国の人々は需要の価格弾力性がアメリカ市民より低いからだ。したがって、製薬会社は外国では処方薬を米国内より低い価格で売っている。しかし、これら外国の一つがカナダで、アメリカの高齢者たちはバスに乗って行けば（あるいはカナダの一薬局のウェブサイトを訪れるだけで）、処方薬購入で大金を節約できることに気付いた。[注] 厳密にはこの行為は違法なのだが、米国もカナダも阻止していない。実際には、あなたがこの箇所を読む頃には、議会は処方薬の他国からの輸入を合法化していることだろう。

価格差別は実行する企業の利益になることは確実だが、同時にまったく違った問題——経済学には回答する能力のない問題、つまり公正な行為であるのか？という問題が存在する。土曜日の夜間機中で過ごすことができて、一か月も前に予約できる大部分の学生旅行者たちは価格差別により低運賃が可能になることをおそらく気にしないだろう。しかし希望の目的地に、希望する時間に到着する必要があり、しかし通常短時日前の予約しかできないビジネス旅行者はそのため支払わなければならない高い運賃を喜ぶどころではないだろう。ある経営者は言う。「きみはカモなんだ。連中はそれを心得ている」と。問題のもう一つの面は、価格差別によって稼ぎだした追加収入なしでは、企業も大学もそのいくつかは生き残りが困難になるだろう。事実、支払う能力ではなく、むしろ授業出席意欲にあわせて学資支援策を微調整することが公正かどうか質問された時、ある学資支援担当役員は自分にはほとんど選択の余地はないと言ってこう述べた。「大いに公平にすることは可能だが、それでは廃業する以外ないです」と。

［注］――カナダでの低価格にはもう一つ理由がある。国営医療制度で、カナダ国民全員のために政府が薬剤を購入する。この慣行はカナダ政府を「**買い手独占者**《モノプソニスト》」（単一の買い手）の立場におき、薬剤価格を市場価格以下に押し下げる強制力を与えている。

演習問題

1　一等旅客は通常普通席旅客より高い運賃を支払う。事前予約購入割引の恩典を受ける場合でさえもそうだ。これは価格差別か？（ヒント：ファーストクラスの座席は通常布製ではなく革製であり、その上普通席のと比べておよそ五〇パーセントも広くゆったりしている。またファーストクラス区画には乗客当たりの客室乗務員数が多い）

2　アメフトのプロチームの観覧料で、観客席の下方デッキで五〇ヤードライン席が一五〇ドル、エンドゾーンを見渡せる上のデッキ席が五〇ドルなのは価格差別か？

3　所得以外のどのような要因が支払い意欲に影響しそうか？　顧客間にあるこれらの要因の違いが企業の価格差別実施可能性にどう影響しそうか？

18　大学進学のコスト（……またコストさらにコスト）

「支払っただけは手にできる」という古い諺がある。この格言の含意は「より上等なものが欲しければ、もっとたくさんお金を払え」ということ。この格言が高等教育についても正しいとすれば、今日の大学生は三〇年前の大学生が受けていた三倍も質の高い教育を受けているはずである。大学教育のコストが（インフレーション修正後で）それだけ高騰しているからだ。本書の読者のうちそんな遠い昔の高等教育の質について肌身でじかに得た知識を持つ人は少ないと思う。だが、著者たちは当時を経験している。だから私たちは（それほど科学的ではないけれど）今日の大学教育の質は平均的に三〇年昔と比べて三倍もよくなってはいないと思う。では、ここに何が起こっているのだろう？

第一に、留意すべきは急速な技術的変化と新しい情報源の爆発的増加がともに最高の技能を持つ個々人に対し割増評価を付与していることだ。これは部分的には高等教育を受けた人々への需要増加を意味している。だから、大学審議会やその他の関係筋によれば大学教育への金銭的な投資効果は増大している。三〇年前には大学卒業者の年収は高校卒業者に比べ男性では一九パーセント、女性では三五パーセント多かった。今日では大卒の男性は六三パーセント、女性は七〇パーセント多い。さらに失業率では大卒者は全人口平均の半分である。その結果、いまでは大学教育の市場価値は以前より高く、人々は支払い増加を甘受するようになっている。

そうであっても、大学在学の年間コストの上昇には肝をつぶさんばかりだ。それに学位を取って卒業するまでの年数が長期化している。三〇年前には公立、私立大学とも通常の学生が卒業するのには四年をほんのわずか上回るだけだった。最近では私立大学で平均五・三年、公立大学では課程を終えるのに六・二年を要している。私立大学で何も学資支援を受けない場合は（学士の）学位を取得するまでにおよそ二〇〇、〇〇〇ドルを支払う羽目になる。だから、いまでは多くの人々が大学進学のコストは金銭的な収益によって正当化できないと問題にしている。

米国には大学は文字通り何千校もある。それほど多くの競争者が存在すれば、高等教育の産業構造を競争的と見なすことができよう。多分完全競争ではないが少なくとも**独占的競争**といえる。独占的競争産業では生産者や販売者は、特徴や品質に些細な違いはあるものの、相互によく似た生産物を販売する。このような産業では、完全競争産業のように何万もではないが、多数の生産者が存在する。独占的競争は広告と**製品差別化**が特徴であり、高等教育もそうだ。一般的にいって、（どんな産業でも）価格と品質は少なくとも長期的には関係があるが、独占的競争産業では高価格は高品質を提供すること以外では獲得できない。なぜか？　企業間での熾烈な**競争**の結果、独占的競争産業の企業は長期的には**経済的利潤**を生み出すことが不可能になる。加えて、こうした産業の平均的な企業の顧客であるそれぞれの消費者は購入物の全部のコストを支払うので、そのコストを注意深く監視し、コスト削減が可能なら購入先を変える。明らかにこのことが企業間競争を一層強化し、製品価格を品質に見合ったものとする助けになる。

独占的競争モデルはどれほど上手く高等教育に適用できそうだろうか？　一点だけは明らかに適用できない。というのは、ほとんどすべての大学は利潤追求を目的としていないからだ。アップル、マイクロソフトそれにグーグルなら株式が売買可能であり、また株主として、配当金の受け取りを通じて会社から利潤を引き出すことができる。しかし、ハーバード、イェール、MITあるいは州立の高等教育機関のいずれでも、そういうことはできない。利潤追求の世界では優れた経営の、その結果高利潤の企業は株価が上がる。最優良企業の経営者や社員たちは給与引上げで報いられることが多い。高等教育の市場ではこの類いのことは何もない。そもそも「当期利益」（という観念）がない。働く者たち（職員、教員および理事たち）の**生産性**を測ることは困難である。その結果、大学を運営する者たちが（人的、物的、金銭的な）**資源**をより効率的に利用しようという**経済的な誘因**が減退する。これは所定の生産水準と品質を確保するコストがより高くなることを意味する。ただし、これは高等教育現場で働いている人々が他分野の人に比べ能力が落ちると言っているわけではない。むしろ、経済的誘因の構造が異なると言っているのである。

大学は長い間利益追求組織ではなかった。そこでコストに影響し、あるいはコストに応じて請求される価格に影響する何が近年変化したかを探るための参考に、他の分野を見る必要がある。まず初めに第13章で議論した「スーパースター」現象を見よう。技術的変化が理由で最高クラスの業績をあげた者たちに対する金銭的報酬は平均的な業績の者への報酬対比で上昇してきた。大学の間でもスーパースター教授および（将来の）スーパースター学生、特にやがて大金持ちになり、母校へ多額の寄付をしてくれる可能性のある学生たちに対する獲得競争が熾烈化した。

このような競争は平均コストを引き上げる。例えば、優秀な教員や理事たちの給与は平均をはるかに上回っている。こうした状況下では平均的な教授の給料が据え置かれても平均給与額は上昇し、なんとかして支払う必要がある。同様にスーパースター教員の招聘に役立つように大学は最高の実験室とコンピュータ設備を用意しなければならない。これまたコスト増となり、誰か、多分あなたたちへツケが回ることになろう。

スーパースターの奪い合い競争はまた大学に新しい価格付け政策を導入させることになった。市場が負担可能な限度額のぎりぎりまで請求する主要企業（航空会社のような）を観察して学んだ手法のことだ。第17章で注目したように、いまではコンピュータの演算能力がより安価でより強力になっているので、民間企業は一日の時間帯あるいは一年の季節その他によって請求可能な最大の金額を推計するアルゴリズムをたち上げることが可能になっている。同一の財サービスでコストは同じなのに相手によって異なる価格を請求することを**価格差別**というが、この手法の活用に高等教育機関は日に日に上達してきている。世帯所得の入念な分析を通じて、高い**需要の価格弾力性**を持つ将来入学見込みの学生や在学中の学生に対して、大学は奨学金やその他の方法で学費を割り引く。最優秀学生に対する獲得競争がもっとも熾烈なので、こうした学生を引きつけるために極めて高率の割引が行われる。

全米大学進学適性テスト（ＳＡＴ）で高得点を獲得した学生などで、将来ＵＳニューズ＆ワールド・レポート誌の全米最優良大学ランキングの順位を引上げてくれると期待される学生たちだ。（多額の奨学金授与を通じて）トップの学生たちには価格カットが行われる一方で大半の学生たち、つまり良好あるいは平均の成績の者たちには授業料の値上げを通じて価格が引き上げられる。マスコミで報じられる大学授業料一覧表のコストには、トップの学生に与えられる割引を織り込んでいないため、実際よりは高めであるようだ。

最優秀学生獲得の動きはまた大学間の**非価格競争**の形を取る。学生たちは学術面の質の高さに関心を持つことは確かだ。でも、いちばん聡明な学生といえども豪華な寄宿舎、上品な食堂、ジャグジーなどを備えたリクリエーションセンター、それに魅力的なスポーツ企画を軽蔑するわけではない。すべては大変金がかかり、コストはさらに膨張する。以上、これら提供物の質を調整すると、これらを整備するための追加的出費があっても、（高等教育それ自体の）**品質固定の価格**は事実変化していない可能性がある。しかし、マスコミは品質調整後の価格を報道することはないので記事の見出しには価格は上昇一方だとしか書いてない。

過去一〇年ほど、さらに一つの追加的な変数が大学コスト方程式に入り込んだ。多くの州で宝くじを始め、その純収益の全部あるいは一部を教育のための特定財源にしている。少なくとも一五の州で宝くじにより調達された資金の重要部分は奨学金の形で学生たちへ供与されている。これらの奨学金は初めは高校の学業成績を基準に与えられ、次年度からは大学での成績を基礎に継続支給される（または打ち切られる）。このような奨学金は大学進学需要を増やし、授業料への上昇圧力となる。

多数の学生たち（いくつかの大学では三分の二に及ぶ）は奨学金を利用して大学入学したものの、一年ないし二年後には奨学金を継続受給するのに必要な学業成績を上げることができない。しかし、その間に、彼らは教育の一部を修了しているだけではなく、大学生活の「コツを会得」し、また大勢の友人を持つようになる。これがこの学校に対する**需要の弾力性**を小さくする。その結果、奨学金を打ち切られた学生の多くも大学にとどまる。その中には奨学金がなければ初めから大学進学を考えなかった者さえも含まれる。学資支援資金がリサイクルされ、新しい学生たちが入学してくる時、授業料押し上げの圧力は継続する。奨学金を失った学生もまた学内に留まるからだ。だから、次回州営宝くじは「何百万ドルも」教育へ回っているという（州政府の）看板広告を見たら、あなた自身がスーパースターでない以上、あなたの教育に回るお金はほとんどないと心に留めるべきだろう。

演習問題

1　近年一部の州政府は州立大学に州の資金を割り当てる方式を変更した。州立大学へ直接資金交付するのではなく、（奨学金として）学生に交付し、州内の州立大学なら自分が入学を希望するどの大学でも使うことを認めることにした。この資金割当方式の変更は学生の入学を勧誘する各大学の経済的誘因にどう影響するか？　この変更は学生たちに有利なのか不利なのかどちらに思えるか？　奨学金の継続受給が大学の成績次第であれば、これ（学生への直接交付）は授業出席、勉学と余暇の間の時間配分などに対する学生たちの経済的誘因にどう影響するか？

2　ある研究によれば、アメリカの名門大学の正教授の給与は過去二五年の間に五〇％以上（インフレ修正後で）引き上げられた。どんな理由で大学はそんな高給を支払っているのか？　また名門大学は「スーパースター教授」からどのような便益を受け取っているのか？

3　リチャード・ベッダーの研究によれば、過去二五年間に大学が支出したコストのわずか二一パーセントだけが学生の指導に使われた。それ以外の七九パーセントは何に使われたのか？　あなたがいま学部生なら、増加した大学の資金から具体的にどのような目に見える便益を受けていると認識できるか？

4　なぜ大学はスーパースター・スポーツ選手をスカウトするため学資を割り引くのか？

19 競争の排除

大部分の競争者たちは**競争**を憎悪する。でも、誰が非難できるというのか。企業が競争を排除できれば**利潤**は確実に増える。どれぐらい増えるかは産業によって明らかに違うが、しがないタクシー業の市場は何が重大か、問題の所在を示してくれる。

ニューヨーク市ではタクシーの台数が法律で制限されている。実際には多くの市民が車を所有しない町なのに、人口六〇〇人当たり一台に限定されている。ニューヨーク市で合法的にタクシー業を営むには市が発行するメダリオン（金属製の大きなメダル）を車の屋根に取り付けなければならない。同市のタクシーメダリオンの数は法定されているが、およそ五〇〇、〇〇〇ドルの時価を払う覚悟をすれば、現在の持ち主から自由に買うことができる。この価格にはタクシーの車自体は含まれていない。また強盗や無礼な顧客それに他のタクシーの無謀な運転ぶりに身を晒す危険はあるが、メダリオンさえあれば週七〇時間営業する権利が得られる。でもこれほどの大金を払うなんてニューヨークのタクシー・ドライバーたちはどうかしている。あなたがそう考えるならば、以下の事実を覚えておいてほしい。市が競争を排除しているおかげで、タクシー業はとてももうかる商売であり、メダリオンを担保にすれば低金利で金を借りることもできるし、またタクシー稼業から足を洗う際には、通常（購入時より）さらに利益の上がる価格で、即座にメダリオン購入者が現れる。事実ニューヨークタクシーメダリオンの長期**収益率**はニューヨーク株式市場に上場されている株式の長期収益率と比較しても引けをとらない。

競争の排除は以下のようにして行われる。一産業の企業数を削減すればその商品の**供給**が減少し価格を押し上げる。残った企業は価格上昇と**市場占有率**拡大の両方を享受する。反対に消費者は価格上昇だけではなく、代わりに選択できる供給源の減少からも被害をうける敗者となる。もう一組の敗者は排除された企業である。彼らはそれほど得意でもなく稼ぎも少ない分野の仕事に追いやられる。競争から保護された企業の利潤増加はこうして消費者と排除された企業の犠牲から生まれる。差し引きネットの結果は社会全体の損失である。競争制限は相互に利益のある交換取引を減少させるからである。

ニューヨークのタクシーメダリオンの数は市政府によって制限されている。これが普通なのだ。多くの政府機関（例えば連邦取引委員会や連邦司法省）は競争を促進していると思われているが、競争を抑制するには政府を巻き込むのが通常いちばん効果的なのだ。電話を取り上げよう。以前は電話市場は長距離も市内（近距離）もともに連邦政府が規制していた。一九八四年に長距離市場は規制が撤廃され、AT&T社はMCI社およびスプリント社と顧客取り合いの競争を始めなければならなくなった。競争の結果、インフレ率修正後の長距離料金が四〇パーセントも下落した。近距離電話サービスは連邦通信委員会（FCC）の規制が続いたが、同じ期間に近距離通話料金は実質で四〇パーセント上昇した。主な理由はFCCが近距離の電話サービス市場から競争を排除していたからだ。

競争排除はいまアメリカ全土を通じて人気を上げているようだ。経済が製造業からサービス業へ比重を移すとともに免許専門職種で働く人々の数が急増した。三〇年前には一つ以上の州政府が免許を要求した職種はおよそ八〇だった。今日では、ジョージア州の秘書業務からカリフォルニアでの壁紙張りの仕事まで、一、一〇〇もの職種が少なくとも一つの州で免許が要求される。米国の勤労者の二八パーセントに当たる約四、三〇〇万人がいまでは免許職種に属している。もちろん公式にはこのすべては悪徳なあるいは無能な業者たちから消費者を保護するために行われていることだ。しかし、事実はこうした免許要件は主に（もっぱらではないとしても）競争を排除し、免許保持者の収入を増やすのに役立っている。

競争を規制する政府機関で働く政策決定者の多くは法律家だ。だから法律家たちの間で競争が制限されているのは意外なことではない。一例を上げれば、一州（カリフォルニア）を除くすべての州で法科大学院の数が州法で上限規制され、その結果法律家への参入が制限され報酬額をつり上げている。不動産仲介業も州議会で大きい勢力を有している。だから、彼らもまた競争排除に成功しているが、これまた驚きではないだろう。免許を受けるには試験に合格しなければならないのに加えて、不動産仲介業者はあらゆる種類の競争的な行為に従事することが禁止されている（これは彼ら自身がそう要求したからだ）。一二もの州では、顧客へのサービスが通常より少なくて済んだ場合でさえ、業者は手数料を割り引くことが禁止されている。八つの州では、顧客がそんなサービスはいらないと断っても、不動産仲介業者は地元の不動産協会が特定したすべてのサービスを行わなければならない。こうした競争に対する抑制行為は不動産仲介業者には生活を心地好くまた収入を増やすことになるだろうが、家屋の買い手や売り手にはそれほどよい取引ではない。米国では、不動産仲介手数料の平均は家屋の販売価格の五・一パーセントだが、他の国々の平均手数料は三・六パーセント。競争排除によりアメリカの不動産仲介業者は他の国々で提供されると同じサービスに対して約三分の一も多く請求できるのである。

政府は時には競争が激しくなりすぎ、弊害が生じるのを阻止しようと努めておよそ思いもよらぬ市場に干渉する。髪のブレーディング美容を取り上げよう。アフリカ系アメリカ人の中には美容院で（パーマをかけて）頭髪を真っ直ぐにしてもらうことを好む人たちがいる。これは四週おきにセットし直すことが必要で、平均的な料金は月額およそ一〇〇ドル（カット・整髪料金は別）。もう一つの方法はブレードサロンでブレード（髪編み）してもらうことだ。いまでは全米で一万軒ものサロンが営業している。ブレードもセットし直すことが必要だが一〇週間に一度でよいのでコストは月額五〇ドルで済む。ブレード・サロンが消費者にとって魅力である理由だが、この低料金と利便性が縮れ毛を（パーマして）真毛にしている従来からの美容院にとっては脅威となっている。ファッション意識の高いカリフォルニアでは格別にそうである。だから消費者保護を口実に、カリフォルニア理美容委員会の係官は無免許のブレーダーのサロンを定期的にガサ入れして摘発する。ブレーダーたちは州は実際には免許を与えた美容師を保護しようと試みていると考えている。でも、意外なことではない。美容師免許を受けるには六、〇〇〇ドルと一、六〇〇時間もの受講が必要だからである。事実、ブレーダーの一人アリ・ラシードはこう主張している。「消費者を保護するには州の免許委員会より市場の方が勝っている。理由は簡単。私があなたの頭を台無しにしたら、あなたは二度ときてはくれませんね。またあなたは皆にそう話しますね。そこで私はたちまち廃業です」と。おそらく彼の言うとおりだろうが、カリフォルニア州が消費者にそういう選択権を与えることを望んでいるとは見えない。

再びニューヨーク。政府も自らを競争から保護することを好んでいる事例が存在する。ニューヨーク市は地下鉄とバスからなる大規模な公営輸送網で有名である。余り知られていない点は同市の大量輸送システムは開業当時は民間企業だったことだ。同市の最初の鉄道馬車と高架鉄道は民間企業が創業した。さらに、ニューヨークの最初の地下鉄は一部は市からの借入金で資金調達されたものの、その他は民間経営で五セント（今日の一ドル未満と等価）の運賃で黒字経営をしていた。

ニューヨークの政治家たちは第一次世界大戦期のインフレーションの間、運賃の値上げを認可することを拒否し、民間経営の交通会社に損失を発生させた。民間部門に交通システムを効率的に運用する手本を示すと同時に交通企業の「専制」から公衆を保護するとの公約で、市は地下鉄を買収し、バス路線網と統合するとともに早速運賃を引き上げ始めた。インフレ率の二倍の運賃引上げ率でも急増するコストをカバーできず、今日では基本運賃が二ドルなのに、市は乗客一人当たり二ドルの損失を出している。

ジトニー・バスの参入について一言。民間所有の箱型の小型バスで公営バスのように定期の路線を運行し乗客一人当たり一ドルという安さで、求めに応じて回り道して拾ってくれたり下ろしてもくれる。実際には「参入未遂」というべきだったろう。ニューヨーク市議会が公営輸送機構の執拗な反対によってほとんどすべての運航許可申請を却下してきたからである。市議会は小型バスが事故を起したり、交通渋滞の原因になるのを防止したいだけだというが、州間の小型バスサービスの運行に関して連邦政府が定めた要件を満たし、十分に保険をかけているドライバーの許可申請が日常的に却下されている。だから、ニューヨークで現在運行中の何百台ものジトニー・バスの大半は非合法で営業している。何とか免許を取得したごくわずかのジトニーも公営バスの路線での運行は禁止されている。大義名分は当然ながら「公共の安全のため」である。

ダニエル・クラインなどの交通経済学者たちが論じているが、ジトニーにチャンスが与えられれば、公営輸送システムは現在のように一ドル稼ぐのに平均五〇セントを失うのではなく再び黒字に転換できる。クラインは「政府が公共輸送サービスの生産に適していないのはコーンフレークの生産に適していないのと同じである。それを政府は実証した。政府は競争を強める新しいルールを確立することに専念すべきだ」という。ジトニーとその乗客たちには不幸なことながら、ニューヨークの公営交通システムを廃止しなければ競争は実現しない。だから当面ジトニーは法律破りによってのみ競争しなければならないだろう。理由は大部分の競争者たちと同様ニューヨーク市大量輸送機構も競争を憎悪しているからである。

演習問題

1　競争に打ち勝つ二つの異なる方法を考えてみよう。一つは顧客に対し価格引き下げとサービス向上を提供する方法。もう一つは法律を通して、例えば特別な営業上の要件を課すなど競争相手のコストを引き上げる方法。両方の方法とも競争排除に成功すると前提して、この二つの方法の間の違いを識別できるか？

2　政府というものは時に個人間の競争を阻止するため行動するが、こうした役割では多分連邦政府がもっとも積極的であり、州政府はそれほどではなく、地方政府はいちばん積極的でない。あなたはこうしたパターンがなぜ生まれるか説明できるか？

3　ある企業群の参入を禁止することとこれらの企業グループに特別税を賦課することには何か違いがあるだろうか？

4　カリフォルニアおよびフロリダの二つの州では、マニキュアやペディキュアの美容師を開業するには免許が必要。カリフォルニアでは免許取得には教室での六〇〇時間の訓練を受けなければならない。ところがこの訓練はフロリダでは二四〇時間でよい。Ceteris paribus（他の要件を同じに保つ、という条件）であれば、美容料金はどちらの州が高いと思うか？　また、教室訓練要件は主としてサービスの質を改善するためか、あるいは競争を排除するためか、そのいずれの目的のために企画されたものかを判定するのには、ペディキュアとマニキュアの州民一人当たりの消費金額（の統計）をどう利用したらよいだろうか？

第五部

政治経済学

序論

経済学は誕生以来いつも民間部門の行動を説明することに焦点を当ててきた。とはいえ、少なくともアダム・スミスが『諸国民の富』を出版した一七七六年以来、経済学者は自らの理論をもう一つの行動領域に適用する機会を無駄にはしなかった。過去五〇年ほど、経済学者たちは政府の行動とその帰結を説明する理論の発展に多くの努力を振り向けてきた。この試みは**政治経済学**と呼ばれる。政治学と経済学の混合物であることが少なくないからだ。この部での諸事例が暗示するように、経済学者たちはいまだに政府に関する統一理論を持っていない。だが、この研究分野は進展しつつあり、時には驚くほどの洞察を提供することも可能である。

政治経済学の領域での最初の検討対象はアメリカ経済の重要分野である住宅。これを第20章「住宅ローン溶解」で見よう。一九九五年から二〇〇九年の間、合衆国の住宅市場は歴史上ないほどの激動に見舞われた。住宅価格は急騰の後あっという間に暴落した。同様に住宅購入と新規建設も劇的に増加し、その後それ以上の短期間で急落した。二〇〇九年までの結果は、貸出市場の大混乱であり、何百万人ものアメリカ人の悲惨な困窮だった。当初多くの人々には一連の出来事にわけが分からなかったが、やがて明らかになった主犯は誰あろう私たち自身の連邦議会だった。「ゆとり住宅」促進という旗を振りかざして、議会は住宅ローンの貸出機関に住宅ローンの借入れを望む住宅購入希望者に対する融資基準を劇的に緩和させる政策を実施した。融資基準の緩和はさらに多数の人々が融資適格者となることを可能にし、住宅需要を増加させて一九九五年~二〇〇五年の住宅ブームを招来した。しかし、基準緩和は住宅購入者の中で財務状況の脆弱な人々の割合をひどく高めることを意味した。彼らは二〇〇六〜二〇〇九年の住宅暴落とローン溶解に中心的な役割を演じた。「ゆとり住宅」という議会の狙いは一時的には達成されたが、長期的には議会が援助しようと考えた同じ人々の多くが重い負担を背負う結果に終わった。ここでもまた私たちは、他の分野と同じく、政治においてもフリーランチは存在しないことを見たわけである。

この原理は道路、橋梁、ダム、その他の主要なインフラ事業に全面的に適用される。だが、奇妙なことには、第21章「公共事業の政治経済学」で見るように、議会はある文脈では経費の計上を認めるが、それ以外の文脈では認めないようなのである。例えば、橋梁やハイウェイそれにダムなどの新規建設には潤沢な経費支出をすすんで認可するようだ。おそらくは引退した旧同僚議員を記念して命名する機会になるとの思いに駆られてのことだろうが、同じインフラ支出でも補修工事となると、議会は問題を無視するほうに傾きがちであるようだ。こちらも理解できないわけではない。道路の穴ぼこ補修工事などは記念名称命名のとても素晴らしい機会にはなりそうもないどころか、激しい交通渋滞を生む恐れがあり、有権者のイライラを高めるだけに終わりそうだからである。これがインフラ投資軽視の原因かどうかは分からないが、とても明瞭なことが一点ある。政治家たちが今日の増税によって維持補修経費を賄うことに積極的でなければ、何年か先の将来、維持補修の不足に起因する安全と便宜の減少という形で確実にその報いを受けることだろう。

政治の決定のツケを支払う問題は、また第22章「銀行預金でギャンブル？」の主題である。それ自体はまったく賢明な理由からだが、連邦政府は高額の限度まで商業銀行の預金を保障している。この措置が一九三〇年代の世界大恐慌をそれほどまでに破滅的にした広範な銀行破産の可能性を事実上消去した。しかし銀行の顧客（預金者）を保護するその同じ保険が、銀行の資金運用責任者を、そうした制度がなければ冒すはずのない、はるかにリスクの高い運用に向かわせている。これは納税者に対し大きなコストを負担させることにもなる行動だ。こうした危険性のある行動は、商業銀行の経営者たちに行動のリスクを反映した預金保険料を支払わすことが可能であれば、抑制することができる。リスクの適切な価格付けは、民間の自動車、火災および生命保険の供給者（および消費者）によって十分理解されている観念である。保険料がリスクの大小を反映するならば、保険市場ははるかに効率的で生産的な市場となろう。しかしながら、こうした価格付けを預金保険市場に適用することは、制度に賛成票を投じた連邦議会の議員たちにとっては、政治的に高くつく可能性があり、彼らはそうしない。人生で無料《タダ》のものなど存在しないにもかかわらず、政治家たちは私たちの税金をどう使うか選択する際、この原理が適用されることはないかのように行動することが多い。私たちはまたしてもそのことを思い知らされたわけだ。

アメリカの農村へ目を転じて見れば、公平に言って、農民たちは他のアメリカ人と同様、政治経済学のニュアンス（機微）を巧妙に利用してきた。その点を詳述したのが第23章「農業保護の無間地獄」である。七〇年以上も昔、アメリカの農民たちは連邦政府を説得して、農民の受け取る農作物の価格を**均衡価格**をはるかに上回る水準に設定させ、高価格で固定させるコストを納税者と食料消費者に負担させた。それ以来消費者たちは各種の**目標価格**や**価格支持事業**による多くの農作物の価格上昇に見舞われた。納税者もまた増税に直面した。事実、アメリカの平均的な家計は「農民」の利益になる連邦計画による食料品価格の値上がりと高率の税負担で年間五、〇〇〇ドルも余分な支払いを強いられている。実際にはこれらのお金は大部分が（農民ではなく）巨大な農事企業《アグリビジネス》の株主のポケットに納まっているのだけれど。ただし、ニュージーランドの経験が明らかにしたように、政府の農業計画は農業部門の活力あるいは**生産性**を保護するのに必要ではない。三〇年前ニュージーランドは農民を**市場競争**から保護する努力を打ち切った。結果は、技術革新、経費節約、それにニュージーランド農民による国際市場での積極的な市場開拓活動であり、同国農民たちはいまやかってなく強力で生産的になっている。

すべての政府は治安維持機関（警察や裁判所など）のため、なにがしかの資源を割いている。それなのに犯罪率は下がらない事実は、警察などを何とも思わない犯罪人の存在ともあいまって、多くの人々は単純だが心を不安にするような疑問を投げ掛ける。犯罪と戦う有効な道はあるのかと？　経済理論の答えはイエスだが、経済学者による多くの実証的な研究からの推定結果は「まあ、多分ね」という程度だ。とはいえ、第24章「罪と罰」で見るように、新しい証拠がこの問題へ光を投げ掛けつつある。事実、警察による犯罪者の逮捕と彼らを処罰する刑務所という伝統的な治安維持の、二つの中心的な手段が、支持者たちの主張通りに、犯罪活動を抑制する上ですこぶる有効である点が日を追って明白になりつつある。本章からの教訓は二つ。政治家たちは引き続き治安維持のため予算を増やすだろうし、またこれらの手段はアメリカの犯罪を減らす上でさらに効果をあげていくだろう。

三〇年もの間、アメリカは乳母車からＢＭＷへと進級してきたベビーブーム世代と格闘してきた。今後の三〇年間は、彼らが企業の重役室から老人ホームへと移動することから発生する諸問題と取り組まなければならない。第25章「高齢化するアメリカ」で見るように、米国は史上例を見ない速度で高齢化している。国が高齢化するにつれて、政治経済学の二つの大問題が登場する。一つは総人口に占める高齢者の比率が急拡大するにつれて、公的年金と医療保険の費用をどう賄えばよいかという問題。二つには、労働市場から退出する人員が増加する一方で、増大する税負担を担う能力のある現役の勤労者がどんどん減少していくという問題である。アメリカは、高齢者の生産的能力を活用する新しい道を学び取らねばならないし、またできるだけそうなることは望まぬにせよ、高齢者が大部分自活の道を選ぶよう求めなければならなくなる現実を受け入れるべきであろう。

20　住宅ローン溶解

一九九五年から二〇〇九年の間、合衆国の住宅市場は歴史上かつてないほど激動した。一九九五年から二〇〇五年へかけて、住宅価格（インフレ修正後の実質価格）の中位数は全国平均で六〇パーセントも上昇した後暴落し、続く四年間に四〇パーセントも下がった。持ち家比率は普通はごく緩慢にしか変わらないものだが、同期間中に住宅を所有するアメリカ人の割合は六四パーセントから六九パーセントへ飛び上がり、その後六六パーセントまで急落した。また年間新築住宅戸数は一四〇万戸から二二〇万戸へ大幅増加の後、五〇万戸を下回るまでに暴落した。

しかし、人々が本当に注目したのは、また内外の金融市場への巨大な圧力を作り出したのは、ブーム期の一九九五年から二〇〇五年の間に住宅に飛び付いた人々が、二〇〇六年初め以降は簡単に住宅を放棄し、ローンへのこれ以上の返済を拒否した事実である。通常の年であれば〇・三パーセント程度の住宅所有者がローン返済を停止し、その結果住宅は担保権行使のため差押え処分される。この率は二〇〇六年には〇・六パーセントへ倍増し、二〇〇七年にも再び倍増し、二〇〇八年にも引き続き倍増した。ネバダ州など、もっとも打撃の大きかった州では、差押え処分割合は正常時全国平均の一〇倍以上に激増し、年々三〇戸に一戸が差押え処分に追い込まれた。

アメリカ中で、人々は文字どおり住宅から立ち去り、銀行その他の貸し手に戻された。これらの貸し手はすでに価格が下がり続けている市場で放棄された資産を売却しなければならなかったので、巨大な金融的損失を被ることになった。その結果はさらなる価格下落圧力で、もっと多くの住宅所有者に住宅放棄を促す誘因となり、差押え処分をさらに増やした。わずか数年の間に住宅市場は一九三〇年代の世界大恐慌期以来例を見ない状況にまで落ち込んだ。

何が起きたか？　これに答えるには、この一五年の間住宅市場がまず暴発しその後内部崩落し、世界規模での金融混乱の原因となった理由を検討する必要がある。数多くの要因が寄与したが主犯は他ならぬ連邦議会だった。「ゆとり住宅」促進の旗を振りかざして、議会は最初に基本法である抵当貸付法を改正し、その上で政府支援抵当貸付機関に対し陽に陰に圧力を掛けて住宅購入希望者へのローンを増加させた。これらの行動が抵当貸付業者にローン借入れを望む住宅購入希望者に対する融資基準を劇的に引き下げることを促した。基準緩和はさらに多くの人々にローン借入れを可能にし、住宅需要の増加による一九九五年から二〇〇五年までの住宅ブームを招来した。しかし、基準緩和はまた住宅購入者の中で財務状況の脆弱な人々の比重を大きく高めることを意味した。彼らは二〇〇六年から二〇〇九年の住宅暴落とローン溶解の中心的役割を演じた。これがどう展開したか知るため歴史書を調べてみよう。

第二次世界大戦前、住宅ローンの大半は融資期間が一年か二年といった短期のものだった（現在では通常一五年から三〇年）。世界大恐慌時には、リスクの心配にくたびれ果て、貸し手は満期到来時にローン更新を拒否することが多かった。当時の経済状況では大半の借り手がただちに未返済残高を支払うことは不可能で住宅は差押え処分になった。対策として、合衆国政府は一九三四年に連邦住宅局（FHA）を創設し、一部の住宅ローンの債務不履行に対して損失補塡することを保証した。また一九三八年には連邦住宅抵当金庫（FNMA、ファニーメイ）を設立、FHAから抵当債券を購入、FHAがさらに多くのローンを保証することを可能にした。議会は一九六八年にはファニーメイが事実上すべての貸し手から抵当債券を購入することを認可した。一九七〇年に議会はファニーメイと競争させるため、連邦住宅金融抵当会社（フレディマック）も創設。ファニーメイとフレディマックの両者は「政府支援企業」（GSE）と呼ばれている。ともに技術的には（厳密にいえば）連邦政府から は独立しているが、両者はともに議会の監督下にあり、議会の要望を実行させる政治的圧力に弱いことが明らかになっている。

一九七七年に「地域再投資法」（CRA）が成立した時、議会による次の重要な行動が取られた。この法律は、銀行に対してその営業地域のすべての近隣住区で融資することを命じた。たとえ、銀行が通常実行するよりはるかにリスクの高い可能性のある区域であってもである。CRAは一九九五年に改正され、銀行は低所得でマイノリティ（社会的少数者集団）の近隣住区で融資を行う時は、自行の融資基準を無視することを事実上強要され、従わない時は政府監督官の怒りを買うことになった。しばらくして、議会はファニーメイとフレディマックに対しCRAのもとで行われた信用度の低いローンを買い上げるようかなり強い圧力を掛け始めた。これは貸し手が低品質ローンをさらに増やすことを期待してのことだったが、実際にもそうなった。間もなく銀行は二つの政府支援企業が信用度最低のローン債権をすすんで買い取ってくれれば、ローンを開設したっぷり手数料を稼いだ上で、債務不履行のリスクをファニーメイとフレディマックへ放り投げてしまえばよいことに気付いた。その時点で、多くの潜在的貸し手、銀行、貯蓄貸付組合（S&L）やローン仲介業者たちはこう結論した。ファニーメイとフレディマックがリスクの大きいローンを即座に買い取ってくれるのであれば、リスクの高いローンの一部を自ら保持しておいても大丈夫だろう。結局、これらのローン（サブプライムローン）は平均以上の高金利によって利潤を膨らませてくれるし、仮に市況が暗転しても、その時はおそらくGSEが貸し手の地位を代わりに引き受けてくれるだろうからだ。

ローンの貸し手に融資基準を際立って緩和するようプッシュしたのは連邦政府（議会を先頭に）の規制面と法律面での圧力であった。一例を挙げれば、住宅ローンの場合貸し手は伝統的に五パーセントから二〇パーセントの頭金を要求した。これが借り手には月々の支払いを続けさせる誘因となる（支払いが滞ると抵当流れになって頭金を失ってしまう）。また貸し手にとってもクッションになる（債務不履行の際に貸付金を全額回収できる）。しかし、連邦規制機関からの圧力によって、貸し手は頭金の要求額を引き下げるだけでなく、借り手に頭金のための現金を貸し付けるだけが目的の、いわゆる上乗せローンまで促された。これにより頭金は事実上ゼロかそれに近い額になった。

だが、これで終わりではない。連邦政府規制当局の監督官は銀行に対して次のような横車を押したのである。最高の信用度評価には達しないローン希望者でもその信用履歴を無視せよ。当人の現在および過去の雇用や所得水準の確認なしで済ませよ。所得ローン比率のより低い申請者も認めよ、加えて所得計算の際、失業給付や福祉給付といった一時的性質の所得も算入させよ、など。これまで銀行はこんな条件では決してローンを提供することはなかった。しかし、ＣＲＡの要件に押され、また契約書がサインされ次第ローン債権を取得したいというファニーメイとフレディマックの熱意に引っ張られて、間もなく日常的に貸し出すようになった。二つのＧＳＥによるローン市場形成がそれほどに積極的だったため、多くの貸し手は安心してローンを組み、保持し、他の貸し手から多くのローンを買い入れた。

この過程で議会の公言された意図は、中でも低所得のマイノリティの個人のために「ゆとり住宅促進を援助する」ことだった。議会は生まれてこのかた借家暮らし以外したことのない人々に自己所有の家を持たすことに格別関心を持っていると主張した。事実、低所得のマイノリティの個人は初めて家を所有することができた――少なくともしばらくの間は。しかし、銀行が気軽にリスクの高いローンを行い、その上でローン債権を売却するようになると、彼らは店頭に顔を出した者には初回住宅購入者かどうかは無関係に誰にでもすすんで貸し出すようになった。そしてローンが低所得のマイノリティの近隣住区で住宅を購入するものならば、数字のことしか頭にない規制当局者を喜ばす可能性があるので、さらに一段と魅力的だった。だから、一九九〇年代後半に始まり（住宅価格が急上昇した）二〇〇二年に急速に加速した現象だが、二軒目、三軒目の住宅を買い、速やかに売り払うことで利益を得ようと皮算用する投機者たちが次第に市場の重要部分になった。事実、現在の推計によれば、ローン借入れ者の四分の一がこの種の投機的な住宅購入を行っていた。
驚くことではないが、投機者たちは低い頭金率と**変動金利ローン**（ＡＲＭ）を望んだ。ＡＲＭは借入当初の金利はちょっとばかり低く、返済額も少ないだけでなく（将来の金利引上げのリスクを負担するのは借り手の方だから）、貸し手にもローンの最初の数年間低利の「目玉金利《ティーザー》」（したがって返済額は超少額で済む）を柔軟に提供できる余地を与える。このようなローンは、後になってローン金利が「ステップアップ」（金利が全期間の水準まで自動的に調整される）する時期に返済額が増えるリスクがあるので、借り手にとって相当にリスクが大きい。しかし、投機者たちは当然その時期以前に住宅を売り払ってローンを返済し、利益を得ようと希望していたわけだ。変動金利差は、とくに低率の「目玉金利」の場合は、住宅価格の値上がりにより住宅のエクイティ（純資産額、住宅評価額マイナスローンの未償還残高）が積み上がった後に、低い固定金利で借り換えを希望して住宅を購入した人々の存在によって、どんどん拡大した。

早い時期に契約された変動金利の多くがステップアップし始めた（返済額が急増した）二〇〇五年まではすべてがうまくいった。だが、借り手の一部は増加した返済額を支払えずに、住宅売却を余儀なくされることに気付いた。これが二〇〇六年には住宅価格の上昇を鈍化させ、投資対象としての住宅の魅力を減らしたので、投機的需要を減らし価格低下圧力を強めた。投機活動がいちばん盛んだったアリゾナ、カリフォルニア、フロリダそれにネバダの住宅市場では住宅価格は低下し始めた。とくに頭金率が低いかゼロの個人で、住宅価値以上にローンを借りている「逆立ち」状況にあることに気付く者たちが増加し始めた。二〇〇六年半ばまでにこうした人々にとって賢明な対処法は支払いをストップし（とくに変動金利がステップアップした場合）、貸し手が差押え手続きを開始した際にはジタバタせず単純に住宅から立ち去ることだった。

一般のマスコミの多くの解説では、危機の根源には格別ハイリスクのサブプライムローンがあると主張する。この説明は十分納得できる。サブプライムローンはいつも比較的高い割合で差押え処分の対象になっているからである。実際の数字を見れば、サブプライムローンの差押え率は歴史的にプライムローンの八倍だった（年当たり一・六パーセント対〇・二パーセント）。現在サブプライムローンは正常な時期としても差押えは不釣り合いなほど、高率である。でももっと子細にデータを見ると、両方のタイプのローンの差押えは二〇〇六年半ばに跳ね上がり、サブプライムローンの差押えはすぐに四パーセント、プライムローンでは〇・五パーセントに達した。つまり両方のタイプの借り手が同時に問題に巻き込まれ始めたのであって、サブプライムローンだけが影響されたわけではない。

このデータはまた、ローン溶解の根源になったのは、主に変動金利ローンを取得した借り手だったことを明らかにしている。二〇〇六年以前では変動金利ローンも固定金利ローンとほぼ同率で差押えが発生している。しかし、固定金利ローンに対する差押え率にほとんど変化がなかった二〇〇六年初めに始まり、変動金利ローンの差押えは爆発的に増えた。変動金利プライムローンの差押え率は五倍に跳ね上がり、サブプライムローンでは三倍になった。さらに、差押えが始まったのは変動金利ローンが先だった（二〇〇六年初め）。これら住宅の強制売却が住宅価格の押し下げ圧力となり始め、さらに多くの住宅所有者が立ち去る誘因を与え、さらに差押えを増やすなど、など。そして間もなく住宅市場全体が内部崩落し始めた。

読者がいまここを読んでいる時までに、住宅市場は回復の兆しを示しているだろうと予想して（そして希望して）いる。だが同時にこのエピソードの教訓も忘れないでほしい。二〇〇六年～二〇〇九年の住宅ローン溶解への道は、政治的な目標を達成するため市場をもてあそぶことを求めた私たち自身の議会によって踏み固められた。その方法は政治的に人気のある社会的目標の達成を希望する時に、議会が通常採用する方法とほとんど変わらない。だが、このエピソードの本当の違いはすべての人種やすべての所得水準のアメリカ人にもたらした巨額の社会的コストである。文字通り何百万ものアメリカ人が住宅所有の希望をまず人為的にかき立てられ、そして残酷にも打ち砕かれた。人々に加えられた金銭的損害と情緒的なストレス、放棄された住宅が散在する荒廃した近隣住区、そして大きな影響を受けた州全体で感じられる混乱。これらすべてが今後何年にもわたってアメリカの情景に刻み込まれるコストなのである。

演習問題

1　連邦議会の議員たちは、ＣＲＡのいちばん強力な支持者たちも、また高リスクのローンをＧＳＥへ購入させるよう最大限の圧力をかけた者たちも、ローン溶解の責任を問われることにはなりそうもない。なぜか？　理由を説明できるか？

2　多数の大金融機関はファニーメイおよびフレディマックと同様、貸付資金をローン担保の債券を売却することにより調達した。これらの債券は「ローン担保証券」と呼ばれるが、何十億ドルものローン担保証券は外国の市民や政府機関が購入した。この事実がアメリカの金融危機をどう他国へ拡散させる助けになったか説明せよ。

3　変動金利ローンの差押え率が固定金利ローンよりはるかに高い事実に照らして、それぞれのタイプのローンが将来どうなると予測するか？

4　ＣＲＡおよびファニーメイとフレディマックの行動は、事実上住宅購入者へ補助金を与える効果を持った。補助金は直接あるいは間接にすべて税金によって賄われなければならない。この場合、誰がこの「税金」を支払っているか？

21　公共事業の政治経済学

二〇〇七年八月一日、ミネアポリス（ミネソタ州）の交通ラッシュアワーの最中に、ミシシッピー川に架けられた全長一、九〇七フィート（約五八一メートル）のI－35W号橋梁が落下し、一三名が死亡、一〇〇名ほどが負傷した。このような悲劇が当日発生するとは、当然ながら誰も予想しなかった。しかし、橋梁落下はありふれたこと。事実アメリカでは毎年一五〇件も事故が起こっている。大半は小規模な橋であり死者が出ることは少ない。ただそうだとしても、年間四〇、〇〇〇人に及ぶ合衆国の交通事故死のおよそ三分の一は橋梁を含む道路が法定基準以下の現状にある点に帰せられる。こんな数字は世界一の金持ち国ではなく発展途上国のものだと感じられるかもしれない。しかし、アメリカのインフラ、つまり道路、橋梁、上下水道網、空港やダムは整備不良の状態にあり、もう長年にわたり修復を怠ってきた。

ハイウェイをとりあげよう。アメリカ土木学会（ＡＳＣＥ）は合衆国の主要道路の三分の一は法定基準以下だと推定している。合衆国のハイウェイ網をつなぐ六〇〇、〇〇〇の橋梁のうちほぼ四分の一は構造的欠陥があるか、旧式であると公的に認定されている。総延長四六、〇〇〇マイル（約七四、〇〇〇キロメートル）のインターステート・ハイウェイ（州間幹線道路）のうち一、五〇〇マイル（約二、四〇〇キロメートル）は技術的に「不良」と判定されている。アメリカの橋梁を法定基準まで引き上げるには一、八八〇億ドルを要し、また現在州間幹線道路網の中だけで六八〇億ドル相当の補修工事が未着手となっている。

インフラ崩壊はほうぼうに広がっている。合衆国には八〇、〇〇〇のダムがあるが、その三〇パーセント以上が築造後五〇年以上経過している。また一二、〇〇〇は高危険度ダムと考えられ、崩壊すれば人命が失われると当局は予測している。現在では毎年二五か所程度のダムが崩壊しているだけだが、その数は今後は大幅に増加すると予想されている。一七、〇〇〇ものダムが近年中に設計耐用年数を経過するからである。大半のダムは定期点検を行うよう定められているが、危険判定度がいちばん高いダムでも通常五年に一度しか検査されていない。

アメリカの上下水道網も、とくに北東部および中西部北部州の主要都市で、急速に老朽化しつつある。例えば、多数の都市では、古い導管網が雨水と下水に共用され下水処理プラントで混合処理される。だが、導管はたちまち雨水であふれ、プラントの処理能力を越える。その場合は未処理の汚水は直接河川へ放水される。最近のある年、ニューヨーク市でトライアスロンの水泳競技が延期されたことがあった。前夜からの降雨で未処理の下水がハドソン川に流入したことが原因だった。他の都市では老朽化した導管から未処理の下水が直接周辺の土壌へ漏水し、おそらくは地下水層へも染み込んでいる。

二〇〇五年、ASCEは、道路から空港から水道まで及ぶアメリカのインフラの現状に関する報告書を発表し、一四または一五の分野に対して、CまたはDの評点を与えた。それほど多くの分野で、補修と維持のための支出が長期間先送りされたため、ASCEの現在の推計では、現存する問題点を解決するのに向こう五年間で少なくとも一、六〇〇億ドルの経費を必要とする。これは家族四人の一世帯当たり年二、〇〇〇ドルというかなり大きな増税額になる。

ちょっと見には、維持補修費のコストが高過ぎるせいで、なかなか着手できなかったと思うかも知れない。しかし、そういう考えは、私たちが新規建設には積極的なこととは矛盾する。州間幹線道路網の建設には現在価格で四、二五〇億ドルも要した。しかもこの金額には同じ期間中に建設された何万マイルもの他の連邦道、州道それに地方道の建設費は含まれていない。それに私たちは道路だけを建設してきたのではない。第二次大戦以降、何ダースもの主要空港、上下水道網の拡張、それに毎年一、〇〇〇近くもの新しいダムを建設してきた。じゃあ、建設はできたのに、なぜ維持補修は不可能だというのか?

回答は政治的意思決定の原因とその帰結を研究する**政治経済学**の核心部分にある。政治家たちは、企業経営者に比べ比較的短期の視野しか持たない。大ざっぱに概括すれば、大部分の政治家たちは、意思決定に当たり何を支持し、何に反対するかについて、次の選挙で再選されること以上先を見ることはほとんどない。これが投票者にすぐさま比較的高い見返りを与える事業や計画に賛成する以外ないというバイアスを生む。実際には、選挙民へ現金を単純にばらまくのが最高。それが第23章で議論するように農業補助金が議会でそれほど人気がある理由を説明する。

建物、道路などインフラ投資（いわゆる「社会資本」）のような投資事業なら何でも実行されるのは、建設資金の借入れを正当化することが容易であり、それによって増税の議論を次の選挙の後まで先送りできると希望的に考えるからだろう。それにこのプロジェクトは当然「命名」機会を数多く提供してくれる。ビルディング、ハイウェイ、ダム、インターチェンジは政治家、その支持者や友人を記念して命名される。政治家にしてみれば、「ビル・スミス・インターステート・ハイウェイ」という名称提案を思い描くことは楽しいことだろうが、「サリー・ジョーンズ道路穴ぼこ修復事業」なんて名称議案の通過を誰が支持してくれるというのか？　補修や維持活動に対する関心の欠如は、これらのほとんどが現在の投票者にとって、かなりの交通混乱と不便をかける事実によって増幅される。投票日に選挙民の毎日の通勤に余分に三〇分もかけるようにした張本人だと記憶してほしくはないだろう。

そこで補修費用の支払いが重要になる。最終的に誰から資金を徴収するかという問題である。私たち全員が経済の基礎的な公共的インフラを利用しているが、利用の強度はさまざまだ。一年に数千マイルしか車を走らせない人々がいる一方、年間走行距離が二万マイル以上の人もいる。米国の貨物輸送は数量の七五パーセント、金額では九二パーセントが道路輸送だ。でも私たちが消費する量はまちまちで各人によって大きく違っている。だから、道路などの使用に対する納得できる支払いは使用者料金に近似した方法によるのがよいのだろう。使用量か使用密度の計測値に基づいて個人に請求する。連邦および州政府により課せられるガソリン税はその試みである。税額が一ガロン当たり四二セントであれば、年間一二、〇〇〇マイル走行し、その車両が一ガロンで二〇マイル走れば、年間の税額は二五二ドル、また同じ愛車で二〇、〇〇〇マイル運転すれば連邦ガソリン税は四二〇ドル払うことになる。

しかし、これには議会や州にとって問題がある。ガソリン税が引き上げられた時、有権者はスタンドでただちにコスト上昇を認識するが、その便益は何年も経たなければ見えてこない。その上資金が維持補修事業に使われると最初の効果は交通渋滞とその悪化である。このことが連邦ガソリン税の改定がおよそ一〇年おきにしか行われない理由を説明する。しかし、この間の多くの年で物価上昇があるためガソリン税の購買力は次の引上げまでに着実に目減りする。たとえば、連邦ガソリン税は一九九三年から二〇〇九年までガロン当たり一八・五セントに据え置かれたが、この期間に購買力は三分の一を上回って下落した。実質資金量の目減りは実質維持補修費の減少を意味する。

インフラ維持補修予算拡充への障害を減らすには二つの方法がある。一つは使用者料金制をより広範に適用すること。例えば有料道路方式をもっと走行距離に応じて支払わせるように工夫することだ。いまでは技術がとても進歩しているので、車に自動応答器を設置するのにそれほど費用を要しない。これはその下を通過する乗用車や貨物自動車を自動的に記録する監視装置（超高速で走り抜けても）で、車の持ち主には毎月料金を自動的に請求する。これらの装置はアメリカ、ヨーロッパ、それにアジアで新たに導入されているが、有益な効果が二つある。道路の建設および維持補修のための資金調達に当てられることおよび気紛れドライブを抑制し道路混雑を緩和させる。通行料金制度はロンドン、シンガポール、南カリフォルニアおよび各地で車の流れを改善したと広く認識されている。

実施可能な改革の二つ目は、料金を**消費者物価指数**などの物価指標にスライドさせることである。例えば、政府はインフレによる減価に対し購買力の価値を維持するため公的年金の支払額をスライド（自動的に増加）させている。同様に財源の公的年金税の算定の基礎となる基準賃金も毎年引き上げ改定される。これは毎年支払いを義務付けられた継続事業だからという理由からである。インフラの場合も、道路、ダムその他の施設が建設された以上、適時に定期補修を行うことが効果的であるが、そのコストはおおむねインフレ率と同率で上昇を続けると広く知られている。年々の定期的な補修費の増加分の資金手当のため、ガソリン税やその他の利用者料金を一般的なインフレ水準にリンクさせることは、議員たちには大幅で政治的にも危険な税制改正の提案を回避できる簡単な方法である。

資本財（住宅やオフィスビル）の私的所有者も、とくに不況の時期などには維持補修を先送りすることはある。しかし、こういう行動は公的所有の資本財の場合と比べはるかに少ない。違いが生じる理由は簡単である。住宅所有者の場合は、住宅の維持補修を怠れば、それを反映して市場価値が低下するが、損害のすべては自分が負担しなければならない。しかし、道路を補修せずに放置しても、こうした市場の力が働いて連邦や州の議員たちへ自動的に損害を負担させることにはならない。それどころか、維持補修の経費を切り詰めた政治家はそれで可能になった予算の節減を大っぴらに称賛されることさえありそうである。ところで、ミネアポリスでは新しい橋に架け替えられたが、あなたが通勤や通学のため利用する橋がそれほど新しくなければ、渡るたびに少々スピードアップして、少しでも早く安全な対岸へ到着したい気持ちになるのでは……。

演習問題

1　利用料金制（受益者負担）の普及妨害を支援する政治的勢力はどういうものであるか？（ヒント：そのような料金のコストは多数の有権者に分散負担されている、あるいは少数の者によって集中的に負担されている、そのいずれであるか？）

2　現行制度では連邦政府が同意しない限り、同政府を被告として訴訟することは困難である。もし法改正が行われて、（例えばI－35W号橋梁落下の犠牲者による）訴訟がもっと容易になったら、橋梁、道路やダムを適切に維持補修することに対する政府の**経済的誘因**をどう変えるか？　政府がこうした法改正に同意する可能性はどうか？

3　本章の議論を前提に、建設および維持補修事業の長期計画に関して、連邦議会の上院議員（任期六年）の持つ誘因は下院議員（同二年）のものと比べてどう違っているか？　議員が在籍できる年数を限定する任期制限制の導入は彼らの長期計画に対する誘因を改善するだろうか、あるいは損なうだろうか？

4　住宅の改良または維持補修のための経費支出に関して、所有者（家主）と借り手（借家人）のそれぞれの経済的誘因にはどのような違いがあるか説明せよ。例えば、電球が切れた時とウォール・ツー・ウォール・カーペットがすり切れた時を比べて、どちらが借家人が取り換え費用を負担する可能性があるか？　借家人が書架を購入する時、持ち運び型か据え付け式のどちらになりそうか？　経常的な経費と資本的な支出に関する場合、連邦議会の経済的誘因の違いは家主と借家人の経済的

誘因の違いとどのような平行関係にあるか？

22　銀行預金でギャンブル？

経済的誘因が人間行動を決定づける。これは毎日身の周りで観察していることだ。ガソリン価格が高騰すれば燃費効率のよい車の販売に拍車がかかる。「一個分の値段で二個」特売は飲食の消費を増やす。昇進と昇給が誘因となって社員は一段と働くようになる。期末試験が近付けば、学生たちはフィットネス・センターで汗を流す時間を減らし、図書館にこもる時間が増える。これらやその他の誘因変化の重要性の示す明らかな実例はいたるところで見出される。だが、経済的誘因の変化は時にははるかにもっと手が込んでいる。

二〇〇八年不況の最中に、連邦政府が重要な新政策を発表した事実を取り上げよう。すべての銀行預金に対して一口座当たり二五〇、〇〇〇ドルまでの損失を保険で補塡することを決めた。だから、あなたの預金金融機関がたまたまローン担保の有毒な（多分無価値の）債券を保有していたとしても、あなたは安全だ。銀行が甚大な損失を出すか、あるいは破産しても、あなたの預金は一口座当たり二五〇、〇〇〇ドルまでは合衆国政府の十分な信頼と信用によって、つまり合衆国の納税者によって保障される。

すぐ以下に見る理由により、この政策には国の金融システムへの信認を強化するという有益な効果があり、それにより経済を安定させる機能を持った。しかし、銀行預金に対する政府保険はまた銀行の経営者と預金者の双方の経済的誘因を変化させる。どう変化させるかは必ずしも明瞭ではないにもかかわらず、社会にとって重要であるとともに高いコストを負わせることになる。銀行経営者にはいまではあなたのお金（預金）を使ってリスクの高い投資を企てる経済的誘因が増える一方、あなたにはそれを止めようとする経済的な誘因が減る。この結果、政府の預金保険は私たちの金融システムに内在するリスクを増幅してしまう。そんなことがどうして起こりうるのか。それを知るには預金保険という観念が生まれる前の一九三〇年代へ立ち戻らなければならない。

銀行取り付けとは預金者たちが預金を通貨（現金）と交換しようといっせいに殺到する現象のこと。その銀行の財務状況の実態がどうであれ、ある銀行が困っているといった風評とか恐怖とかが原因となって預金者が突然に預金全額を引き出そうとする。この点に銀行取り付けの本質がある。しかし、銀行の**資産**は通常貸し出されており、ただちには現金化することは不可能である。総資産が**負債**を上回り、**支払能力があって**も、恐怖心に囚われた預金者の即時的な需要に応える十分な現金を持たないため、この銀行は**流動性不足**の状態にあるといわれる。そこで一部の資産を売却して現金を入手しようと企てる時これらの資産の市場価値が下がり、支払能力のある銀行が**支払い不能**になり、倒産の原因になる。世界大恐慌時に彼らの預金を現金で引き出すため、懸命に銀行の店内に入り込もうとする預金者の群れを撮影した数多くの有名な白黒映画が残されている。

銀行倒産の数が四、〇〇〇行に上った世界大恐慌のどん底だった一九三三年に、連邦政府はこれ以上の銀行取り付けを阻止するため行動することを決めた。そこで、議会が議決し大統領が署名した法律により「連邦預金保険公社（FDIC）」が、翌年には「連邦貯蓄貸付保険公社（FSLIC）」が設立された。その後長年経った一九七一年に信用組合預金を保険する「全米信用組合出資金保険基金（NCUSIF）」が設立された。一九八九年にはFSLICは「貯蓄組合保険基金（SAIF）」へ改組された。議論を単純化するため、以下ではFDICだけに焦点を当てるが、一般原理はこれらすべての機関に適用される。

設立時FDICが保障した損失に対する保険金額は、商業銀行の一口座当たり二、五〇〇ドルが限度だった。この限度額はその後数回増額され、二〇〇八年には二五〇、〇〇〇ドルに達した。連邦預金保険の結果、この間無数の銀行倒産はあったものの、世界恐慌以来一件の銀行取り付けも発生していない。多くの金融機関に対する信認が崩落した二〇〇八年の不況の間も連邦保険対象の預金金融機関は営業を継続し、実際には預金総額を増やした。連邦預金保険に関するグッド・ニュースは銀行取り付けを防止したことだ。しかしこれは大部分預金保険の意図せざる帰結により発生した大きなコストを支払って達成された。

これらの点を見るために、まず誰かがあなたにとても有利な投資機会があると勧めてくれたと考えよう。この人は、五〇、〇〇〇ドルを投資すれば、いまあなたの資金が他で稼いでいる三パーセントをはるかに上回る、二〇パーセントもの大変高い報酬率が得られる、という。こんな取引を提案する人物をどの程度信用しているかにかかわりなく、苦労して稼いだ五万ドルもの虎の子を手渡す前にあなたは多分投資提案について真剣に調べてみることだろう。あなたも、他の人々と同様、この投資提案（潜在的投資機会）に潜むリスク要因を慎重に評価することだろう。

例えば、あなたが貯蓄の一部を使ってマイホームを購入する場合、間違っても家屋の構造的な諸側面を専門家に検査してもらう以前に契約書に署名することはないだろう。高価な美術品を買おうと思い立った場合も同様に、まずは独立のエキスパートに作品が真正であると確証してもらうだろう。通常、あなたの蓄積した貯蓄を何かに投資しようとする時はいつも同じだろう。飛び上がる前には周りを見るものだ。こうした状況のもとでは当初**情報の非対称性**が存在する。つまり、このケースでは売り手が潜在的な買い手よりはるかによく知っている。しかし一生懸命努力することにより買い手は知識ギャップの大半を解消し、賢明な決定が可能になる。

そこで次の点を自問してみたまえ。前回あなたが当座あるいは貯蓄勘定を開設している預金金融機関の財務状況や貸出行動を調べたのはいつだったか？と。答えは聞くまでもない。一度だって調べたことはない、だろう。確かに、調べる必要などないだろう。だって、連邦預金保険があるので、あなたの資金を預かる預金金融機関が大きいリスクをとっていたとしても、あなた個人は何のリスクもとっていない。その預金金融機関が倒産しても連邦政府があなたの預金を全額返金してくれることは一〇〇パーセント確実なのだから。

だから分かったことの第一は預金保険の意図しない帰結のことだ。あなたのような預金者はいままでは銀行経営者あるいは資金運用責任者の運用実績を調べてみようとする何らの実質的な経済的誘因を持たないことだ。あなたは彼らにリスクの大きいあるいは慎重さを欠いた行動の履歴があろうが、気にしない。銀行が倒産しても最悪でもちょっとした不便を被るだけだからである。だから預金保険以前の時代とは違い、今日の市場は預金金融機関の経営者や運用責任者の過去の業績をチェックすることも罰することもほとんどしない。その結果、私たちは**逆選択**をしがちである。預金者に利益になる注意深い決定をする慎重な個人によって運営される銀行ではなく、多くは他人の資金で大きなリスクをとることに極めて寛容で、これらのリスクをとることを説得するのに巧みな人々によって経営される銀行になってしまう。

次に貸し出しをする際に慎重に行動する銀行経営者の誘因についてみよう。最初に留意すべきは、貸出のリスクが大きいほど銀行が請求できる金利は高くなる。例えば、過去の返済記録に汚点のある発展途上国が米国の預金金融機関から借入を望むなら、他のもっとリスクの少ない国々よりもはるかに高い金利を支払わねばならないだろう。これはリスクの大きい会社が融資を求めた場合でも同じで、借入ができたとしても平均より高い金利となるだろう。

申込者のいずれに融資するかを決定しようとする場合、銀行経営者はリスクと収益のトレード・オフを天秤にかけなければならない。信用リスクの大きい貸出は実際に償還されれば高利潤を提供するが、良好な信用リスクの貸出は償還の可能性が高い。正しい選択とは銀行にはより多くの利潤を、運用責任者にはより多くの給与と昇進の可能性を意味する。誤った選択は銀行には損失と恐らくは倒産、運用責任者にとっては新しい、だがより望まれない職歴を意味する。

銀行の資金運用責任者の経済的誘因が預金保険によってどう変化するかを理解するには、いつもは慎重で保守的な資金運用者に預金者の資金を五〇、〇〇〇ドル持たせてラスベガスへ赴くよう告げることだ。その際、二つのシナリオを区別して考えてみればよい。第一のシナリオでゲームのルールは、彼女が望む何にでも賭けてよい。そして勝ち負けのいずれも銀行と彼女に運用を任せた預金者が折半で分け合うというもの。第二のシナリオでは違った組み合わせのルールが与えられる。つまり、銀行はラスベガス賭博の負けは分担する義務はないが、勝ちは分け合うというもの。

どちらの組み合わせルールのもとで銀行の担当者はよりリスクの高い賭けをすると思うか？　第二のシナリオでは彼女はよりリスクの高い賭けをすることは明らかだ。彼女が五〇、〇〇〇ドル全部をすってしまっても銀行には何の被害もないからだ。でも、彼女が大穴を当てれば、例えばルーレットでダブル・ゼロの目に賭けて成功した場合には、銀行は利益の分配を受けるし、彼女も昇給と昇進を手にすることになりそうである。

さて、この第二のシナリオがまさしくとくに二〇〇八年秋以降の連邦保険預金金融機関の資金運用責任者が遭遇した状況だった。彼らがリスクの高い融資をして少なくとも短期的により高い利潤を稼いだら、「勝ち金」の配分を受ける。その結果は昇給だ。反対にリスキーなローンが返済されない場合どんな結果になりそうか？　銀行の損失は限定的である。連邦政府（つまり、納税者であるあなた）が銀行の資産負債の不足（債務超過）を補塡するからだ。このように連邦預金保険制度は銀行にとってリスクの帰結のすべてを負担することなしにリスクの報酬（利潤）だけはすべてを享受できることを意味している。

そこで預金保険の第二の意図せざる帰結は**モラル・ハザード**（道徳的危険、用語解説参照）を助長することだ。とくに（リスク愛好者であるかどうかを問わず）銀行の資金運用責任者は皆その貸出政策において預金保険がない場合に比べより高いリスクをとる経済的誘因を持つ。事実、経済が一九八〇年代初期に下降した時期に、私たちはまさしくこのような誘因の変化の帰結を目撃した。一九八五年から一九九三年初めまでの期間におよそ一、〇六五もの預金金融機関が倒産した。これはそれに先立つ四〇年間平均の一〇倍以上もの高率だった。これら倒産による損失は何十億ドルにも達したが大部分はあなた、すなわち納税者によって支払われた。

では、そこで、二〇〇八年の二五〇、〇〇〇ドルへの保険金の引上げからどのような効果を予測するか？　短期では銀行に対する信認が更新され、預金者は銀行へもっと預金することが促された。これは二〇〇八年および二〇〇九年の金融危機に対する経済の調整を助けたという点でグッド・ニュースだった。しかし長期的にはバッド・ニュースがやってくる。預金保険の上限引上げは逆選択（リスク愛好者の銀行運用責任者を増やす）とモラル・ハザード（すべてのタイプの運用責任者によるリスク負担が増える）をともに促す。やがては納税者であるあなたによって大部分支払われるほど損失が再び積み上がる点まで銀行の貸出基準は劣化するのである。

そこでこの話の教訓は単純である。あなたの銀行家がラスベガスへ向かっている間、あなたは自宅にとどまり、働く計画にした方がよい。早晩、合衆国の一納税者として預金保険のツケに関する請求書が支払期限を迎えるからだ。

演習問題

1　連邦保証の預金金融機関が倒産したのに、その預金者が預金の全額を再支払いしてもらえるのは、誰が払っているのか？　あなたの回答は政府が提供する保険に対して金融機関がどれだけの保険料支払いを請求されているかという点にどの程度依存しているだろうか？

2　預金保険が存在しない世界では、無責任な行動をした銀行の運用責任者を罰するメカニズムはどういうものか？（ヒント：同様なタイプの市場メカニズムが消費財の市場でも株式市場でも存在する）

3　リスクの高い顧客には保険料を高くする保険の「経験格付け」は逆選択とモラル・ハザードの、両方の発生にどう影響するか説明せよ。

4　ある科目の教授がB＋を下回る評点を与えないことを約束して学生に単位取得を「保証」したら、こうした政策はこの科目に受講登録する学生の人数とタイプおよびこの科目での彼らの勉学習慣をどう変化させるだろうか？　説明せよ。

23 農業保護の無間地獄

一八九〇年にカンザスの片田舎を遊説して回った時、政治家のメアリー・リーズは農民たちに呼びかけて「トウモロコシの作付けを減らした上で、もっと大騒ぎしておやり」と説いた。それ以来現在まで、農民たちはこの教えどおりにやってきた。

第一次世界大戦の二〇年ほど前、米国は空前の農業好景気に沸いた。食品価格が高騰したので、「アメリカ農業の黄金時代」は第一次世界大戦中を通じて続いた。大戦の終結と一九二〇年の急激な不況が重なって、黄金時代は痛々しくも終了した。一九二一年から一九二九年の八年間に及ぶ景気上昇――雄叫びの二〇年代（Roaring Twenties）――も米国農民たちには、ほとんど助けとはならなかった。ヨーロッパ諸国は農業生産に資金を再投入していたが、アメリカの新**輸入関税**は国際貿易を激しく混乱させた。食糧**輸出**は農家の重要な所得源であり、世界貿易の落ち込みは米国農産品に対する需

要を減らし、食糧価格および農家所得に深刻な打撃を与えた。

一九二〇年代の食品価格の急激な低落に直面して、農民たちはこれを過剰生産の問題と見た。数多くの農業協同組合が生産制限に努力したが、事実上すべて失敗に終わった。ほとんどの農作物は高度に競争的な条件下で生産されており、多数の買い手と売り手がほとんど同一の商品をめぐって、取引の交渉をするからである。農作物はほとんど差別化できない商品である。ある農民のトウモロコシと他の農民のトウモロコシとは何の違いもない。だから、生産者が集団的に生産制限を実施して価格を引き上げようとしても、自主的に実現することは不可能だった。だが、一九二〇年代に自らの力で実現できなかったことを、農民たちは一九三〇年代に政府の指令を通じて達成した。一九三三年に効果的な**農作物価格支持制度**が創設されたが、今日まで続く合衆国**農業補助政策**の始まりを刻したものである。

価格支持とその他の政府農業政策が招いた結果を理解するには、まず政府介入が不在の場合の農作物市場の状態を検討することだ。競争市場では多数の農民がある農作物、例えばトウモロコシを供給する。異なる価格に対応して個々の農民が供給する合計量がその商品の**市場供給**となる。個々の農民は市場のほんのごく小部分しか供給しない。だから、どの農民も農作物の価格に影響を及ぼすことはできない。ある農民が売り値を引き上げてみても、買い手は他の農民から**市場実勢価格**以下で売ろうとする農民は誰もいない。**均衡価格**でたやすく買い入れることが可能だ。それに市場実勢価格以下で売ろうとする農民は誰もいない。農民は自分の作った農作物の総量を市場実勢価格で販売できるからである。こうして、農民たちが販売する農作物一単位の価格はすべて同一となる。最終（限界）単位の販売によって農民が受けとる価格は、残りすべての販売によって受領する価格と正確に同額である。農民はもう一単位追加して生産するコストが販売価格を上回る点までトウモロコシの生産を続ける。ここで留意すべきは次の点だ。価格が高くなれば、一単位の追加生産コストの増加を吸収して、なお**利潤**を確保できる。すべての農民は生産に関しては基本的に同一の決定をするから、価格上昇とともに、すべての農民がいっせいに生産増加に走る。実際にも農民は追加単位から利益が得られなくなるまで生産をやめようとしない。結果として個々の農民はトウモロコシを市場実勢価格で販売することになる。ここで市場実勢価格とは生産費に正常利潤を加えた額に等しい[注]。

さて、価格支持計画はどう運営されるのだろうか？　まず、何が「公正価格」かを政府が決定する。当初この決定は、農業の黄金時代のような「よい時代」の農作物価格とリンクしていた。そのうちに、政府設定の価格は連邦議会の農業州選出の議員と非農業州の議員の間での厳しい交渉を通じて決定されるようになった。ここで肝心な点は、第二次世界大戦の期間を除いて、政府が告示した「公正」価格は価格支持がない場合に落ち着く市場均衡価格をはるかに上回っていたことだ。これが農民に生産増加を奨励したが、（生産増加は）普通なら単に価格を押し下げる効果しか持たなかっただろう。

では、政府はどのようにして価格を「下支え」しただろうか？　方法は二つ。農業支持制度が始まって以来、五〇年ほどの間は**支持価格**と呼ばれる価格でトウモロコシなどの農作物を買い入れることだった。支持価格は農民を喜ばせるには十分だが、多くの納税者の怒りを買うほど高すぎない水準の価格だった。政府の買い入れは、実務上の処理では、一政府機関からの「融資」という形式を偽装していたが、この融資には返済の義務はない。政府が買い入れた農作物は、備蓄に回すか、（国内市場ではなく）世界市場で国内支持価格をはるかに下回る価格で売却するか、あるいは「平和のための食物」計画に基づいて外国へ贈与してしまうか、いずれかで処理してきた。いずれも納税者には大変なコスト負担、農民には大きな利益となった。価格支持制度の下で、アメリカの納税者はトウモロコシ農家にだけでも、毎年決まって一〇〇億ドルを超える額を支出してきた。小麦、ピーナッツ、大豆、モロコシ、米および綿花（他にもあるが）の生産者に対しても、トウモロコシほど多額ではないにせよ、やはり相当の金額がバラまかれている。

余剰を減らす努力の一環として、政府は耕作面積を制限した。種々の**耕作面積制限計画**（減反計画）の下で、政府補助計画への参加を望む農民は一定面積の農地を耕作しないよう求められた。ニューメキシコ州の面積に相当する約八、〇〇〇万エーカーの土地が減反の対象になった時期もあった。高い支持価格にひかれて、農民たちは減反を免れるためのさまざまな手口を案出した。例えば、大豆とモロコシは家畜の飼料としてはいずれもトウモロコシのすぐれた代替品である。そこで農民たちはトウモロコシの減反に同意した上で、その耕地に大豆とモロコシを作付けた。この結果トウモロコシの余剰はさらに悪化し、政府は減反と価格支持を大豆とモロコシへ拡大することを余儀なくされた。減反に対する農民たちの反応はそれだけではなかった。農民たちは作付けを認められた耕地を一層集

［注］――社会全体にとっては、「正常利潤」は生産コスト（の一部）である。というのは、農民が他の職業へ転業せずに、トウモロコシの生産を継続してもらうのに必要な金額だからだ。

約的に耕作した。化学肥料や殺虫剤の使用を増やし、播種や灌漑《かんがい》にはより進んだ手法を導入し、あらゆる機会をとらえて農業機械化技術の進歩を応用した。その結果、いまではマン・アワー（人・時）当たりの農業産出額は六〇年前の一二倍となっている。

当初の価格支持制度には二つの問題点が存在した。一つは穀物価格が高値に維持されたので、消費者の食料費負担も高止まりし、毎年約一〇〇億ドルか、それ以上も余分に支払わされていた。もう一つは余剰穀物の在庫が政府の倉庫に積み上り続けたことだ。余剰穀物の備蓄は大変な金喰い虫だったが、結局政治的にも厄介なものになった。例えば、一時期合衆国政府は世界中の老若男女全員（全人口）に対して一人当たり七個の食パンを配るのに充分な量の小麦を貯蔵庫に保有していた。

一九八〇年代の初頭、連邦政府は**目標価格制度**へ政策転換した。農民にはこの水準を保証する一方、消費者の支払う価格は、どれほど低価格であっても、市場の需給関係で決まる価格（消費者が収穫総量を購入しきる水準の価格）となった。その上で政府は目標価格と**市場価格**の差額を農民に支払う（いわゆる「不足払い」）。この制度により、消費者の食料費支出は減少し、政府の余剰穀物在庫も消滅した。しかし、同時に納税者にとってのコスト（年間二五〇億ドルにも達する農民への直接支払い）は痛いほど明瞭になった。

従来の価格支持計画であれば、農産物余剰は米国の農民たちの「生産性が高すぎる」結果だと見せ掛けることで、補助金の存在を隠すことができた。ところが、目標価格制度の下での直接現金支払いでは、政府が納税者のポケットから取り上げた金を農民へ与えていることが一目瞭然になる。その上、目標価格制度では、他の農業諸施策と同様に、受け手の生産量に応じて補助金の額が決まる。小規模農民には雀の涙ほどの金額だが、大規模農業企業《アグリビジネス》の手には巨額の補助金が入る。例えば綿花やコメの巨大農場の所有者たちは、それぞれ合計一〇〇万ドルを超える額の支払いを受けた。

この事実は誰が連邦農業計画から実際に利得しているかを例証している。この政策は伝統的には低所得農民たちにまずまずの所得を保障する方策として推進されてきた。しかし、実際には利得の大半は巨大農場の所有者へ回っている。しかも、農場の規模が大きいほど利得の額は多くなる。さらに付言すれば、価格支持による利得のすべてが最終的には価格支持対象農産物が作付けされる土地の所有者に帰属することになる。

後日、無駄な施策だったと判明したが、一九九六年に議会は農業補助金を削減する目的で七年間の時限立法の「農業自由法」を制定した。改革は小麦、トウモロコシ、および綿花の支持価格制度を廃止して、農家の作付けの自由度を増やすとともに市場の歪みを除去するものと想定された。支持価格支払に代わって、農民は「移行支払」を受けることになった。納税者には何十億ドルもの節約が期待された。

実際はそうならなかった。一九九八年以降毎年、議会は複数の大規模な農業「付加法案」を可決したが、それぞれ何十億ドルもが納税者の財布からアメリカの巨大アグリビジネス企業の銀行口座へ直接支払われることになった。その上で、二〇〇二年、議会は当時としては合衆国史上もっとも金のかかる農業法案を通過させた。コスト（所要経費）は向こう一〇年間で一、九一〇億ドル以上と宣伝された。法案にサインする際、ブッシュ大統領は「国民は食べねばならない」と言い、続けてこう言明した。「アメリカの農民と牧畜業者は世界でいちばん効率的な生産者である。われわれは本当に有能なんだ」と。

でも、二〇〇八年ブッシュ大統領の拒否権発動をくつがえして、「食料安全保障およびバイオエネルギー法」を成立させた時、農民補助の観点からは議会の方が（ブッシュの認識よりも）もっと上手《うわて》だった。同法のコストは一〇年間で三、〇〇〇億ドルを上回ると広報されたのだから。新法は多くの農作物に対して、その生産者に連邦補助事業に対する選択権を与えた。作柄に応じ、生産者たちは目標価格制度または支持価格制度の組み合わせを選択するか、あるいは収入保障の制度を選ぶことも可能である。作物の価格が高ければ市場で売却し、低ければ保証水準まで収入を補填する補助金を受け取る。

農業補助制度推進にしばしば使われるのは、農家は相対的に所得が低いとの大義名分だ。実際はこの一〇年間、農民家計は非農業世帯の平均所得を二〇パーセント上回っていた。補助金の大きさを知ると理由はすぐ分かる。農業部門の利潤が七二〇億ドルに達した最近のある年度では、連邦政府は農民へ二五〇億ドルもの補助金を交付していた。この額は貧困家庭への生活保護のための支出額を約五〇パーセント上回っている。テッド・ターナーやデービッド・ロックフェラーといった億万長者が納税者負担の農業補助金を毎年数十万ドルも受け取っている。何十億ドルもの直接補助金に加算して、農業政策に起因する食料品の高価格による何十億ドルもの支出増加を考慮すれば、現行の農業法のもとで、アメリカの平均的な家計は食料品の高価格と税金のため年間五、〇〇〇ドル以上の余分な支払いを強いられている。しかも、農業補助金総額の三分の二は大半が年収二五万ドル以上の上位一〇パーセントの農家へ支払われる。だから、巨大なアグリビジネスがわが国の気前のよい農業政策の主な受益者であり続けるわけだ。

いまでは農民たちは休耕しても補助金がもらえる。この権利は土地の売却によって移転する。しかも、その後、住宅地に造成され分譲されても、はるか昔この土地が例えば米の栽培に使われたとの理由で、幸運な住宅所有者は「直接支払」の受益資格がある。そのための国庫負担は、近年およそ一三億ドル。農民たちはまた実際には発生していない損失に対しても補償支払いを受けることが可能だ。どういう仕組みなのか？　トウモロコシの目標価格が一ブッシェル（約三五リットル）当たり二ドル六〇セントで、ある農民が普段よりもやや高値の時期に三ドルで売却できたとしよう。ところが同年中のある時期に価格が二ドル六〇セント以下、例えば、二ドルまで下落したとすれば、この農民は政府へ「不足払い」を請求できる。この例の場合、たとえ実際には三ドルで全量が売却済みであっても、農民は生産した全量に対して一ブッシェル当たり六〇セント（二ドル六〇セントマイナス二ドル）の支払を請求できるのだ。

多分私たちは米国の農業政策に不平を述べ過ぎないほうがよいだろう。少なくとも日本の農業政策ほどではないのだから。日本では農民への補助金と輸入食糧に課せられる関税の組み合わせで、農業所得を国全体の平均所得のほぼ二倍の水準まで押し上げている。また食料品価格も引き上げられ、普通のメロン一個が一〇〇ドルもする。ヨーロッパも農民への大盤振る舞いには目をつぶる他ないと考えているようだ。ここ数年アメリカは農業補助金に毎年約四〇〇億ドルを使っているが、欧州連合（ＥＵ）は年間一、三〇〇億ドル以上も支出している。確かにＥＵの人口は米国より約五〇パーセント多いが、この点を調整しても、これほど巨額の支出は平均的なＥＵ市民が農民補助にアメリカ人の二倍のお金を使っていることを意味する。

農業州選出の政治家たちはこう主張する。農民を見捨てるわけには行かない。そんなことをすると米国は破産した農場であふれ、食料不足に追い込まれるからだ、と。しかし、少なくとも一か国のデータによれば、このようなシナリオは正しくない。一九八四年、ニュージーランド政府はすべての農業補助金を即時全面的に廃止し、どんな種類の移行措置もなしに食品市場の自由化を断行した。当時同国の農業補助金は農業産出額の三〇パーセント以上にも達していた。これは合衆国をはるかに上回る比率だった。ニュージーランドの補助金の廃止は急速に進められ、いずれの農作物についても、(段階的撤退といった)激変緩和措置は一切取られなかった。それでも農場破産は発生しなかった。事実、一九八四年以来経営破綻した農場はわずか一パーセントだけ。農民たちは、技術改良、コスト削減、それに輸出市場での積極的な販路拡大の努力によって対応したのだった。

その結果は劇的で、農業産出額は補助金廃止以後現在までに四〇パーセント以上(インフレ率調整後の実質額で)も増加した。国内総生産額に占める比率もまた一四パーセントから一七パーセントへ拡大した。**土地生産性**は年率約六パーセントで上昇した。まことにニュージーランド農業者連盟が言うように、同国の経験は農業部門は政府の補助金なしでは繁栄不可能との神話を完膚なきまでに打ち砕いたのである。

アメリカ議会の先生がた、どなたか、よくお聞き下さっているでしょうか?

演習問題

1　アメリカのトウモロコシ農民は、毎年何十億ドルもの納税者からの補助金を受けている。補助金のおかげで、特に輸出市場向けに生産費以下の価格で作物を売却できる。米国の補助金はメキシコ農民をどう損なっているか？

2　農業補助金が消費者に損害を与えることがこれほど明白なのに、なぜ議会はそんな補助金を可決し続けるのか？（ヒント：第2章エタノール狂騒曲の「合理的無知」の議論を参照のこと）

3　合衆国の農業補助金が廃止された場合、主要な受益者はどのグループか？

4　連邦政府から補助金を与えられるのが、経済学者ではなく、農民である理由は何か？（ヒント：経済学者より農民の方が多数だから。もしそう答えたいのであれば、連邦政府が経済学者に補助金を出すと言い始めたら、自称経済学者の人数がどう反応するか？　考えてみてほしい）

24 罪と罰

デトロイト市（ミシガン州）には、人口当たりで、オマハ市（ネブラスカ州）の二倍の警察官がいるが、凶悪犯罪の発生率は四倍も高い。これは警察官が凶悪犯罪の原因だからだろうか？　こんな質問はばかげているというなら、次の事実を考えてみよう。最近二〇年間に、刑務所に収監されているアメリカ人（受刑者）の数は、人口比で三倍に増えたが、凶悪犯罪の発生率は倍増、財産犯罪は三〇パーセントの増加だ。刑務所送りが実は犯罪を助長しているのだろうか？

まあ、いずれの質問にもイエスと答える人はいないだろう。それでも、犯罪はもうかるし、政治家がそれをどうこうできる余地は少ない。そんな懸念が広まっている。ある年におよそ二〇パーセントもの世帯が重大犯罪の犠牲になる可能性のある国で、犯罪取締に厳しい疑問が投げ掛けられるのは不思議ではない。刑罰を重くすれば、人々は犯行を思いとどまるだろうか？　刑期を長くすると犯罪発生率は減るのだろうか？　警察官の増員が正解なのか？　アメリカでは毎年二、〇〇〇億ドル以上もの犯罪被害があり、犯罪防止にほぼ同額の公的資金が支出されている。だから、これらの疑問への解答は明らかに重要である。

まず出発点で確実なことが一つある。あらゆる犯罪に一様に重い刑罰を課すと重大犯罪の増加を招くということだ。理由を推理しよう。すべての決定は限界において行われる。窃盗と殺人が同じ運命で罰せられるなら、殺人への限界的抑止力は存在しない。五ドルの盗みが一〇年の懲役で五〇、〇〇〇ドルの窃盗も同じ判決なら、五〇、〇〇〇ドルを盗まない理由はない。そのような罰則には多額の窃盗への限界的抑止力は存在しない。

限界で適切な抑止力を発揮できるように刑罰を設定するには、犯罪者が罰則の変化に対してどう反応するか？　その点を実証的に観察する必要がある。つまり、何が犯罪の決定要因か？という問題に帰着する。この点を近代経済学の創始者アダム・スミスの見解に見ることにしよう。

富者の豊かさは、貧者の怒りをかきたてる。貧者は欠乏に駆られ、同時に、妬みにそそのかされて、しばしば、富者の所有物を侵すにいたる。多年にわたる、あるいは、おそらく、何代にも及ぶ労働によって獲得した高価な財産の所有者がただ一夜にせよ安眠できるのは、司法権力の庇護の下にあればこそである。かれはいつも、誰ともわからぬ敵に取り囲まれている。その敵は、けっしてかれのほうで挑発したのではないが、けっしてなだめられるはずのない敵なのであって、その不正からかれを保護しうるのは、不正を打ちこらしめようとたえず振りあげられている司法権力の強力

な腕のみである。したがって、高価で膨大な財産ができてくると、どうしても政府を樹立する必要が生じる。[注]

スミスはある人が他の人に比べ、とても多くの財産を所有する社会では必ずそれを盗もうとする者が出るという。この結論からは、盗みを働く人間は所得を求めていると推量できる。また、犯罪者は犯行前に犯罪活動の**費用**と収益を比較検討すると想定できる。その上で、これらを合法的活動による純収益と比較することも可能だ。つまり、犯罪者たちは便益がコストを上回ると評価した上で、犯行に及ぶと考えられるだろう。窃盗の便益は明白で盗品だ。犯罪者のコストは逮捕、有罪判決および拘禁である（これらに限定されるわけではないが）。つまり、犯罪者は、試合出場で獲得可能な便益（賞金）と万一の大怪我のコストを天秤にかけるスポーツ選手と、同様な損得計算をしているのだろう。

犯罪の供給をそう理解すれば、私たちは社会が非合法活動の期待純収益率を引き下げる方法を考案できる。つまり、もっとも効果的に犯罪を削減する方法を工夫できるのだ。実際にも、経済学者たちは犯罪活動に対する刑罰の効果を実証的に研究する際、この種の推理法を適用した。彼らが焦点を当てたのは、例えば、①市中パトロールの警察官を増やして犯罪者が探知され逮捕される確率を引き上げること、および②懲役刑などの刑罰の役割だ。

意外なことに、初期の実証研究はこれらの疑問にむしろ矛盾する回答を返してきた。懲役刑の犯罪発生率への影響は非常に小さく、しばしばゼロに近かった。その上、犯罪発生率への警察の影響の計測を試みた初期の研究の多くは、両者は無関係であるか、警察官増員は犯罪発生率を増加させる、との結果を見出した！

警察隊の増強や刑期延長の犯罪率への効果推計の際、研究者たちが遭遇したのは原理的には単純だが（計数的には）補正することの難しい問題だった。その理由。犯罪率の高い地域の住民たちは自衛手段を講じたいと望むだろうし、また実際に警察力も強化され、さらに犯罪者に対する処罰ももっと厳格に行われていることだろう。だから、警察隊増強、罰則適用の強化が実際に犯罪を減らしていても、統計データ上、本当の効果は覆い隠されてしまうか、あるいは表面的には逆の関係が検出されるようになる。高犯罪率地区では警察官も多数で、刑務所収監人口比率も高い傾向があるからだ。

経済学研究はこれら要因の影響を解明し、警察力と刑務所への収監の犯罪率への効果をこれまでになく鮮明に描き始めた。カギは自治体の警察官の人数あるいは州刑務所の収容人員の規模の決定に強い影響力を持つが、それ以外では犯罪率とは無関係の要因を見出すことだ。例えば、選挙年サイクルが、他の要因とは独立に、警察力の規模（警察官の定員数）に強い影響を及ぼす傾向があることが分かっている。犯罪対策はいつでもホットな政治的な争点だから、選挙年には市長も州知事もともに、警察予算の増額に強い誘因（とそれを実現する能力も）を有する。だから、主要都市の警察力が非選挙年には現状維持の傾向があるとしても、選挙年には目に見えて増強される。こうした警察活動の強化は犯罪減少に明らかに探知可能な（つまり、統計的に有意な）効果を持つ。

［注］――アダム・スミス『諸国民の富』、一七七六年、第五巻、第一章

警察隊の抑止力は殺人、婦女暴行および脅迫などの凶悪犯罪に対し極めて強力な効果を発揮する。事実、凶悪犯罪の警察隊増強に関する弾性値はほぼマイナス一である。つまり、ある都市の警察隊定員の一〇パーセント増加により、同市で発生する凶悪犯罪は一〇パーセント減少すると期待できる。住居侵入盗、窃盗および自動車盗などの財産犯罪については警察力増強の効果はそれほど大きくないが、それでも有意である。弾性値の推計値はおよそマイナス〇・三。つまり、一〇パーセントの警察隊の定員増加で財産犯罪を約三パーセント減らす効果がある。この計測結果はデトロイトのような都市に対して目を見張るような含意がある。同市警察隊の一〇パーセントはおよそ四四〇人。これだけの増員で、毎年約二、一〇〇件の凶悪犯罪、それにおよそ二、七〇〇件の財産犯罪の減少が期待可能である。これが右の弾性値の含意だ。

研究者たちはまた犯罪抑止に対する刑務所への収監の効果を他の変数（要因）から分離独立して計測することに成功した。この場合もやはり凶悪犯罪に関する効果が最大。州刑務所の収容人口（受刑者数）が一〇パーセント減ると、凶悪犯罪は約四パーセント増加する。また財産犯罪では三パーセント増加との予想だ。そうなら、多くの州で刑務所が新たに続々と建設されていることは、多分驚くことではないだろう。

以上とは別の研究だが、少年犯罪も成人犯罪と同じく誘因へ敏感であることを見出した。一九七〇年代の半ばから一九九〇年代半ばにかけて、少年犯罪が成人犯罪に比べ急増した。そこで多くの評論家たちは少年たちの世代が刑務所入りの脅威に無感応であるように見える点に懸念を表明した。事実は少年犯罪の急増は大部分が少年たちが直面した誘因の変化の結果だった。右の期間中に凶悪犯罪による少年たちの収監率は、成人と比較して八〇パーセントも減っていた。少年凶悪犯人の刑務所入りの機会は成人凶悪犯のほぼ半分に下がった。その上、少年が成人法の適用を受ける年齢（通常一八歳）になった時、罰則がどれほど変化するかも、少年たちの行動に強い影響を持つ。少年には厳しいが成人には寛大な州では凶悪犯罪の発生率は一八歳で二三パーセントも上昇する。他方少年には寛大で成人には厳しい州では一八歳で四パーセントの低下だ。誘因は依然重要と見える。

増大する犯罪防止費用にそれだけの価値があるだろうか？　これまでの検討結果からは答えはイエスだ。受刑者が一人増えると年間三〇、〇〇〇ドルのコスト増加になるが、五〇、〇〇〇ドル以上もの便益（犯罪被害の減少）が期待できる。また警察官を一人増やせば年に約八〇、〇〇〇ドルのコスト増だが、この警察官は二〇〇、〇〇〇ドルもの犯罪防止便益を産み出すと期待可能である。これらの数字が示唆するのは、今後何年も犯罪防止支出は増加し続け、そしておそらくは犯罪発生率がさらに低下するという期待である。

演習問題

1　ここでの分析は犯罪者は合理的に行動すると仮定されているように思われる。では、犯罪者は現実には必ずしも合理的に振る舞っているわけではないという事実は、分析を無効にするだろうか？

2　多くの場合、殺人は顔見知りの間で行われる。このことは殺人者が支払うべき価格（刑罰）を引き上げても、犯罪者の殺人需要量（殺人の件数）には影響がないことを意味すると考えてよいか？

3　「目には目を、歯には歯を、手には手を、足には足を……」。これが刑罰のルールだとしよう。かりに法律がこのルールに従っており、その上さらに、取締当局には違反者を必ず逮捕するのに十分なだけ予算がついているとしよう。そのような場合には、犯罪の発生率はどうなるか？（ヒント：一〇ドルを盗んだ刑罰が一〇ドルであり、その上、逮捕されるのが確実であるような場合にも、この盗みには期待利得が存在すると見てよいだろうか？　かりにその罰がたった一ドルだったり、あるいは逮捕される確率が一〇パーセントに過ぎなかったら、期待利得が存在するといえるか？）

4　近年、麻薬密売に対する刑罰は急激に重くなっている。このことは、麻薬を売ろうとする誘因に対してどう影響するか？　いずれにしても麻薬を売ろうと決めている連中にとっては、麻薬取引の刑罰が厳しくなることは、麻薬の密売を行っている最中に殺人のような他の犯罪を犯そうという誘因にどう影響するだろうか？

25　高齢化するアメリカ

アメリカは高齢化しつつある。ビートルズやローリング・ストーンズをスターの座へと押し上げた七、八〇〇〇万のベビーブーマーたちは、いま定年退職の年齢に近付きつつある。二〇年後には全アメリカ人のほぼ二〇パーセントは六五歳以上となる。第二次世界大戦後のベビーブームがそうであったように、アメリカの高齢化も障害とチャンスをもたらす。以下で、理由を探ろう。

アメリカの「シニア・ブーム」（高齢化）の背後では、二つの主要な力が作用している。第一に、アメリカ人が長生きするようになったことだ。一九〇〇年の平均寿命は四七歳だったが、今日では七八歳だし、二〇一〇年代のうちには八〇歳まで延びる勢いである。第二は、出生率が記録的な低水準に落ちたことだ。現在の母親は彼女らの母親や祖母たちと比較して、はるかに少数の子供しか持たない。要するに、高齢者は長生きし、若者層の増加はその事実を相殺するには緩慢すぎる。この二つの力が一緒になって、六五歳以上人口の比率を高めている。事実高齢者の人口は残りの人口の二倍の勢いで増えている。

アメリカ人の年齢の中位数《メディアン》は、一九七〇年には二八歳であったが、いまでは三八歳であり、なお急速に上昇中である。こうした状況に輪を掛けているのが、現在の退職平均年齢が歴史的な低水準にあることだ。その結果、老後もまた黄金の歳月であることを保証する助けになる現役の働き手が減る一方で、退職者は増加している。

ではまたどうして、大学生になったばかりの年齢の人間が、人口の高齢化などに関心を寄せなくてはならないのか？ そう、高齢者は金喰い虫だからだ。実際、六五歳以上層が連邦予算の三分の一強を使っている。退職者への社会保障支払い（公的年金）は最大の予算費目であり、現在年間約五、〇〇〇億ドル以上になっている。高齢者の医療費を支払うメディケア（高齢者医療保険制度）への支出額は一年に約三、五〇〇億ドルに達し、しかも急速に増加している。年齢を問わず低所得層の医療費を扶助するメディケイド（低所得層医療扶助制度）の予算額は年間三、〇〇〇億ドルだが、そのまる三分の一は六五歳以上層への支出である。

現行法のままなら、今後一五年以内に連邦歳出総額の四〇パーセントは高齢者が費消することになろう。メディケアのGDP比は二倍になり、「超高齢者」（八五歳以上で多くが介護を必要とする人々）も倍増しよう。二五年後ともなれば、多分連邦予算の半分が高齢者に回るだろう。端的に言って、高齢者は連邦予算の中で、金がかかり、しかも急増しつつある部分の受益者である。彼らはこれほどの予算支出からどれほどの恩恵を得ているのだろうか？

まずは第一に、今日の高齢者はこれまでになく豊かになっている。事実、六五歳以上層の一人当たり可処分所得の平均は、他の年齢層全体の平均可処分所得より三〇パーセントも高い。毎年新規の退職者に支払われる公的年金額は、インフレ調整後の金額で、一年前の退職者の初年度年金額よりも多くなっている。それに、過去三五年間、生計費調整条項の適用により、公的年金額はインフレによる購買力の目減りから保護されている。公的年金の効果は最低所得階層でも明らかである。六五歳以上層の貧困率は全人口の平均よりはるかに低い。今日の退職者が受け取る公的年金額は、本人および雇い主が拠出した支払給与税の累積額プラスそれに対する金利の合計額よりも二倍から五倍も多い。

当然のことだが、高齢者の多数にとって医療費負担は主要な関心事である。おそらく関心の強さを反映するものだろうが、六五歳以下のアメリカ人は誰もが、高齢者の医療費を補助するため、現在平均して一、六〇〇ドル以上の連邦税を支払っている。実際の話、長生きのためこれほど金をかけている国は世界中どこもない。メディケア予算の三〇パーセントは、死亡前一年以内の患者に支出されている。冠状動脈のバイパス手術（一件四〇、〇〇〇ドル以上にもなる）は、六〇歳代や七〇歳代でも、日常的に実施されている。六五歳以上の場合請求書はメディケアへ回る。心臓移植の手術さえ六〇歳代の患者に行われて、六五歳以上なら費用はメディケアから支払われる。これとは対照的に、日本の医療保険では臓器移植は対象外だし、英国の国民健康保険は五五歳以上の腎臓透析には支払いをしない。しかし、メディケアは一〇〇、〇〇〇人を超える患者（半数が六〇歳以上）の透析治療の支払いを補助している。その費用は年間四〇億ドルを超える。全体として、高齢者はこの制度のため彼らが支払った支払給与税（プラス金利）の五倍から二〇倍にも相当する金額のメディケア給付を受け取っている。

巨額の、しかもどんどん増加する公的年金や医療保険の勘定支払いの責任は、現在および将来の勤労者へ均等にふりかかる。この二つの制度はいずれも支払給与税で賄われるからだ。三〇年前には、これらの制度は平均的な勤労者の給与所得の一〇パーセント以内の税負担額によって十分に賄われていた。今日では、税率は中位数賃金の一五パーセントを超えており、今後急速に上昇する見込みである。

二〇二〇年までには、一九四〇年代後半から一九五〇年代前半に生まれた、前期ベビーブーマーたちは退職期を迎える。一九六〇年代初期に誕生した後期ベビーブーマーたちも退職期が近づいてくる。両グループのベビーブーマーたちは、今日の大学生およびその子供たちに、巨額のツケを残すこととなろう。現行の公的年金とメディケアを維持するためだけで、今後一五年間に支払給与税は二五パーセントまで引き上げが必要になる可能性がある。そして、二一世紀の中葉までには四〇パーセントの税率もありえないことではない。

今日の大学生（およびその後輩たち）の将来を待ち受けている莫大な負担を理解する一つの方法は、現役の勤労者が支えるべき退職者の数を考えることだ。一九四六年には公的年金受給者一名を四二人の勤労者が分担した。一九六〇年には、九名の勤労者が一人分の公的年金給付額を支払った。今日では、公的年金にメディケアを加えて受給者一名分をおおむね三名の勤労者が支払っている。だが、二〇三〇年までには、受給者一人の公的年金およびメディケア給付を負担してくれる現役勤労者はたった二名しかいなくなるだろう。そうなると、共稼ぎの夫婦一組が、本人ら自身と家族だけではなく、赤の他人の公的年金およびメディケアの受給者一名を養わなくてはならなくなる。

連邦議会と行政府は高齢化社会の落とし穴と希望の双方に直面することに消極的であるように見える。公的年金受給開始退職年齢の六七歳への引上げはすでに法律で義務付けられているが、ワシントンDCの政治家たちにそれ以上できることは、せいぜい当面の問題を「研究する」委員会を任命することぐらいのようだ。またどんな制度改正なら政治家たちは行う用意があるだろうか？　その見本は納税者（国庫）拠出で高齢者向けの処方薬給付制度を創設した二〇〇三年の新法である。新制度に肯定的な人々でもこれは過去四〇年来で最大の**エンタイトルメント・プログラム**（資格に基づく社会保障給付）の拡大だと言っている。法成立前、ブッシュ大統領は年間三五〇億ドルが必要になると主張していたが、二か月後には見積額は五〇〇億ドル以上にまで引き上げられた。この制度の便益は見積もりより少なく、コストはさらに膨らむだろう。その理由は四分の三以上の高齢者が新法施行以前に個人負担による処方薬と契約していたからである。この民間プランはいまではすでに姿を消しつつあり、高齢者には選択の余地が減ずる一方、年下の納税者にはより多額の税金の請求書が突き付けられている。

ここまできて、読者も多分疑問に思っているのではないか。私たちは高齢者の医療および年金給付のための巨額な財政負担にどうすればコミットできるのか？と。この話には三つの要素がある。第一は、大義名分は立派であることだ。結局、誰が高齢者の適切な医療と快適な老後を否定しようと思うだろうか？　第二は、コストに比し便益がはるかに集中していることだ。たとえば、退職した夫婦は年額二五、〇〇〇ドル以上の年金支給に加え、医療給付により一五、〇〇〇ドルを補助されている。

それに引き換え、標準的な共稼ぎ夫婦は社会保障税および高齢者医療保険税を毎年このほぼ半額しか支払っていない。だから、退職後夫婦は給付推進に対して、現役夫婦が給付増加反対に対して持つ以上に、より強い経済的誘因を有している。第三に、引退世代の投票率は他のどの年齢層に比べても高い。その理由は少なからず、すでに退職し、時間的な束縛が少ないからだ。そこで、投票箱で(「投票率の高さで」という意味)社会保障給付が彼らにとってどれほど大切かを訴えることは大いにありそうだ。

政府が高齢者向けの諸施策に関する財政危機に責任を持って対処することは可能である。例えば、チリの国民年金制度はアメリカの社会保障(公的年金)制度と比べても、より深刻な諸問題に直面していた。対策は、速やかに(そして時間経過とともに自動的に)、完全民営年金制度へ移行することだった。これまでのところ制度改革の結果は、現在の退職者には給付保障、将来の退職者にはより高い給付可能性、そして現役の全勤労者には(国民年金税の)減税であった。アメリカ人だってそう選択さえすれば、チリの人々が達成したとまったく同じことができるはずである。

そうしない間に、公的年金およびメディケアが現状のまま進み、また高齢の勤労者が労働力から離脱し続けるなら、今日の大学生たちの将来の負担は耐え難いものになりそうだ。私たちが、その結果予想される将来の社会的緊張やその結果の膨大なコストを回避したいと望むのであれば、(公的な援助に頼らずに)経済的にもっと自立していたいという高齢者たちの意欲と能力を評価し、その願いをかなえてあげなければならない。そうしないと、黄金の老後など過去の記憶でしかない未来を招くだけであろう。

演習問題

1　余暇をどれだけ消費するかの決定に関して、勤労者に課されている支払給与税はどんな影響を与えるか？

2　高齢者への給付の財源として政府が若者に課税する場合、若者が自発的に選択する高齢者への援助の量にどう影響するだろうか？

3　政府が高齢者への給付の財源を若者への課税に求める時には、高齢者が死後子供や孫たちに残す遺産の大きさに対しどう影響すると考えるか？

4　一般に、仕事をたくさんする人は、たくさん稼ぎ、だからたくさん税金を払う。移民法が改正され、高度な教育を受け、高い技術を持つ人々が移民しやすくなれば、今日の大学生の将来の税負担にはどう影響するか？　教育程度の高い移民の受入れは、大学卒業者の賃金を高めるのか、低めるのか、どちらの傾向になると思うか？　結局、現行移民制度の全面的見直しは今日の大学生には得になるか、損になるか、どちらだと思うか？

第六部　財産権と環境

第四部では、**独占**は**競争**の成果とは著しく異なる結果を生み出すこと、そのため、競争が理想的に行われた場合と比べ、交換取引の利得ははるかに小さくなることを見た。第六部では**外部性**が存在する場合、つまり、ある行為の**私的コスト**と**社会コスト**とが乖離している場合にも、競争の成果が競争の理想とは異なる点を見ることとしよう。外部性の存在する場合の問題は、通常「市場の失敗」market failureと呼ばれるが、病状診断の結果は、むしろ「政府の失敗」government failureと名付けるのがよいだろう。市場が効率的に機能するには、**希少財**に対する**所有権**が明瞭に定義され（clearly–defined）、低コストで執行（権利行使）可能で（cheaply enforceable）、さらに完全に譲渡可能（fully transferable）でなければならない。これらの諸条件の充足を保証する上で**比較優位**を有しているのが、一般的には政府であると考えられている。だから、政府が所有権を定義し、執行し、または譲渡可能にすることに失敗すれば、市場が社会的に効率的な成果を生むことは期待できない。その場合、それが誰の失敗なのか問うことは水掛け論に終わるだろう。そんな責任追及よりも、もっと重要な論点は、状況を改善するには何ができるか？と問うことだ。

人口と一人当たり所得がともに増加するにつれて、社会の総消費はそのいずれよりも速やかに増加する。人口数と一人当たり所得の双方の合成力、つまり国民総所得に応じて、消費が増えるからだ。消費とともに消費の残り滓《かす》が出る。例のゴミのことだ。地下水の汚染を恐れてゴミ投棄場が閉鎖になったとか、ゴミ運搬船が積み荷を捨てる場所を探し求めて公海上を寄港先もなくさまよっているとか、こんな話をよく耳にする。また、私たちは全員が、アルミ缶から古新聞紙まで何でもすべてリサイクルしましょうという公共放送機構のコマーシャルの集中砲火を浴びている。アメリカはいまや世界ゴミ合衆国の首府にでもなりつつあるように見える。まことにその通りなのだが、アメリカは同時にプロ・フットボールの世界的な拠点でもある。フットボール・チームなら、全国いたるところで、もろ手を挙げて歓迎してくれる都市を問題なく見つけることができる。ところが、ゴミの場合はどうだ。何が違うのか？　フットボールは楽しめるが、ゴミはそうじゃない。あなたは、多分そう答えたいでしょうね。まったくごもっともだが、そんな答えだけでは、なぜゴミは処分される以上の速度で集積してしまうのかという理由はわからない。ゴミは適切な価格付けがなされていない場合にのみ問題になる。つまり、ゴミを生産する消費者や企業にはゴミ回収に十分な費用が請求されていないし、ゴミが投棄されるゴミ埋め立て場にも、十分な対価が支払われていない。その点が問題なのだ。第26章「ゴミ問題の虚像と対策」では、ゴミはゴミを生産する過程で私たちが消費する品物と何も違っていないという点を強調したい。正当な対価が支払われる限り、ゴミ処理業者は必ずやってくる。私たちが彼らのサービスに対して正当な対価を間違いなく支払う限り、彼らは務めを果たしてくれる。そうなっても、ゴミはもちろん存在するが、ゴミ問題はもはや存在しない。

前述したように、効率的に、つまり、最大の純便益を生むやり方で資源を利用するには、希少な財貨または資源に対する所有権が明確に定義され、完全に執行され、かつ容易に譲渡可能なものとされなければならない。これは問題の資源がゴミ投棄場の用地だろうが、渓流の流れだろうが、第27章「バイ、バイ、バイソン！」で見る動物の種であろうが、いずれも真実なのだ。所有権に関する三条件が満足されさえすれば、もっとも効率的に所有者および社会の双方の利益となるやり方で、資源は利用されることとなろう。しかし、生きたアメリカ・バイソンや飛行中のリョコウバトの場合のように、こうした諸条件が充足されないならば、一般に、資源がもっとも効率的な仕方で利用されることにはならない。しかも、人間の食料や衣服の必要と競合する動物の場合は、これはときに種の絶滅を意味する。種の絶滅が危惧される時にはどうしたらよいのか？　種の保護が人間にとって最大の純便益を生みだすことを願うのであれば、答えはコストの如何にかかわらず種を保護せよということではない。それは種に無限の価値を置くことに等しいからだ。そうではなくて、いまとるべき適切な行動は、動物たちが私有財産である場合と同様な行動に人々を誘導するルールを考案することだ。こういうルールができれば、現在インコやコッカースパニエルの絶滅を心配する必要がないのと同様、シマフクロウやアフリカゾウの絶滅を危惧する必要はなくなるはずである。

第28章の「スモッグの商人」では、大気汚染を検討し、その際、所有権が再び議論の焦点となる。私たちはまわりの空気は、皆の「所有物」だと考えがちである。このことの実践的帰結は、大気は誰の所有物でもないとの前提で人々が行動することになる。何人たりとも大気を排他的に利用する権利を持つわけではないからだ。その結果、大気を過剰利用し、大気汚染が大問題になる。この章では、大気に対する所有権を定義し、かつ権利行使を認めることは可能であり、大気の所有者は第三者に権利を売却することを含めて、自分が適切と考える仕方で利用することができることを示そう。いったんこうした仕組みが出来上がれば、クリーンな大気の利用者たちは、他のすべての**資源**（土地、労働および資本）を生産過程で使用するのとまったく同様に、できるだけ効率的に利用しようという**誘因**

を持つことになる。

大気、あるいはもっと一般的には大気圏全体については、第29章「温室経済学」でもう一度取り上げる。人間の行動が、地球の大気圏におけるいわゆる「温室効果ガス」の濃度上昇の原因となっていること、しかもこの濃度上昇を放置すれば、地球の平均気温の上昇という厄介な結果を招く可能性があるという証拠が増えつつある。**負の外部性**という問題の性質上、個人レベルで取られた私的な行動が社会にとっての最適な解をもたらすことはない。だから、環境規制か課税かいずれかの形で、政府が行動することから得られる潜在的利得は実質的に大きいだろう。しかし、ここでのキーワードは潜在的という語である。いかに立派な意図に発するものであっても、政府の行動が自動的にコストを超える便益を生むわけではないからだ。私たちが温室効果ガスに関連した潜在的な諸問題に対する解決策を探ろうとするならば、早まって行動した結末が、問題のさらなる検討を待って決定を先送りし、行動が遅延した場合の結末よりも、悪いものであってはならない。私たちがこのメッセージを忘れたりすると、温室経済学は不良経済学へ転落し、間違った政策を提唱することになるだろう。

26 ゴミ問題の虚像と対策

ゴミは本当に別なのか？　この疑問に答えるため、簡単な仮設的状況を考察してみよう。例えば、ある市が住民に消費したいだけの食糧を、注文通りに調理して、各戸へ配達してやると約束したとしよう。しかも、月々の支払いは、何をどれだけ食べるかには関係なしに定額でよいと決めたとしよう。この市の食糧配達サービスの結果はどうなるだろうか？　おそらく、住民はこれまで以上に食べはじめるだろう。住民が受け取る食事代の請求額は食べた量とは無関係だから。支払うコストがメニューの選択と無関係なら、住民は魚のフライやハンバーガーではなく、ロブスターやフィレミニョンを注文するようになるだろう。またこのすばらしいサービスのお裾分けに預かろうと、他地域から移り住んでくる人々もある（少なくとも訪問者が滞在を延長する）。だから、市の食糧関連予算はすぐに天文学的な金額になり、月々の食事料金や税金を引き上げざるをえなくなろう。こうして、ほんの短時日の間に、市は「食糧危機」に直面する。食糧消費量の急速な増加を市の予算から賄うための財政負担に耐え切れなくなるわけだ。

これは馬鹿げた話に聞こえるが、「食事宅配サービス」を「ゴミ回収サービス」に置き換えてみよう。そうすると、これまで述べたことは、わが国の都市の大半が歴史的にゴミ回収サービスを運営してきたやり方である。その結果は一九九〇年代の「ゴミ危機」の出現だった。満杯のゴミ埋め立て場、積み荷を下ろすあてなく公海上をさまようゴミ運搬船、またゴミの山から流出する汚水による汚染が疑われている飲料用の水源。この見せかけの危機は——危機が実在する限りの話だが——基本的には前述の「食糧危機」と異なるものではない。問題は、①誰もゴミを望んでいない、②ゴミが環境に有害な影響を与える、ましてや③ゴミが多すぎる、といった事実にあるのではない（これらは事実として間違いではないが）。問題の根源は、ゴミを生み出す財貨に対して価格付けするのと同様なやり方で、ゴミへの価格付けが行われていない事実にこそある。また関係者たちの奇妙な組み合わせがいくつかの悪臭プンプンの事実を利用して実際以上に状況を悪く見せている。

大事な点からまず見ていこう。アメリカは毎年多くのゴミを生産している。つまり、焼却するか、埋め立てるか、あるいはリサイクルする必要のある家計部門および商業部門からの固形廃棄物は、およそ二億五、五〇〇万トンにのぼる（一人当たりでは一、六〇〇ポンド、約七三〇キログラム）。この三三パーセントは紙類であり、庭ゴミ（例、芝生の刈り屑）は一三パーセントを占めている。プラスチック類は処分された容量ではほぼ二〇パーセントだが、比較的軽く重量では一二パーセントにすぎない。このゴミの八、五〇〇万トンがリサイクルされている。

大半のゴミは最後はゴミ埋め立て場に捨てられる。ただし、特に北東部の諸州のように地価の高い地域では、焼却という方法も広く利用される。いずれの方法も、施設の近隣住民の賛成が得られ難くなっており（あるいはいずれそうなる）、「私の裏庭ではご免こうむる」ＮＩＭＢＹ（not-in-my-backyard）という態度が国中に広まっている。連邦政府、州政府、および自治体の規制により、ゴミ投棄施設の新設はおろか、中には既存施設の存続すら困難になっている。近代的な一〇〇エーカーのゴミ埋め立て施設を開設するには、七、〇〇〇万ドルかそれ以上の資金が必要であり、しかも、いくつかの州では、新規の投棄施設の許可手続きに七年もの期間を要した。一方、環境問題への関心が高まるにつれて、多くのゴミ埋め立て施設が閉鎖に追い込まれたり、施設の操業開始を阻止されたりしている。一九九〇年代の初期には、すべてのゴミを州内で処理しているのは、全国で五州に限られており、北東部の諸州のような人口密度の高い州のゴミの大半は、結局他人の裏庭に捨てられている。ニュージャージー州は六州へゴミを移出しているし、ニューヨーク州は九つもの州でゴミ埋め立て施設をフル操業させている。全国いたるところで、アメリカ人の多くが、ゴミの全部をどこへ持って行けばよいのか思案している。

アメリカの多くの市がゴミに対する適切な価格付けに失敗している。それがゴミを不必要な量まで増やしてしまったのは事実だが、外見上ゴミ危機と見えるものの多くは人々に誤解を与えている。ゴミがはじめて新聞などの大見出しで報じられた一九八七年のこと。ゴミ運搬船モブロ号がニューヨーク市のゴミを積んで南下したものの、積み荷の最終的な投棄場を見つけることができなかった。後日明らかになったが、運搬船の船長は出港後に契約変更したいと思い立ち、航行中に無線で交渉した。

ところが相手の埋め立て場経営者はこの船が通常のゴミではなく、有毒廃棄物を運搬していると疑った（実は誤解だったが）。マイナスの評判が知れわたり運搬船は積み荷ともニューヨークへの帰港を余儀なくされたが、多くの人々は原因が船長の軽率なミスにあるとは思わず、埋め立て空間の不足によると考えた。こうした誤解は環境保護団体、廃棄物処理業者、それに環境保護庁（ＥＰＡ）という奇妙な三角関係により強められた。

環境防衛基金はリサイクル活動推進の一大キャンペーンを企画していたが、モブロ号事件は格好の支援材料となった。同組織の一役員は「広告会社だって一艘のゴミ運搬船以上に効果的な企画を提案できなかっただろう」と述べた。一方、目先の利いた廃棄物処理会社の多くは、いくつかの新技術が処理施設の最適最小規模を拡大したことを口実に、埋め立て用の土地を買いあさり始めた。新規に購入した埋め立て施設の利用契約を獲得するため、処理産業の営業グループはアメリカはいまや埋め立て用地を使い果たしつつあると宣伝し始めた。業者のデータに頼って、州や自治体の役人たちは、早速新しい埋め立て地を買い入れた。それも割増価格を支払って。他方、ＥＰＡはゴミ問題を勉強していたが、自庁の規制が原因となって、埋め立て場の効率的な規模（面積）を二倍、場合によっては四倍にも拡大した事実を計算に入れていなかった。だから、ＥＰＡは国中の埋め立て地の箇所数だけ調査して、総数は減少しつつあるとの報告書を作成した。その点正しいことは確かだが、ＥＰＡの報告書が見落としたのは、埋め立て地は規模が大きくなり、また閉鎖されるよりはるかに速やかに開設されていて、総処理能力は縮小ではなく、急速に増大していた事実だった。

しばらくの間、リサイクルが状況悪化一方と見られていたゴミ問題の大半を解決すると思われた。

例えば、一九八七年には古新聞はトン当たり一〇〇ドルもの高値（二〇〇九年価格表示）で売れたので、多くの自治体はこれで財政難とゴミの悩みへの解決策を一挙に手に入れたと感じたものだ。ところが、その後多くの地域で強制的なリサイクル法が施行されるようになったため、リサイクル・ゴミの価格は急落した。それからの五年間に、全国の半数の州の三、五〇〇の自治体がなんらかの形でリサイクリングを義務化する体制を整えた。その結果、古新聞紙の供給が増え、自治体はまもなく料金を支払い始末してもらうようになった。ガラスでも話はほとんど同じ。使用済みの材料の市場価格は、回収し、分別するコストをはるかに下回っている。数多くの州では、地元の新聞社へ働きかけて、ある割合以上の再生紙の利用を要請することで、古新聞への需要を増やそうとしている。このような義務付けによって、過去二〇年の間に新聞紙のリサイクル率は倍増した。だが、多くの専門家は七〇パーセントという現在の再生率をおおむね事実上の上限だと考えている。

実際にリサイクルが進むようになると、皆がこの考えにとびつきはじめた初期の段階では見落としていた、重要な問題が提起されるようになった。例えば、古新聞からインクを除去した一〇〇トンの繊維板を生産すると、何とかして廃棄処分を必要とする汚泥がおよそ四〇トンも発生する。廃棄総量は減るだろうが、凝縮された残存物を適切に処理するにはさらに多くのコストがかかる。似たような話だが、再生紙は森林を救うことにもなりそうにない。新しい新聞用紙のほとんどは、最初から新聞紙用に植えられた木を原料に生産されているからだ。だから、リサイクリングが増加すれば、木自体の多くが植えられなくなるだけだ。「未来のための資源」財団のA・クラーク・ワイズマン氏は、「（新聞紙リサイクルの）予想される効果は、森林資源を増やすのではなく、減らしてしまうように思われる」と結論している。さらに、新しい新聞用紙の大半は、クリーンな水力発電を利用してカナダで製造されている。米国の新聞用紙メーカー（再生用の原料の主な顧客）は、石炭のような環境汚染を引き起こしやすいエネルギーを利用することがしばしばある。こうして、リサイクリングの潜在的な副作用の一つは、水力発電から化石燃料への転換である。

ある種の生産物を単純に使用禁止にすることで、ゴミ問題の解決への主要な突破口を開くことができる。そう主張する研究者もいる。例えば、発泡スチロール製のコップは、いまや悪名をほしいままにしている。紙製コップに比べて埋め立て地のスペースを余分に占拠するし、また発泡スチロールは腐食せずに、永遠に土中に残るからだ。しかし、広く引用されているカナダ、ブリティッシュ・コロンビア州のビクトリア大学のマーチン・B・ホッキング教授の研究によれば、紙コップの製造には発泡スチロール製コップ製造の三六倍もの多量の電力を消費し、五八〇倍もの汚水を排出する。しかも、紙コップが地中で分解するとメタンガスが発生するが、これは地球の気候変化の原因にもなる「温室効果ガス」である。同じように、使い捨ておむつを考えてみよう。これは使用後のゴミを一週間に二二・二ポンド（一〇キログラム）も出すが、再使用できるおむつなら一週間にたった四オンス（一一三・四グラム）のゴミしか出ない。こう反対者は切って捨てる。いまでは使い捨ておむつは国全体の固形廃棄物の一パーセントに達しているので、この勝負、軍配は明らかに再使用可能な布おむつに上がると見える。しかし、使い捨ておむつではなく再使用可能な布おむつを使用すると、BTU（英国熱量単位）で三倍以上の熱量のエネルギーを消費し、水質汚染は一〇倍にもなる。「財貨」goodsの選択において存在するトレード・オフ関係は、ゴミのような「不要物」badsを論ずる際にもまったく妥当するように思われる。

ゴミ処理業務への政府の規制強化が状況を改善するよりはむしろ悪化させるように思われる。この点はニュージャージーとペンシルベニアの両州の例を比較してみるとわかる。何年も前のことだが、組織犯罪（暴力団）がゴミ料金をつり上げるのを止めさせようとして、ニュージャージー州は廃棄物の回収、投棄の業務を公益事業として規制することを決定した。ところが、いったん政治家がゴミ処理業務に口を挟むようになると、政治はゴミ処理の業務自体をほとんど完全に破壊してしまった。ペンシルベニア大学のポール・クラインドーファー教授の指摘では、ゴミ処分コストの消費者への転嫁に政治家が反対した結果、ゴミ埋め立て処分場への投資がピタリ止まってしまった。一九七二年には、ニュージャージー州内のゴミ埋め立て施設は三三一あった。しかし、一九九一年には五〇にまで落ち込んだ。理由は簡単。ゴミ埋め立て業者へ支払われる州規制の料金が、上昇する操業コストをカバーできないからだ。いまでは、ニュージャージー州の都市部から排出される固形廃棄物の半分以上がお隣のペンシルベニア州へ移出されている。理由の一部は現在ニュージャージー州では約二〇か所の埋め立て場しか操業していないからだ。

ペンシルベニア州の現状は、するどい対照を見せている。同州は自治体と埋め立て業者や焼却業者との間の取引に対しては何の規制もせず、市場に問題を委ねたのであった。その結果、州の非干渉政策にもかかわらず、「ゴミ捨て料（埋立施設へのゴミ投棄料金）」は、埋め立て施設間の競争で効果的に抑制され、全国平均を下回っている。市場は適切な**誘因**を提供したように思われる。最近の一年間に、ペンシルベニア州では埋め立て施設の開設申請を審査中のものが三一件あったが、ニュージャージー州ではたった二件。それもオハイオやジョージアといったはるか遠隔の州までゴミを出荷するため、同州の住民たちは全国最高のゴミ料金を支払っているのにもかかわらず、である。

究極的には、ゴミに関して、二つの問題を解決しなければならない。第一に、ゴミが出る以上どう処理するのか？　第二に、ゴミの量をどうやって減らすのか？　である。前述のペンシルベニアの話がヒントになるし、さらに他地域での経験からも分かることだが、二つの問題のいずれも、市場メカニズムが回答を与えてくれる。米国の多くの地域は人口密度は高く地価も高い。その結果、大量のゴミが生産され地元での処分コストが高い。対照的に、ゴミを生産する人口も比較的少なく、投棄施設用地の地価も安く、広々とした空間が焼却に伴う大気汚染の被害を極小化してくれる。全国にはこんな地域もある。だから、大量のゴミを生産する州から、ゴミをもっとも効率的に処分できる州へゴミを送り出せばよい――もちろん、適正な対価を支払っての上のことだが。これは分別あることで、すでにある程度は実行されている。しかし、ゴミを引き受ける候補州の住民たちは、国中のゴミの集積地になってしまわないかと心配している（当然のことだが）。いまも毎年一〇〇〇万トン以上ものゴミを受け入れているウィスコンシン州は、ご近所へゴミを捨てなくてもゴミを除去できることを立証している。現在ではウィスコンシン州のゴミ埋め立て業者は、近隣住民へ水質調査監視報告書を送付し、さらに施設閉鎖後も四〇年間にわたって管理を続けるよう求められている。業者はまた、近隣住民の同意を得るため家屋の資産価値を保証し、時には近隣住民の反対を静めるため家屋を買い上げている。こうした措置の費用はすべてゴミ施設の操業コストに加算される。しかし、将来の顧客がすすんで対価を支払い、近隣の住民たちも保護に満足している限り、しかも、現在までこうした条件が満たされていると見られるだけに、これらの努力の効果をあえて疑問視することは難しいように思われる。

地域共同体《コミュニティ》（自治体）がゴミをどこか他所へ捨てるなんて考えはもってのほか。いまでもこんな主張をする者がいる。しかし、反対にこう聞いてみたらどうだろう。当の自治体が望んでいるのに、ゴミの受入れを阻止するのは正しいことだろうか?と。例えば、オレゴン州のギリアム郡（人口一、九五〇人）の例を考えてみよう。ここではシアトル市のゴミをとてもほしがっているので、州外からのゴミ流入に課税しようとしたオレゴン州議会の企てに抵抗して闘った。シアトル市がギリアム郡のゴミ埋め立て施設の利用を決定すれば、この小さい自治体には年一〇〇万ドルが入ってくる。これは年間予算の二五パーセントに当たり、また同郡最大の学校の運営費を賄うのに十分な額である。

ゴミの処分に多額の支払いを求められる見通しに直面して、シアトル市ではただちに住民が出してくるゴミ量を減らす問題に取り組まざるをえなくなった。解決策は排出量に応じて各戸からゴミ回収料金を徴収することであった。シアトル市は毎週のゴミ缶一個分の回収に対し、月額一六・五五ドルの徴収を始めた。庭ゴミは堆肥向けに仕分けして月五・三五ドル。紙、ガラス、それに金属はリサイクル向けに分別してあれば無料回収。ゴミ缶当たり料金徴収制度発足の初年度に、埋め立て所要量は二二パーセント減少した。自発的なリサイクル率も、廃棄物総量の二四パーセントから三六パーセントへ上昇したが、これは当時の全国平均のほぼ三倍の高率である。「シアトル詰め」（缶へゴミをぎゅうぎゅう詰め込むこと）が市民の日常茶飯の行為となり、同市はギリアム郡との契約履行に必要な量のゴミ収集に苦労するようになった。

バージニア州シャーロッツビル市の類似の試みも、シアトルの経験とほぼ同様な成果を上げている。何年か前、人口四万人のこの大学町は、住宅ゴミの戸別収集に対して、容量三二ガロン（一二一リットル）のゴミ袋またはゴミ缶当たり八〇セントの料金徴収を始めた。この新施策の結果は、人々はゴミ（収集の）価格に、他のすべての価格に対するとまったく同じに反応すると示唆している。ある行動が高値になれば、人々は行動を抑制するようになる。事実、他の諸要因を管理して計測すれば、この単位価格表示方式の導入は回収事業に回されるゴミ量を三七パーセントも減らすよう人々の行動を誘導することが知られる。

では、実際にゴミの全部はどこへ行ったのか？　まあ、一部はどこにも行かない。多くの住民がゴミを圧縮して、出す袋の数を減らすなど自分流の「シアトル詰め」を実践しだしたということ。それでも、シャーロッツビルの住宅ゴミの総重量は単位価格表示制度に反応して、一四パーセント少なくなった。といって、この全部がゴミ生産の減少を示しているわけではない。住民の一部が「夜半の投棄」の挙に出るからだ。つまり、深夜自分のゴミを商業施設内のダンプスター（ゴミ収集所に置かれる大型の金属容器）や隣人のゴミ缶へ投げ入れる行為だ。この種の行動はガソリン価格が一ガロン（三・七八五リットル）当たり三ドルを超える水準まで高騰した一九七〇年代に急増したガソリン泥棒と酷似している。しかし、車のガソリンタンクのキャップに施錠することにより、ほとんどのガソリン窃盗がなくなったように、夜半投棄の大半を防止する簡単な方法がありうる。シャーロッツビルの試みを詳細に研究した経済学者たちは、資産税か月額料金で一世帯当たり毎週一袋の収集コストを賄い、単位価格制度は二袋目以降に適用する方式にすればよいと示唆する。彼らの試算によれば、一袋の支給で大半の一人世帯による夜半投棄は全部が完全に中止されるし、また仮設的な三人世帯においてもほぼ半分が中止になるという。しかも、この仕組みはゴミ価格付け制度の環境保護便益の大半を維持してくれるとのことだ。

いまや全国に伝わり始めたメッセージは、ゴミはゴミの生産過程で消費されるさまざまな品物となんら異なる存在ではないということである。正当な対価が支払われる限り、ゴミ収集車はやってくる。また、私たちがサービスに対して正当な支払いを続ける限り、ゴミ収集人たちはいつでもその務めを果たしてくれるだろう。

演習問題

1　瓶や缶のデポジット制は、リサイクルしようとする個々人にどのような誘因を与えるか？

2　なぜ、多くの自治体はリサイクルを義務化しているのか？　全住民にリサイクルを強制せずに、住民がリサイクルにもっと熱心になるよう誘導することは可能か？

3　一缶当たりのゴミ回収料金を高くすると、どんな品物を消費するかという人々の決定にどう影響するか？

4　ゴミ回収に料金制を導入する場合、料金設定にはいく通りかの方法がありうる。例えば、①一缶当たり定額料金、②ゴミの重量に応じた従量料金、③ゴミの量に関係なく、月々の定額料金などである。料金設定方式の違いに応じて、ゴミの量と種類がどう影響されるか？　ゴミ圧縮器の利用を増やすのは、どの料金制度か？　いちばんゴミ量を増やすのはどれか？

27　バイ、バイ、バイソン！

人間による動物の種の破壊はいまに始まったことではない。例えば、一二、〇〇〇年前の北米大陸への人類の登場が当時生息していたメガ・フォーナ（巨大動物群）の大部分の絶滅と関連づけられている。有名な南カルフォルニアのラブリア・タール坑では、現在もはや生息していない二四種の哺乳動物と二二種の鳥類の化石が発見された。そこでは、剣歯トラや巨大ラマ、体長が二〇フィートものなまけもの、六フィートもある広い角をもった、背中のこぶまでの身長が七フィートあるバイソン（アメリカ野牛）などの化石が見つかった。

人類の狩猟行動がこれらの種の消滅に責任があり、人類による狩猟と生息地の破壊とが組み合わさって、その他を含め多くの種の絶滅を招いた。だが、両者の関連は当初の見掛けほどには明瞭ではない。最近の推計では、これまで地球上に生息していた種の〇・〇二パーセント（五、〇〇〇分の一）

しか現存していない。つまり、絶滅した種の大半は（恐竜を含む）、人類が出現するはるか以前に姿を消している。すべての種は限られた資源をめぐって競争し、その結果ほとんどの種が、人間Homo Sapiensの関与の有無には関係なく、競争に敗退し消滅した。これが単純な事実。重要なのは経済学の基本原理がつぎの二点の解明に役立つことだ。つまり、①さまざまな種が多かれ少なかれ人間の手にかかって絶滅しがちなのはなぜか？　それに②特定の種の絶滅を遅らせようと望むのなら、人間には何ができそうか？　という疑問である。[注]

リョコウバトから始めよう。種の絶滅に人類が果たした役割のゆえに非常に有名な例である。かつてこの鳥は北米大陸で、いやおそらくは世界中でももっとも数多く存在した鳥類であった。鳥たちはおそらく何十億羽を数える巨大な群れをつくって、営巣し、移動した。その群れが頭上を過ぎれば、時には何日にもわたって空はハトで日の光りが遮られ、暗くなった。有名な博物学者のジョン・ジェームズ・オーデュボンは縦四〇マイル、横三マイルの広さにわたって、木々のてっぺんから地面すれすれまで重なりあって羽を休めている鳥の群れを観察している。アメリカ先住民はこの鳥を何代も狩猟してきたが、リョコウバトの死滅は、通常ヨーロッパ人の到来と彼らがこのハトを食用あるいは狩猟スポーツ用の獲物として需要したためだと見られている。鳥たちは、大量に撃たれるか、カスミ網で捕獲された。一九世紀末には従来その膨大な数ゆえにほとんど不滅であろうと見られていた鳥がほ

［注］――絶滅を「阻止」ではなく、「遅らせる」と述べたのは、人間を含めどの種も永遠の生命を望む権利を有していないからである。

ぼ完全に姿を消してしまった。最後に残ったリョコウバトは一九一四年にシンシナティ動物園で死んだ。

アメリカ・バイソンは、かろうじて同様な運命をまぬがれた。平原を徘徊する巨大な群れはハンターたちの格好の標的であった。しかも、大陸横断鉄道が建設されるにつれて、労働者たちの食用として、バッファロー・ビル・コーディのような狩猟者に何千頭単位で殺された。バイソンの毛皮への需要が増加するにつれて、さらに多くが狩猟の獲物になっていった。リョコウバトと同様、バイソンはその膨大な数ゆえに不滅であろうと思われた。しかし、絶滅の危機はあっという間に訪れた。アメリカ先住民たちは、自分らの食糧源が滅びつつあると抗議してはいたが、一九世紀後半になるまではバイソンを保護しようとする何の努力も払われなかった。[注]

二つのエピソード、特にバイソンの話は、人類が自分たち以外の生き物に対しても、また同じ仲間の人類に対しても、非人道的な行為を働いた古典的な例であると見られている。というのは、バイソンが絶滅に瀕するに及んで、多くのアメリカ先住民の部族が結局は荒廃に追い込まれたからだ。しかし、子細に検討してみると、単に無益な殺生だった、というだけではなく、なぜこういう事態になってしまったのか、人間という隣人の脅威から種を保護する方策をさらに改善する上で、過去の経験をどう学べばよいのか、という点が明らかになる。

先住アメリカ人は、ヨーロッパ人が到来するはるか以前からバイソンを狩猟してきた。しかも、獲物を注意深く利用し、また部族員に対して寛大に肉を分け与えた。これが従来描かれてきた先住アメリカ人の一般像であった。轟音をとどろかせて突進するバイソンの群れへ馬を乗り入れた勇者の矢には目印がつけてあるので、誰がしとめたかははっきりしていた。目印の矢は射止めた者に最上の部位を取る権利を与えるものであった。部族の中には獲物を解体する専門家もいて、肉加工に対する報酬として取り分を受け取った。実際、先住アメリカ人の狩猟集団は、後からやってきたヨーロッパ人の狩猟集団と驚くほどよく似た取り決めの下に組織されていた。いったん殺されると、バイソンの所有権は明確に定義され、完全に執行され、かつ容易に譲渡可能となった。しかも、報酬は狩猟全体の成功への貢献度に応じて配分された。

生きているバイソンの群れに対する所有権となると、事情は異なる。後にやって来た白人狩猟者や入植者たちもそうだが、先住アメリカ人はバイソンの群れを柵で囲い込もうとしても、経済的に実用的な方法を持たなかった。バイソンはあちこちの部族の縄張り（領地）の間を自由に移動できたし、実際そうしていた。だから、ある部族が殺戮を最小限に止めてみても、こうした保全努力は主として不倶戴天の関係にある他の部族への肉の供給を増やすにすぎなかっただろう。この事実が先住アメリカ人をバイソンの「搾取」に駆り立てた。その結果、バッファロー・ビルがまだ生まれてもいない一八四〇年までに、バイソンの群れは大草原地帯の伝統的な生息地のいくつかから姿を消していた。二つの要因が、白人の鉄道ハンターたちの行動をかつてなく破壊的にし、バイソンの群れの消滅を

［注］――― バイソンの従兄弟筋に当たり、肩までの背丈が七フィート、体長一二フィート、重量一トンを超えるイースタン・バッファローにとっては、保護の努力は間に合わなかった。この種の最後の一員として知られている雌とその子牛は一八二五年にアレゲニー山脈の山中で殺された。

加速した。第一は、白人の人口（したがって肉や毛皮への需要）が先住アメリカ人の人口よりもはるかに速やかに増加した。第二に、白人は銃を使ったが、これは弓矢に比べて、ハンター当たりの殺傷力を二〇倍かそれ以上に高めた技術革命だった。それにもかかわらず基本的な問題点は白人とアメリカ先住民に共通だった。生きたバイソンに対する**所有権**を低コストで設定することも、執行（権利行使）することも可能でなかった。バイソンを「所有する」には、殺さねばならず、そのためあまりにも多くが殺戮された。

経済学では、資源が効率的に使用される、つまり、ネットの便益を最大にする仕方で資源を利用するためには、**希少な財貨**や**資源**に対する所有権が明確に定義され、完全に執行され、かつ容易に譲渡可能でなければならない。これは問題の資源がアメリカ・バイソンであろうと、渓流の水であろうと、ペパローニ・ピザであろうと、いずれにも当てはまる。所有権に関するこれらの条件が満たされるならば、資源は所有者および社会の双方にとって、最大限可能な便益をもたらすように利用されるだろう[注]。例えば、生きたアメリカ・バイソンや飛行中のリョコウバトの場合のように、所有権に関する三条件が満たされていなければ、通常資源がもっとも効率的に利用されることはない。食糧や衣服に対する人間の必要と競い合っている動物の場合、このこと（資源の効率的な使用ができないこと）はしばしば種の絶滅を意味する。

現代に入り、州や連邦の規制によって、政府は狩猟や漁業の季節を限定し、捕獲数を制限するなど試みている。実際には、移住性の動物に対する権利が明確に定義され、完全に執行され、また容易に譲渡可能となった状態下にある場合と同様に、狩猟者や漁民が行動するよう誘導する方策として、割当制（価格によらない）が使われている。結果は少なくとも部分的には成功している。例えば、現在の北米地域には植民地時代よりも多数の鹿が生息している可能性がある。もっとも、飢えた鹿の群れに庭を荒される人々にはありがたい話ではないが……。

多くの種が絶滅の危機にあるクジラを巡る状況は、問題の解決にはほど遠い現状を例証している。第二次世界大戦以降、捕鯨のあり方は国際的な議論の対象にされてきた。回遊性のクジラは一九世紀のバイソンと同じで所有するためには殺さねばならない。何らかの制限がなければ、クジラの種の多くが絶滅の危機にあることは、すべての関係者には明白であった。その結果、国際的な捕鯨活動の規制を企図した国際捕鯨委員会（ＩＷＣ）が一九四八年に設立された。しかし、ＩＷＣは最初から実質的に無力であった。規制が制限的に過ぎると考える加盟国が拒否権を持っていたからだし、また加盟国があえて規約違反を犯しても、これを取り締まる力を持たなかったからだ。その上、捕鯨国の中にはＩＷＣへの加入を拒否した国もあり（チリやペルー）、委員会の捕鯨割当数はこうした国には効力を持たなかった。またＩＷＣ加盟国の中にも、非加盟国の旗船を用船して、協定割当数以上に捕獲する国もあったし、自分たちは例外的な「調査」捕鯨に限定してクジラを捕っているだけ、と主張する国もいくつかあった。

［注］――これはすべての種が絶滅から永久に保護されることを意味しない。その理由は本書の第3章「空の旅にようこそ?」で示唆されているが、絶滅の便益が絶滅のコストを超える場合にのみ絶滅が認められるという意味である。

種の抹殺に関する物語としてよく引合いに出されるのが、毎年何千マイルも回遊すると信じられているシロナガスクジラをめぐる事例である。この動物は、時には体重が一〇〇トンにもなり、最新の近代装備をもってしても、殺すことは難しい。それでも、集中的な捕獲によって次第に生息数を減らし、三〇万頭から一〇〇万頭いたのが、現在では三、〇〇〇頭から四、〇〇〇頭の間にまで減っている。一九三〇年～一九三一年の冬のシーズンには、約三〇、〇〇〇頭も捕獲されたが、この数は生殖を通じて種を保全する能力をはるかに超えるものであった。その後も猛烈な捕鯨が続き、捕獲頭数は一九四五年～一九四六年にはほぼ一〇、〇〇〇頭以下に減少、一九五〇年代後半には年間一、五〇〇頭にまで落ち込んだ。一九六四年～一九六五年にはわずかに二〇頭のシロナガスクジラを見つけ、捕獲しえたに止まった。ＩＷＣの一九六五年の禁止措置にもかかわらず、非加盟国のブラジル、チリやペルーはシロナガスの捕鯨を続けている。

ザトウクジラもまた絶滅間際まで捕獲された。もともとは三〇〇、〇〇〇頭ぐらいはいたと推計されたが、五、〇〇〇頭以下まで落ち込んだ。しかし、今日では六〇、〇〇〇頭から八〇、〇〇〇頭が生存している。生息数の回復が続いているのには、ＩＷＣによる捕鯨禁止が中心的な役割を果たしたとの評価には一般的な合意がある。

明確に定義され、低コストで執行可能で、譲渡可能な財産権の不在により被害を受けている海洋回遊生物はクジラだけではない。ニューイングランドおよび東部カナダの沖合はかつては鱈《たら》であふれていた。人間が魚の背の上を歩いて海を渡ることができるといわれたほどだ。この魚は全長六フィート、重さ二〇〇ポンドもの巨大魚に育ち、沿岸地域社会は何世代にもわたってこの魚のおかげで裕福な生活ができることを認識していた。問題はやはり、財産権を確定するには魚を捕獲し、海から引き上げなければならないことだった。結果は乱獲で、漁獲収入の減少と資源の枯渇。一九七〇年から二〇〇〇年へかけて漁獲高は七五パーセント以上も落ち込み、最近では重さ二〇ポンドぐらいの魚しか採れない。その結果、カナダは鱈の漁場を閉鎖したし、アメリカの漁船団には往時の面影などまったく見られない。

臨終を迎えているのは鱈漁だけではない。世界の海洋漁業は衰退している。一九五〇年以来、全漁場のおよそ三〇パーセントが破綻した。また何人かの研究者たちは今後四〇年ぐらいのうちに世界のすべての漁場が消え去る可能性があると予測する。これは広く合意が見られる認識だが、問題の核心は最大限の経済的便益と海洋の水産資源の長期にわたる生存を両立させる仕方で漁場を管理するのに人間たちが失敗している点にある。だが、いま日を追って明白になっているのは、ある単純な財産権制度が衰退を押し止め、さらには逆転させる力さえ有している事実である。

「譲渡可能個別割当制」（ＩＴＱ）と呼ぶ漁獲量配分制度catch share systemが漁場の保護に素晴らしい成功を収めている。この制度（権利）が創設された漁場では、将来漁業が破綻すると予測する根拠はかけらもない。事実、漁獲量配分権の割当ては漁場が将来消滅する可能性を押し止めたばかりか、逆転さえした。そして、この制度が実施された漁場では、経営的に採算可能な漁業活動が復活した。

世界中では歴史的に漁場管理の指令・統制制度がこれまで支配的だった。こうした制度は総漁獲量を**割当枠**の範囲内に収めようとして漁業機器（漁船や漁具）の保有量を制限し、漁期を限定する。しかし、このシステムは最善に運用された場合でも、**経済的誘因**に関する深刻な調整難に悩まされる。

漁場の価値を最大にする一方でその持続性を保証する行動と個別漁業者の自己利益とは概して両立しないからだ。個別漁業者には漁獲量に対する権利が保証されているわけでないから、他の漁業者を出し抜いて「魚へ突進する」（「早獲り競争」）動機を持つ。結果は貧弱な漁場管理であり、また当局に対する漁獲量割当枠の増加への絶えざるロビーイング（政治的働きかけ）であり、乱獲、資源枯渇、そして最後は漁場自体の破綻を引き起こす。

近年、指令・統制型漁業管理の失敗はますます明白になっている。問題は実現可能で有効な代替システムが存在するかどうかだ。経済学者たちは個別漁業者へ割り当てられた漁獲量配分制度であるＩＴＱが代替案になると示唆している。根拠はＩＴＱがその一例だが、一般論として財産権制度が資源保全のもっとも効率的な方法であるからだ。

漁獲量配分制度は二つの特徴を組み合わせている。一つは、生物学やその他の科学的な基準を根拠に許容可能な漁獲量規模（総量）が決定される。水産業界のメンバーたち（漁業者個人や彼らの協同組合）へ許容可能な漁獲総量に対する取り分権が配分される。この権利（取り分権）は自分で使うことも、売却することも、また他人へ賃貸することもできる。何人も割当枠（所有あるいは賃借した）で決められた量を超過して漁獲することは許されない。ＩＴＱは漁業者に対して事実上の財産権を与える。これは漁船や漁具の所有権を持つのと同じである。これらの権利所有者は集団として、他の財産と同様、漁場の価値を保護し、維持する誘因を持つことになる。

ＩＴＱの利用に関するいくつかのケース・スタディは、漁獲量配分制度が漁場の生物学的および経済的な健全性を劇的に改善したと示唆する。アラスカ、ブリティッシュ・コロンビア、アイスランドおよびニュージーランドはいずれもすべてＩＴＱの試みが成功したと見なされている地域である。さらに一一、〇〇〇以上もの漁場を標本とした研究はＩＴＱ制度が世界的にも有効であることを明らかにしている。事実、生態系の特徴や魚種といった諸要素が漁業資源の健康と生存可能性に果たしてきた役割を解明する目的で、漁獲量配分制度が実施された漁場とそうでない漁場について成果の違いが系統的に研究されてきた。統計的に管理された実験が行われたというわけだが、結果は目を見張るものだった。

漁場破綻の慣用的な判断基準は、過去最高の一〇パーセント以下まで漁獲量が落ち込むというもの。この基準に従えば、一九五〇年以来毎年平均して五〇か所以上の漁場が破綻の段階に達していた。つまり、世界の趨勢は全漁場が死滅へ向かうというパターンだった。しかし、漁獲量配分制度が実施された漁場では崩壊過程は完全に停止している。それどころかＩＴＱ漁場の多くでは制度実施後まもなく漁業資源の回復が始まっている。それも漁業者たちが経営的に利潤を上げるだけの漁獲を続けながらのことだ。

現在ではこう推定されている。ＩＴＱ制度が一九七〇年以降すべての漁場で実施されていたならば、漁場破綻の発生率は三分の二もカットされていた（つまり、実際の三分の一で済んだ）と。加えて、今日そうであるように、手をこまねて漁場破綻を見守るのではなく、より豊かな漁場が漁民の生計を支え、また消費者の食卓をより賑わせたことであろう。もっと重要なことは、漁場の破綻を防止し、逆転さえ可能とするＩＴＱ制度の威力が世界中の種と生態系の保存に対しても同じく適用されると見られる点である。

現在までに、環境問題の解決法としての財産権接近法に対する懐疑論者は漁場は他の資源とは根本的に違うと問題にする。つまり、漁業以外の資源は獲物分ち合いの制度にはなじまないという。だが、いまではそんな議論は通用しない。捕獲量配分制度の実施は世界中で日に日にその数を増やしている。漁業においてＩＴＱやその他の捕獲量配分制度の拡大が資源とその利用による経営的利潤の回復を可能にすることはいまでは明白になっている。執行可能で、譲渡できる財産権を明確に割当てることが、ホモ・サピエンスによる収奪から他の種を保護する上で依然もっとも効果的な方法である。

演習問題

1　犬、猫、または牛には、これまで種の絶滅という問題は存在したか？　なぜ存在しなかったのか？

2　希少な種を救う唯一の方法は、富裕なハンターが狩猟できる民営の狩猟用鳥獣保護区を設けることだ。そう主張する者がいる。このような方法は、絶滅に瀕した種を救済するのに役立つだろうか？

3　絶滅に瀕した種を保護するために、政府が動物たちの所有者となる必要はあるか？

4　米国では魚釣りのできる渓流の大半は公共の財産であり、万人が利用できる。英国の場合は、ほとんどの渓流は個人が所有し、魚釣りの権利を購入した者にしか利用可能ではない。釣り好きの人たちは、過去三〇年間を振り返って、米国では釣りの醍醐味が減ったのに対し、英国では楽しみが増えている、との意見で一致している。これはなぜだと思うか？

28　スモッグの商人

汚染は望ましくない。これは字面《じづら》を見るだけではとんど自明のこと。私たちはこの語を日常的に使っており、汚染が何を意味するのか、誰でも知っていると思っている。でも、「汚染とは汚染の営為である」という定義には重要な意味がある。[訳注]例えば、酸素の同素体であるオゾン（O_3）を考えてみよう。大気圏の上層に自然に存在する元素で、紫外線の有害な作用から生命を保護してくれる上で不可欠な役割を演じている。オゾン層がなければ、皮膚ガンが死因の中心となろう。また海浜《ビーチ》で過ごす一日は、開封された放射性廃棄物の容器に抱きつくのと同じぐらい健康に有害となろう。だが、大気圏の下層では、オゾンは不燃炭化水素（石油製品から発生する）や窒素酸化物と太陽光線との間の化学反応による副産物として発生する。[注]このような形で、オゾンはスモッグの主要構成要素となり、吸い込むと咳や喘息、胸痛、それに長期的な肺疾患を引き起こす可能性もある。

また、人工的に合成したものしか存在しない分子のポリクロール・ビフェニール（ＰＣＢ）を取り上げよう。ＰＣＢは化学的にとても安定しているので、大型の変電器の絶縁体など産業用途に幅広く利用されている。ＰＣＢがなければ、発電コストはさらに高騰し、生産や輸送を電力に依存している何千もの商品はもっと高値になっただろう。とはいえ、ＰＣＢは極めて毒性が高く、急に体内へ摂取したりすると（例えば、飲み込む）、たちどころに死を招く可能性がある。慢性的な（長期的な）摂取はある種のガンの原因になると疑われている。河川や湖沼へのＰＣＢの不法投棄は魚介類の大量死の原因ともなり、また飲料水への脅威だと見なされている。しかも、ＰＣＢは化学的に安定しているので（つまり、極めてゆっくり分解する）、いったん環境へ放出されると、何世代もの将来にわたって潜在的な脅威として残ってしまう。

こうした諸例が示唆しているのは、汚染という観念が文脈に対して高度に感応的であることだ。エネルギー源としてこれほど不可欠なもののない原油ですら、アラスカの原始そのままの海岸へ流れよせてくれれば、汚染になる。こうした事実はあるが、これからの議論を進めるに当たり、次のように仮定しよう。①汚染を見たり、嗅いだり、味わったり、さらには読んだりする時には、私たち全員が汚染とは何かを知っている。②その他の条件が一定であれば、汚染は多いよりも少ない方が好ましい。

汚染を減らす、あるいは避ける方法は無数にある。法律を制定して、大気中や水中に汚染物質をま

［訳注］――「経済学とは経済学者の営為である」というヤコブ・ヴァイナーの定義がある。

［注］――オゾンは稲妻やその他の放電現象の副産物としても発生する。発生時にはいつでも、独特な金属臭がする。

き散らす生産方法を禁止したり大気や水質の最低水準を指定したり、または汚染の最大許容度を定めたりする、などができる。その場合企業はこうした基準を満たす技術を開発し、またそのためのコストを支払う責任があろう。あるいは、法律によって、使用される生産技術や適法に生産活動を続けるために必要となる汚染防止装置について、特定のタイプのものを指定することもできよう。さらにはまた、汚染物質の排出量を減らした企業には補助金を与え、汚染をまき散らす企業には課税することも可能だろう。

いずれの方法で、汚染を減らしたとしても、それによりコストが発生し、いくつかの問題が生じる。例えば、汚染の許容限度量を設定すると、企業はこの限度量を超えて汚染を減らす技術開発には熱心でなくなってしまう。汚染水準を引き下げた企業へ補助金を与えるという代替策は、税金の奇妙な使い方のように思われる。汚染権の売買または交換という、大気汚染の問題に対する最新の「解決策」は、さらに奇妙なやり方にみえるだろう。それでも、この方式はいまでは全国的に、なかでもスモッグの都ロサンゼルスで実行されている。

ロサンゼルスでは、地域で最大の汚染者約四〇〇社に対して汚染許容量が設定されている。南カリフォルニアの褐色もやの二大成分である亜酸化窒素（NO^x）と亜硫酸ガス（SO^2）はともに対象になっている。この方式が施行されたのは一九九四年だが、それ以前は発電所や石油精製所などの企業に対して汚染物質を減らすのにどんな技術を利用すべきかを、政府が指示してきた。新しい規則では、毎年削減すべき排出量が指示されるだけで、基準を満たすのに適していると企業が考えるどんな方法でも使ってよいことになった。新しいプランの最初の一〇年の間に企業は排出限度を年々五から八パーセント削減した。この結果、これらの汚染源（企業）からのNO_Xの排出は七五パーセントも少なくなり、SO_2は六〇パーセント削減された。

この制度の核心的要素は、企業による汚染権売買を許す点にある。責任を負わされた水準以下まで汚染物質を削減した企業は、超過達成分について「クレジット」（「排出単位」、大学の「履修単位」と同じ意味の「単位」）を受け取る。その企業は排出単位を他企業に売却可能である。購入企業は単位分だけ自社所定の基準を上回って排出できる。

おそらく、最小のコストで汚染物質を減らすことに成功した企業は、基準を満たすのにもっと多額の費用を必要とする企業に単位の一部を売却するだろう。企業全体としての排出量総額の水準は地域の大気管理局によって事前に決定されるから、売買の仕組みは（地域として）要求される大気浄化の基準を満たすものになっている。しかも、排出削減の大半は、もっとも削減効率のすぐれた企業によるわけだから、基準は社会にとっても最小のコストで達成される。

環境保護庁EPAは、亜硫酸ガスSO_2に適用する、右とよく似た市場機能活用型の方式を全国的に採択した。この方式のもとで設定された排出許容量は、発電所に大気中にSO_2一トンを排出することを認める。過去の記録に従い将来へ向けて逓減的な率で、電力会社に排出する権利が与えられた。企業は大気浄化規則の定めにしたがって権利を行使することも、あるいは基準よりも排出を減らして、未使用の許容分を他企業へ売却することも可能である。ＥＰＡがはじめた取引制度には、この他大型ハイウェイ・トラック搭載のハイウェイ・エンジンからの排気ガスおよび米国の東部諸州所在の発電施設から排出されるNO_Xに関する仕組みがある。

取引可能排出許容量の私的市場は、当初の狙いどおりに、極めて効率的に機能していると見受けられる。その狙いとは、①いちばん高い価格を付けた地域へ許容量を移す、②発生源全体を通じて制御コストの平準化を許す、③排出削減コストに関する情報を提供する、ことである。

企業は所定の排出量を自ら削減するか、またはそのまま大気中へ放出するかを自由に選択できるのだから、自ら行う場合の削減コスト以上の金額を支払ってまで、他から許容量を購入することはない。同じことだが、企業は汚染物質を排出する権利を購入する際に支払う額以上のコストをかけて自ら削減することもない。だから、排出許容量に共通の価格が存在することは排出一トン当たりの削減コストは排出権価格と同水準であるべきことを保証する。つまり、SO_2一トンの排出許可の価格が例えば一、〇〇〇ドルであれば、SO_2一トンの排出削減のコストもやはり一、〇〇〇ドル見当でなければならない。

大統領経済諮問委員会によれば、取引可能排出権制度は主要な排出源からの大幅削減に貢献したばかりではなく、これによる環境改善達成のコストも削減した。また排出許容量の取引コストは通常取引価格の二パーセント程度と極めて低く、また実際の取引価格は異なる取引時点間でもすべて非常に近接していることが明らかになっている。だから、この市場は、期待されている機能を果たしているだけでなく、低コストで実現している。

多分驚くほどのことではないが、汚染権の売却という考えには、特に環境保護団体の間で異論が多い。活動家グループのグリーンピースなどは、汚染許容量の売却は「肺癌の末期患者に一箱の煙草を与えるようなもの」と主張している。それでも、他の環境保護グループは許容量を何ほどか購入し、未使用のまま塩漬けにしている。そのようなグループの一つ、クリーブランドに本部を置く「全米清浄大気免許取引所」の会長はこう語っている。「私たちの意図は、この市場の実質的な機能強化と大気の質を着実に改善することなのです」と。

研究者の中には政府が排出量取引制度の認可にこれほど長い時間をかけたことに失望している者もいる。前進速度が遅かった主要な理由が二つあるように思われる。第一は多くの環境保護論者が取引可能な排出権という概念そのものに猛烈に反発していること。反対の論拠は、伝統的に「お金では買えない」資源である環境に値札を付けるに等しい、というのだ。取引可能排出権により可能になったコスト削減の大半は汚染者とその顧客に帰属する。だから政府の主管官庁は、何か汚染者と通謀しているのでは、との非難を避けるため慎重にことを進めてきた。

皮肉なことに、取引可能な汚染権市場の整備が遅れた第二の理由は、産業側に積極的な推進をためらう気持ちがあったことだ。過去の類似の制度では、将来自ら使用する、あるいは限定的ながらも他企業との間で交換するため、排出単位を貯蓄（銀行預託）することが可能だった。これらの初期の制度の下で環境規制官庁は、それが将来の環境被害を防止する便利な手段であるとの根拠で、企業が自分の所有物と考えていた排出権クレジットを無効にすることを繰り返した。

当然のことだが、いくつかの企業は取引可能な権利制度の下で購入したクレジットはどれも同種の没収の危険にさらされていると信じている。そうした状況下では、それらの企業が本当の価値を持つと証明されない危険のある事業を進んで支持しようとしないのは理解できる[注]。事実、ロサンゼルスで採択されている取引可能排出方式の下でさえ、規制担当者たちは排出単位が財産権ではなくいつでも無効にできると明言している。悲しいことに、この種の障害が除去されなければ、最小の**社会的コスト**で環境の改善を達成しようとしても、それは目標に止まり、成就することはありそうにない。

［注］——車は汚染の源泉の一つだから、自動車に対する所有権はいつでも、またどんな理由でも無効にできる。政府がこう発表した場合に、自動車市場に対する人々の熱意がどうなるかは容易に想像可能だろう。

演習問題

1　汚染権を取引することは環境の重大な破壊を許すことを意味するか？

2　ＥＰＡがＳＯ$_2$の排出許可証を売却するというなら、誰が潜在的に大気の所有権を持つことになるか？　あなたの答えは、売却収入が誰のポケットへ入るか次第だ、というものだろうか？

3　環境は事実上「金では買えない（かけがえのない）」資源であるのに、環境に価格を付けようとしているとの理由から、環境保護団体は取引可能な汚染権に反対してきた。こうした論法は、環境を保護するためには何事をも（したがってあらゆるすべてを）進んで放棄すべきであると含意しているのではないか？　環境の質には無限の価値があるのだろうか？　もしそうでないなら、どれほどの価値を付けるべきだろうか？

4　ある水準を超える汚染物質の排出を禁止する環境諸規制の含意は、企業や個人がこの水準までは無料で汚染することを許すということだ。このような規制は、結局のところ、無料で環境の質を譲渡することになるのではないのか？　それぐらいなら、例えば、汚染物質の初期排出量に対する排出税という形で対価を徴収した方がよいのではないか？　そうすれば、汚染量は減るだろうか？

29 温室経済学

地球が太陽に接近したわけではないだろうが、多分暖かくなっている。破局的な結末にはならないが、おそらく大変なお金がかかりそうだ。温暖化の進行を逆転できないわけではないが、いますぐやろうとして、たくさんお金を使うべきではなかろう。多分そんなところかね？　これが「温室効果」をめぐる論争の現状。温室効果とは炭酸ガス（二酸化炭素CO_2）やその他のガスが大気中に蓄積され、放射熱を閉じこめる毛布の作用をして、地球の気温を上昇させる明瞭な傾向のこと。この問題の経済学に進む前に、関連した自然現象を概観しよう。

大気中のある種のガス、主に水蒸気やCO_2が地表面からの放射熱を捕らえる。そうでなければ、地球の平均気温は、現在の華氏五九度（摂氏一五度）強ではなく、華氏〇度（摂氏マイナス一八度）近くになって、すべては固く氷結していただろう。人間の活動は温室効果ガスの発生を助長している。CO_2（主として化石燃料の燃焼から）、メタン（ゴミの埋め立てや家畜から）等だ。自然の生態系を抜本的に変化させる潜在力で、他の生物には見られない能力を私たちは持っている。

人類が記録的な勢いで生産するガスが大気中に着実に蓄積されている。これは疑いない。例えば、CO_2の大気濃度は毎年〇・五パーセントずつ増えて、ここ五〇年間の合計でおよそ二五パーセントも増加。一六〇、〇〇〇年も前の氷河期の氷を実験室で分析すると、地球の気温と大気中のCO_2水準は連動傾向にある事実が検出される。つまり、今日のCO_2の濃度の上昇は、地球の温度が今後さらに上昇する、と示唆する。事実、全米科学院（NAS）は、二一世紀中葉までに温室効果ガスは一八六〇年の二倍の水準になり、地球の気温は華氏で二度から九度（摂氏では一度から五度）ほども上昇すると見ている。[注] 気温の上昇は次のような結果を招く。平均海面は上昇し、フロリダの大半を含む海岸地域を水没させる。チェサピーク湾のような大海域から酸素を奪う海藻が繁茂する。中西部の小麦、トウモロコシ生産地帯を高温の乾燥した砂礫の塊りに変えてしまう、等々。

自動車を運転し、家を暖房することで、温室効果ガスが発生する。経済学の用語でいえば、古典的な**負の外部性**が創出される。その**コスト**、つまり、地球温暖化から派生するコストの大半は、何マイル走るかを決める当の運転者以外の他の人々が負担する。運転者はすべての便益を享受するが、コス

[注]――これは一大事ではないように聞こえるが、今日見る世界を一変させるにはそれほど大したことはいらない。最後の氷河期の最盛期に当たる一八、〇〇〇年前には、カナダや欧州の大半は氷で覆われていたが、当時の地球の平均気温は華氏五一度（摂氏一〇度）で、現在よりほんの八度（五度）ほど低かっただけだ。

トの一部しか負担しない。だから、それぞれの個人は経済的に効率的である量以上に活動してしまう。この意味で、温室効果ガスの問題は締め切った空間の中でタバコを吸う、あるいはファーストフードの包装紙を道端へ捨てる場合に発生する問題と似ている。温室効果ガスの生産を経済的に効率的な量まで削減するように人々を仕向けるには、何とか彼らを誘導して、自らの活動から生まれるコストのすべてを彼ら自身が負担しなければならない時のように行動させることが必要である。このためにもっとも広く受け入れられている方法は政府規制と課税であり、両者とも温室効果ガスに対処するために提案されている。

四八か国の代表が出席した一九八八年の大気の変化に関するトロント会議は、規制による道を選択した。同会議はCO_2の排出量を二〇〇五年までに一九八八年水準の八〇パーセントへ削減するよう義務付けるべきであると勧告した。これは世界経済の生産活動の大幅な減少を必要とする措置である。一九九七年の気候変動に関する京都会議では、一六〇か国の代表者が参加したが、より明確だがまたもっと穏健な提案がなされた。全体として、出席者は二〇一二年までに三八の先進国は温室効果ガスの排出を一九九〇年水準から五パーセント削減することに合意した。途上国は世界でもっとも多くの人口を抱える中国とインドの二国を含め排出削減義務を免除された。課税面では、米国のある著名な政治家が燃料から排出される炭素一トン当たり一〇〇ドルを課税することを提案している。課税によって石炭価格はトン当たり七〇ドル、原油はバレル当たり八ドル上昇すると推定されている。これら、あるいは類似の諸提案は、温室効果ガスの集積を抑制する潜在力を持つことは明らかだ。しかし、大変なコストがかかる（大きな犠牲を強いる）。だから、次のように問うことも無意味なことではない。大金を使って、どんな見返りが得られそうですか？と。

多分ビックリするだろうが、この問いに対しては明瞭な回答はない。例えば、次のような生の事実を考えてみよう。過去一世紀の平均では、温室効果ガスは増え続け、地球の平均気温もまた上昇した。しかし、気温上昇のほとんどが一九四〇年以前に起きており、一方、温室効果ガス増加の大半は一九四〇年以後のことである。事実、地球の平均気温は一九四〇年から一九七〇年の間に華氏で〇・五度ほど下がっている。この地球の冷却化を受けて、一九七〇年代には多くの著名な科学者が氷河期の再来を実際に予測したほどだ！

一九七五年から二〇〇〇年の間、平均気温上昇の動きが回復し、それに伴い温室効果ガスの濃度も高まった。しかし、同時に太陽黒点やその他の太陽活動が非常に活発になり、太陽は千年ぶりにギラギラと輝いた。その後太陽活動が減退したのに伴って、気温は下がりはじめた。だから、太陽活動の変動が地球の気温の変動を助長した。多くの科学者はそう信じている。ただ、どの程度助長したかに関する議論は続いており、決着していない。

しかし当面、温室効果ガスの排出を著しく減少させるのでなければ、今後とも地球の温暖化が進行してしまうと想定しよう。一体何が予想できるのか？　答えは「グッド・ニュース、バッド・ニュース」の物語だ。

まずはバッド・ニュースから。海水面が一〜三フィートは上昇しそうなので、現在の海岸地帯の相当部分は水没してしまう。また降雨量の減少も予想されるので、主要な農業地域では一層広範な潅漑事業が必要となろう。平均気温の上昇がエアコンの利用増加を強いるので、これに伴って電力エネルギーの消費が増加するだろう。また、燃えつくような酷暑は、暑ければ暑いほど好きという変わり者を除き、万人にとって南の低緯度地域を住むにはあまりに不快な地に変える。つぎにグッド・ニュース。いま見たような変化に対処する技術は周知されており、しかも対処コストは案外に小さい。もちろん、数千億ドルの規模にはなるが。さらに、個々人のレベルでは影響は大きく見えるが、社会というレベルでみれば、多くは比較的小さなコストにしかならない。例えば、平均気温の上昇は南部地方の農民には災難だが、温度の上昇は北部では年間を通じて耕作が可能になることで、莫大な棚ぼた利益となりうる。同様に、海面の上昇によって水没した海岸線の「損失」も、部分的には海岸地帯の内陸部への移動に過ぎず、現在の海浜の所有者たちは被害を受けるが、内陸の隣人たちは利得することになろう[注]。

これらの変化は、当然無料《タダ》ではないし、また地球の温暖化がホモ・サピエンス以外の種にどう影響するかについても重大な不明点が残る。例えば、温帯林は一世紀かかって一〇〇キロメートル程度しか「移住」しない、と推定されている。これでは温暖化発生の予想スピードに追い付けない。同様に、予想される海水面の上昇は、現在の海岸の湿地帯の三〇パーセントから七〇パーセントを水没させる可能性がある。しかも、新たな湿地帯が新海岸線に沿って果たして生成するものか、また、現在の湿地帯に生息する種がどうなるかは、未解明の問題である。

とはいえ、地球温暖化をめぐる幾多の不確実性の存在それ自体が、京都会議で合意された世界的なCO_2の排出削減策のような種類の政策処方箋はおそらくは過剰反応であり、時期尚早too much, too soonであることを示唆している。慎重を期することが格別に賢明であろう。中国やインド、その他の途上国に対する排出削減の義務付け免除は、先進諸国には巨額のコストを強いる反面、全世界的には温室効果ガスがほとんど、場合によってはまったく減少しない結果となる恐れがあるからだ。こうした忠告を無視し、複雑な環境問題に対し政治的に受けのよい対応へせっかちに走ったりすると、何か損害を被るんじゃないかと感じるが、もう一つの大気汚染問題であるスモッグの例を見ると、この感覚には十分な根拠があることがわかる。

ガソリンは都市部の大気中の炭化水素の主要な源泉であるが、新型車が従来車よりはるかにクリーンなため、スモッグへの寄与は急減している。一九七〇年代には、車は一マイル当たりおよそ九グラムの炭化水素をまき散らしていた。しかし、排ガス規制によって一九九五年には一マイル当たり約一・五グラムまで引き下げた。この削減コストは、炭化水素の排出を一トン減らすのに概算で一、〇〇〇ドルかかると推計されている。そして、この一、〇〇〇ドルという数字を、多くの専門家は空気浄化による諸便益（の合計）をかなり下回る額だ（つまり、大変有利な投資だ）と信じている。大気の浄化は進んだが、多くの大都市でスモッグは依然問題になっている。そこでニューヨーク、シカゴ、それにロサンゼルスといった九つのスモッグ最多発地域を主たる対象とする追加的な連邦規制が一九九五年に施行された。追加の基準を満たすには、一ガロン当たり六セントのコストでガソリンを組成換えする必要がある。これで炭化水素をもう一トン追加して除去するコストが一〇、〇〇〇ドル

［注］――国土面積の純損失になるから、経済的にもネットの損失。しかし、土地の純損失は、主として（以前）さほど価値のなかった内陸部の財産の喪失（土地面積の縮小）という形をとる。

になる。これは都市の大気中から九五パーセントの炭化水素を除くトン当たりコストのおよそ一〇倍に当たる。

過去一五年以上、環境保護庁（ＥＰＡ）の組成換えガソリン（ＲＦＧ）に関する新しい規則がガソリンのコストをさらに追加し、別の有害な（おそらくは意図に反する）結果を招いた。一例では、当初、ＲＦＧ基準はガソリンにエタノールかメチル第三ブチルエーテル（ＭＴＢＥ）を混合することで満たすことが可能だった。エタノールはＭＴＢＥより相当高価なので、精製業者はＭＴＢＥを使った。だが、数年後、貯蔵タンクから漏出したＭＴＢＥが地下水を汚染したが、この物質は高度に発癌性のものであることが明らかになった。このため、多くの州が使用を禁止した。大気浄化の効果がどうであれ、それ以外での有害な効果はもっと被害が大きいとの根拠からだった。それ以後、ＥＰＡはＲＦＧ基準を満たす上で、精製業者により柔軟に対応することを許容するようになった。

結局、ＥＰＡのＲＦＧ規則は国全体としては「キルトのパッチワーク」になってしまった。汚染のひどい地域はある種類のガソリンの使用が義務付けられる一方、比較的クリーンな地域では別の種類のガソリンを使用可能というように。国全体では複数の基準が存在するわけで、ガソリンの供給は脆弱化してしまった。一時的な供給不足に対処するため、他地域から移送する手段が採れない場合が少なくないからだ。この事実がミルウォーキーやシカゴなどの中西部の大都市で、ほんの小規模の供給中断がある度にガソリン価格が急騰した一因である。

全体として、ＥＰＡが義務付けたガソリン組成換えのコストは巨額である。それなのに、同庁はＲＦＧが自ら定めた大気浄化基準を達成するのに必要である点を一度も示したことがない。そのコストに対比して、ＲＦＧの潜在的便益は僅少であると見える。でも、私たちは結局コスト負担を我慢させられることになるだろう。というのは、政治家は誰もが、あいつはスモッグに甘いなどと非難されることを望まないからである。

温室効果ガスの空中濃度が上昇しつつあり、またその原因が人間行動にある点は疑問の余地はない。その結果、地球の平均気温が上昇していることも確かだろう。気温の上昇が大幅であれば、対策に要するコストも大きくなるが、制御不能な結末を招くことはありそうにない。問題の性質からして、個人レベルの私的な行動が社会にとっての最適な成果をもたらすことはない。だから、環境規制か課税かいずれかの形で、政府が行動することの潜在的な利得には実質的なものがある。しかし、ここでのキーワードは潜在的という語である。いかに善意に発するものであっても、政府の行動が自動的にコストを超える便益をもたらすわけではないからである。私たちが温室効果ガスに関連する潜在的な諸問題への解決を探ろうとするならば、実際に行動した結末が、まず問題をさらに深く検討した後に行動した結果よりも悪くなることがあってはならない。私たちがこの教訓を忘れるならば、温室経済学は不良経済学に堕し、誤った政策を提唱する罪を犯すだろう。

演習問題

1　個々人のレベルで行われる自発的な行動が、CO_2のような温室効果ガスを大幅に減少させることになりそうもないのはなぜか？

2　ある国で生産されるCO_2が他の国に被害を及ぼす事実は、CO_2の排出を最適水準へ減らしていく見込みに何か影響することがあるか？　すべてのコストと便益を一国内に限定することができれば、問題の解決は容易になるだろうか？　一台のエレベーターなり、一部屋のオフィスの内部ではどうか？

3　温室効果ガスに対する政策手法は、ほとんど確実に排出課税ではなく、排出量規制に依拠している。課税より量的規制が利用されがちなのはなぜだと考えるか？

4　人工的に湿地を造成するには、一エーカー当たり約八〇、〇〇〇ドルかかる。湿地の価値の推計値として、この数字はどの程度穏当なものといえるか？

第七部　グローバリゼーションと経済的繁栄

現代の主要な公共的争点の多くは、国内問題にとどまるものでなく国境を越えて、わが一五兆ドル経済の全体に影響を与えている。過去三〇年以上にわたり、情報処理、通信、それに交通の急速な発達が世界の諸経済圏を次第に一つに結び付けてきた。政治的状況の展開、とりわけ鉄のカーテンの消滅とソ連邦の解体が、長年続いた国際貿易に対する障壁を削減するなど、世界経済の**グローバリゼーション**の進展に寄与した。さらに、このところ一〇年ぐらいの間に、個別市場の経済的な活力がワシントンDCでなされる諸決定によって重大な影響を受けるとの認識が高まりつつある。

北米自由貿易協定（NAFTA）の締結と**世界貿易機関**（WTO）の創設は、米国と世界の大半の国との間の貿易に対する障壁を大幅に削減した。私たちがこれらの**貿易障壁**の低下を活用すれば、私たちが**比較優位**を保持する経済活動に特化し、その果実を他の諸国民と交易することにより、はるかに富裕になる機会を手にすることができる。とはいえ、自発的な交換は富を創造するだけでなく、またしばしば富を再分配する。そのため一部に自由貿易に反対する者たちが必ず存在する。だから、グローバリゼーションに対する利己的な反対を覆い隠すたくさんの煙幕が張り巡らされている。この点を第30章「グローバリゼーションとアメリカの富」で取り上げる。**保護主義**（**関税**や**輸入数量割当制**のような貿易障壁の設立）はしばしば思慮深い措置のようにも聞こえるが、事実はアメリカの富を増強するのではなく削減する一〇〇パーセント確実な道である。私たちが自由貿易の価値を無視したりすれば、自ら天に唾する行為となるだろう。

保護主義が優位に立つ時、被る可能性のある巨大な損害について例証するため、第31章「七五〇、〇〇〇ドルの鉄鋼労働者」では、国際競争から米国の雇用を「救済」する努力の一環として、関税や数量割当が課せられた場合に発生する事態を検討する。その結果判明した事実は、長期的にはグローバリゼーションからアメリカの労働者を保護することはほとんど不可能であり、そのような努力はアメリカ人の全般的な生活水準を低下させるだけでなく、他分野での雇用喪失をまねく結果になる、というものだった。本章で学ぶべき教訓は、競争は国内市場におけると同様、国際市場でも有益であるという点である。

これまで何十年もの間、アメリカ人は低賃金の中国との競争を懸念し続けてきた。第32章「ライオンとドラゴン、そしてその将来」で見るように、中国は過去三〇年以上資本主義制度を採用し、その結果、とりわけ国民生活水準の急速な上昇というご褒美を手にしてきた。これはまた中国が主要競技者として世界市場へ登場したことでもある。アメリカの貿易相手国として、中国は現在カナダに次いで二番目だが、読者がこの本を読む頃には一番目に上がっている可能性すらある。米国と中国の間の貿易量の増大は、一部の個々人にとって調整コストは高く付いたものの、両国民に対して巨額の富を産み出してきた。インドもまた世界市場での重要な競技者になりつつある。ただし、グローバル競争への参加が比較的最近だったので、当面は中国ほどの重要性はない。国家間の貿易について論ずる際、決定的に重要な留意点は、国際貿易も各州間あるいは各個人間の交易と本質的に違わない。つまり、自発的な交易である限り、参加者全員にとって生活水準を引き上げる効果を持つ、という事実である。

30 グローバリゼーションとアメリカの富

ここ二〇年間は国際貿易と**グローバリゼーション**（世界経済の国際的一体化）にとって大変革の時代だった。北米自由貿易協定（**NAFTA**）はカナダ、合衆国およびメキシコ間の**貿易障壁**を大幅に削減した。世界規模では**ガット**（GATT、関税および貿易に関する一般協定）のウルグアイ・ラウンドは合衆国を含め一一七か国が批准した。この協定によりGATTは**WTO**（**世界貿易機関**）へ改組された。現在加盟国はおよそ一五〇か国で、関税（の水準）は世界的に引き下げられた。農業**補助金**は削減され、特許権の保護範囲も拡大された。WTOはまた貿易に関する国際的な紛争を解決する一連の仲裁委員会を創設した。

経済学者の多くは、NAFTAおよびウルグアイ・ラウンドで合意された協定は、自由貿易とグローバリゼーションだけでなく、締約国の国民にとっても勝利だと信じている。それなのに多数の非経済学者、中でも政治家たちは協定に反対した。だから、私たちがＮＡＦＴＡやウルグアイ・ラウンド、それに自由貿易一般の何が有益なのかを理解することが大切である。

自発的な交易は新たな富を創出する。自発的な交易により両当事者はともに利得を得る。彼らは価値評価の低い何かを放棄する代償に、より価値の高い何かを獲得する。この意味で交換取引はつねに不等価であるが、取引の不等価交換性こそが交易に伴い発生する**生産性**の上昇と富の増加の源泉である。交換取引の際、私たちは入手するものより価値の低いものを放棄する。そうでなければ交易が行われるはずがない。一方の当事者にとって正しいことは相手にとってもまた真実であり、交易により両当事者の福祉がともに向上する。

自由貿易は私たちそれぞれに能力と手腕を最高度に生産的なやり方で活用し、その成果を交換し合うことを奨励する。**貿易からの利得**は経済学のもっとも基礎にある観念の一つで、一国は他の国々と比較していちばん得意な行為に従事すること、つまり、**比較優位**を持つ活動に特化（専門化）することから利得する。貿易はより生産的で、所得向上を可能にする特化の道を見出すよう個人や国民にうながす。生産性の上昇とそれに伴う経済成長の増大こそは、ウルグアイ・ラウンドやＮＡＦＴＡの条約署名者たちが貿易障壁の削減を通じて希求し、実際にも入手しつつある成果である。

グローバリゼーションと自由貿易の違いは統合度の差にある。ワインの自由貿易を例に挙げよう。ワインはオーストラリア、カリフォルニアあるいはフランスなどラベル上に表示された地政学的な領域内で一〇〇パーセント生産される。加えて、いずれも別個の商品であり、そのためフランス・ワインとカリフォルニア・ワインとの間には大幅な価格差が観察される。これとは対照的に自動車市場は本当にグローバルになっている。米国で購入される「日本車」は、日本、米国あるいはメキシコで組み立てられ、部品類は半ダースかそれ以上多くの違った国々の製品であったりする。マイカーに関する顧客相談電話に対しては、何か国もの英語を話す国（例えばインドなど）のどこかに置かれたコール・センターが応答するだろう。このようにグローバリゼーションは国家間の貿易が一国内の州や県あるいは都市間の交易と同じく継ぎ目のない《シームレス》状況を意味している。

巨額の交易利益にもかかわらず、グローバリゼーションはお決まりの反対に遭遇している。反対の口実はたくさんだが、突き詰めれば一点に集約される。つまり、他国民との貿易に国境が完全に開放されるならば、一部の個人や企業は競争の激化に直面する。すでに第19章で学んだように大半の企業や労働者たちは競争を嫌悪しているが、それを誰が非難できるだろう。企業が競争を回避できれば確実に**利潤**が増える。また労働者も他国からの競争を排除可能なら、より高い賃金と就労機会の選択肢の増大を享受できるだろう。だから、グローバリゼーションに対する反対の本当の原因の大半は、貿易に伴う競争を嫌っているからだ。ただし、このこと自体は不道徳でも倫理に反するわけではない。同時に愛他的でも崇高でもない。純粋に、かつ単純に自己利益そのものであるにすぎない。

反対者の心情の中で肥大化したグローバリゼーションのイメージは、競争に対して絶え間なく警戒心を研ぎ澄ましていなければならない、という焦燥感である。世界市場が完全に統合されると、いつなんどき、またどこからでも、つまり、誰もがほとんど予想しえない世界の片隅からでも競争者が出現しうる。競争者が開業するには（インターネット上に）ウェブサイトを開設するだけでよい。受注した商品は翌日には航空貨物で配送されることが可能だから、競争は壊滅的なほど迅速に出現可能である。だから、グローバル経済の下で生き残っていくには、企業もその従業員も貿易の統合度が現在ほど進んでいない時代にはまったく経験したことのない強度の不安定性と格闘しなければならない。ここで留意すべきは、この高度に競争的な環境は究極的には私たち全員の利益になることだ。とはいえ、日夜プレシャーに耐えなければならない当事者たちには、神経が休まるひまもない。一般に競争は過酷だが、グローバル競争は最高に過酷である。

このような理由から、グローバリゼーションに対する反対はなんら新しいものではない。もっとも有名な例は一九三〇年スムート・ホーレー関税法。この主要連邦法令は**保護主義**の古典的な見本だった。保護主義とは、消費者と他国の生産者の負担により、アメリカの生産者という部分集合を保護しようという努力のことだ。同法では二万品目以上もの製品に関する関税率表が設定され、適用輸入品に対する関税が平均で五二パーセントも引き上げられた。

スムート・ホーレー関税法は、外国に対し近隣窮乏化政策の採用をうながした。この政策は外国の犠牲において自国の国内経済（の一部）を回復させようとする試みをいう。この場合、**輸入**を抑制して、国内の輸入競合産業が受益するよう関税が設定された。スムート・ホーレー法の核心だった近隣窮乏化政策は、やがて連合王国（イギリス）、フランス、オランダおよびスイスで採用された。結果はグローバリゼーションの停止であり、国際貿易の広範囲の縮小だった。これらの対抗措置が一九三〇年代の世界的大不況を一層悪化させたことはほぼ確実であった。

グローバリゼーションに対する反対者たちは時にこう主張する。近隣窮乏化政策は国内の輸入競合産業を保護して合衆国の利益になると。一般論として、この主張は正しくはない。このような政策から一部のアメリカ人が利得することは事実だが、それ以外の二大グループが被害を受けるからである。まず、輸入品と輸入競合品の購買者（消費者）たちだ。彼らは関税と**輸入数量割当て**に起因する価格上昇と選択可能財およびその供給者の減少により被害を受ける。ついで、保護主義による輸入の減少はまた**輸出**の減少の原因にもなり、輸出産業での企業と従業員を傷つける。これは「長期では輸入は輸出により支払われる」という国際貿易におけるもっとも基本的な命題の一つから直接的に導出される結論である。この命題は単に次のことを述べているにすぎない。一国が外国（当該国を除く全世界のこと）から財サービスを購入（輸入）すれば、外国はいずれはその見返りに、その国からの財サービスの供給（輸出）を求めることになる。この命題からは、次のような推論が明瞭になる。輸入規制は輸出の減少を引き起こす。だから関税や数量割当ての結果として輸入競合産業が獲得した営業機会は、輸出産業での少なくともほぼ同額の営業機会の喪失に見合うことになる。

グローバリゼーションへの反対者は、国際貿易を規制しようとさまざまな反対理由を並べ立てる。一例だが、外国の企業はコスト以下の価格で商品をアメリカで販売、つまりダンピングしている、といわれることがある。だが、まず疑問となるのは、コスト以下というが誰のコストか?という点だ。外国企業がアメリカに商品を売り込んでいるならば、明らかにアメリカ企業のコストと同じかそれ以下の水準の価格で販売しているに違いない。そうでなければ、アメリカ人の購買意欲を刺激できないだろう。個々人や企業が低価格で品物を買えることは自由貿易の便益の一部であり、弊害の一端などではない。

では、輸入品の販売が外国企業のコスト以下で行われているという主張についてはどう考えたらよいのだろう？　この議論は結局外国企業の所有者が彼らの富の一部、つまり生産コストと販売価格の差額を自発的に寄贈してくれることの善し悪しを論ずることに等しい。滅多にありそうもないが、普通なら買わない製品を私たちに試用してもらいたいと望んでいるのかもしれない。そうだとしても、私たちがこの贈与を拒否したいと思う理由はないだろう。受け取れば国民はそれだけ富裕になるわけだからだ。しかも、この贈り物はほんの短期間だけ提供されるだけである。しばらく後には価格をコスト以上に引き上げて利潤が得られると希望しているのでなければ、コスト以下で販売するメリットがないからだ！

グローバリゼーションに反対する議論には、問題の製品は外国では不公正な労働慣行（例として幼児労働）の下で生産されているとか、あるいはアメリカの環境基準に合わない生産方法を使っているとか、という類いのものがある。こうした非難が正しい場合もある。しかし、私たちは二点を想起すべきだ。一つには、いま私たちは幼児労働の利用（おそらく週六〇時間、超過勤務給なし）は好ましくないと考えるが、かつては米国でも普通のことだった。昔アメリカで広く行われていた理由は、現在外国で行われているのと同じだった。人々は貧乏のため他にどうすることもできない。発展途上国では家族全員が働かなくては生活できない人々が少なくない。これは不運なことだが、たとえ低所得の人々を助けようという善意からであっても、一部はアメリカの高所得により可能になっている私たちの慣行を押しつけようとするならば、実際にはこれらの人々をもっと貧乏にするリスクを冒すことになろう。

同様な考慮は環境基準にも適用される。良質な環境のためコストを支払うという個人や国民の積極的な意思もやはり彼らが金持ちだから形成される。環境は奢侈財で、人口一人当たりで見て、アメリカ人のように富裕な人々が貧乏な国民よりももっと多く消費したいと欲求する財のことだ。他の国民も私たちアメリカ人が受容可能だと思う環境基準を守るべきだと強要することはアメリカ人と同じ服を着てアメリカ人が好む交通手段で移動し、アメリカ人が好む食物を消費せよと強要するようなものだ。この要求に従うことのできるほんの少数の人々は私たちアメリカ人がなじんでいる生活スタイルで生活できるが、大半の人々はそんな企てにより貧乏になるだけだ。[注]

私たちの論点は外国の労働や環境の基準はアメリカ人とは関係ないとか、あるいは無関係であるべきだと言っているわけではない。労働と環境の高い基準を実現するには大きなコストが必要だということ、および貿易規制がそれら達成のいちばん効率的で効果的な手段ではありそうでないという点だ。大事なことには労働および環境基準はしばしば引き上げられるが、これは競争を排除しようという本当の動機を隠蔽する煙幕なのだ。

グローバリゼーションが有益であり、貿易規制が一般的に有害なら、次のような質問を提起すべきだろう。スムート・ホーレー関税法のような法案（類似の規制法案）がどうして議会を通過したのか？　何十年も昔、マーク・トウェイン（一八三五〜一九一〇）が書いたように、自由貿易論者は議論で勝ち、保護主義者たちは票で勝つ理由は、外国との競争は繊維、製靴や自動車といった限られた特定の輸入競合産業に明らかに影響するからである。だから貿易制限は限定され、はっきりと定義された経済グループに利益がある。例えば、一九八〇年代の日本車の輸入制限は主にジェネラル・モーターズ、フォードおよびクライスラーのビッグ・スリー自動車メーカーの利益になった。同じく長年続いている砂糖輸入の数量割当制は一握りの大製糖会社の利益になっている。また二〇〇二年（いわば出し抜けに）多くの鉄鋼製品の輸入に対して三〇パーセント限度で関税が課せられた時、ごく少数の鉄鋼メーカーとその従業員が恩恵を得た。議会が貿易規制に賛成票を投じた時、便益の帰属が集中しているので、議員に規制賦課を納得させるに十分な政治資金がこれら業界内部で調達可能である。

輸入の減少はやがて輸出の減退を招くが、普通輸出産業全体に広く少量ずつ影響するだけだから、輸出企業の労働者、経営者あるいは株主たちの間に、グローバリゼーションに対する障壁を削減するよう、資金を拠出して議会に働きかけるべきだと感じるような特定グループは存在しない。さらに加えて、輸入品や輸入競合財の消費者たちも貿易規制により損失を被るが、彼らもまた典型的な拡散的個人の集まりであり、それぞれ個別の輸入規制から個人的に大きな影響を受けるものは誰もいない。便益の集中とコストの拡散が同時的に存在することが、多くの場合保護主義者たちが票を勝ち取るというマーク・トウェインの結論を導き出したのである（第2章「エタノール狂騒曲」および第23章「農業保護の無間地獄」で合衆国の国内政策を説明する際、「便益の集中とコストの拡散」は核心的キーワードだった）。

当然のことながら、保護主義が票のすべてを勝ち取るわけではない。アメリカ経済のおおよそ六分

［注］――こうした主張には一つ重要な例外がある。国境間近の外国領域（カナダまたはメキシコ）で発生した大気または水の汚染がアメリカ人に被害を与える場合、賢明な公共政策はおそらくこのような汚染は国境のこちら側で発生した汚染と見なして処理するよう規定されるだろう。

の一が国際貿易に依存している。多くの方面から表明される反対の声にかかわらず、グローバリゼーションの経済全体への便益はとても大きいので、まったく国際貿易なしで済ますことなど考えることもできない。だから、私たちがＮＡＦＴＡとかＷＴＯの発展を考察する時、経済理論上もまた実証分析上の証拠からも、グローバリゼーション以後、またグローバリゼーションのおかげで、アメリカ人がより裕福になることは明らかである。

演習問題

1　一九八〇年代後半から一九九〇年代初頭への時期、アメリカの自動車メーカーは他国のメーカーと比較して品質を大幅に引き上げた。これがアメリカの日本車輸入にどのような影響を及ぼしたと考えるか？　日本のアメリカ車輸入に対してはどうか？　またアメリカの自動車以外の財サービスの輸出にはどう影響したか？

2　過去二〇年余り、何社かの日本メーカーは米国内に製造工場を開設し、「日本」車の製造（と販売）を始めた。アメリカの日本車輸入に対するこの影響、日本でのアメリカ車輸入に対する影響、およびアメリカの自動車以外の財サービスの輸出への影響をどう考えるか？

3　何年もの間、日本の自動車メーカーは米国への輸出台数を自主的に制限していた。日本車の自主規制は日本のアメリカ車輸入およびアメリカの自動車以外の財サービスの輸出にどんな影響があったと考えるか？

4　日本の道路は左側通行であり、日本国内で販売される日本車は右ハンドルであるのに、最近まで日本へ輸出されたアメリカ車は（米国内と同じく）左ハンドルだった。もし日本のメーカーが米国内で右ハンドルの車を販売しようと試みた場合、彼らの売り上げ（台数）にどんな影響がありそうか？　また日本向けに右ハンドル車を製造しようとしないメーカーの消極性が日本でのアメリカ車の販売に影響があると考えるか？

31　七五〇、〇〇〇ドルの鉄鋼労働者

偶数年とくに四で割り切れる年には、政治家たちは**グローバリゼーション**の諸悪から米国の雇用を保護する必要がある。そう演説する傾向がある。だから、「バイ・アメリカン（米国製品愛用）」が奨励される。バイ・アメリカンのかけ声だけでは満足する結果が得られない場合、つまり、国民が自主的に輸入品の購入量を減らせないのなら、政府は（消費者にとってもっと負担の多い）**輸入関税**を賦課するか、**輸入量**を物理的に制限する**数量割当**制度を発動すると言うだろう。大義名分は米国内の雇用を守ることだ。

黒サイやシロナガスクジラとは違って、米国の雇用には絶滅の危険は存在しない。アメリカ経済には潜在的な雇用機会は無限に存在するし、今後もそうだろう。そんな職の中には必ずしも快適でない

ものもあろう。またそれほど給料がよいわけでもないだろう。しかし、**希少性**が存在する限り、なにがしかの雇用機会は常に存在する。だから、年収七二、〇〇〇ドルも稼ぐ鉄鋼労働者が、雇用維持のため外国産鋼材の輸入を抑えるべきだと主張する際の真意はこうだろう。いまと同じかもっと高い給料で現在の職にとどまり続けられるように、**競争**から保護してほしい。つまり、職場環境が劣ったり、低賃金の職へ移ることなど真っ平御免というわけ。（勤労条件がよく、給料も高くという）鉄鋼労働者の望み自体は何も悪いことではない。が、それと雇用維持とは無関係だ。

貿易制限の帰結について議論する際には、二つの事実を忘れないことが肝要だ。一つは、**輸出**によって輸入を支払うという事実。もちろん、短期間ならば、資産を売り払ったり、外国から借金して、輸入超過分の赤字を支払うことができる。しかし、売却できる資産の量には限度があるし、また外国人も代金の決済を永久に待ってくれるわけではない。だから、最終的には、私たちが財貨やサービスを購入（輸入）した相手に、財貨やサービスを提供（輸出）しなければ、勘定を決済できない。貿易には結局「お返し」quid pro quo（字義では「何かと何かを交換する」の意）が必要なのだ。記憶すべき二つ目のポイントは、自発的な貿易は貿易当事者双方に利益になる点だ。だから、国際貿易を制限すれば、貿易相手国と自国の双方に対して、貿易の利益を減らしてしまう。貿易から得られる便益が減少するのが明白になるのは雇用機会の削減である。端的に言えば、たとえ関税や輸入数量割当が輸入競合産業の分野で雇用機会を拡大しても、輸出産業では雇用が失われ、ネットでは全体の雇用を減少させる効果になりそうである。

米国にとっての真実は他国にも真実である。他の国々もその産品を外国へ販売できて初めて米国の品物を購入できる。彼らもまた輸入に対して支払うためには、輸出しなければならない。だから、輸入品に対する米国の制限措置は、関税であれ、数量割当であれ、あるいは他の手段であれ、いずれも究極的には米国の輸出を減少させる。他の国々にとって米国商品の輸入代金を支払うことを不可能にさせるからだ。つまり、輸入制限措置の含意は不可避的に輸出セクターの規模を縮小させる。だから、輸入品との競合分野における雇用を救うために、輸入制限措置を導入することは、輸出産業で雇用減少効果を持つ。

また、輸入制限措置は米国の消費者全体にコストを課している（犠牲を強いている）。海外との競争を縮小することで、関税や数量割当やその他の貿易制限措置は、外国製品の価格を押し上げ、米国の生産者が自己の製品価格を引き上げることを可能にした。この点に関しもっともよく記録に残る具体例は、おそらく自動車産業だろう。

一部は輸入車の品質が優れていることもあって、国内生産台数は一九七八年の九〇〇万台から一九八〇年から一九八二年の間の年間平均六〇〇万台へと減少した。米国の自動車メーカーの利益も同様に急落し、何社かはかなりの赤字に転落した。米国の自動車メーカーと労働組合は、輸入品との競争に対する保護を要求した。彼らは自動車生産州選出の政治家たちと一緒になって、大声を上げたのだ。その結果は、日本車の対米輸出台数を年間一六八万台に制限するという、日本の自動車メーカー（米国企業にとってもっとも手強い競争相手）による「自主的な」協定となった。この協定は、公式には決してそう名付けられなかったが、実体は数量割当そのもので、一九八一年四月から実施され、さまざまな形で一九九〇年代に入っても続いた。

ロバート・W・クランドール氏（ブルッキングス研究所のエコノミスト）は、この自主規制が自動車価格の値上がりという形で、米国の消費者にどれほど余分のコストを強いたかを試算した。彼の試算によると、供給台数の減少により、日本車の価格は一台当たり二、〇〇〇ドル（二〇〇九年価格で）押し上げられた。輸入日本車の値上がりは、米国産車一台当たり平均で八〇〇ドルの価格引上げを可能にした。消費者に回された追加の勘定書は、協定の初年度一年間で八〇億ドルを上回った。クランドール氏はまた、この輸入自主規制により救済された自動車関連産業の雇用数は全体で約二六、〇〇〇人だと推計している。八〇億ドルを二六、〇〇〇人で割り算すると、自動車産業において一人分の雇用を救済するのに、消費者は年々約三〇〇、〇〇〇ドル以上のコストを負担した計算になる。輸入の自主規制を黙認する代わりに、自主規制によって雇用を保護した自動車工全員に対し一人当り一〇〇、〇〇〇ドルを与えるだけにしていたら、自動車の購入代金は毎年五〇億ドル近くも節約できたはずなのだ。

同じタイプの計算は他の産業についても行われている。アパレル（衣料）産業における関税が、一九七七年から一九八一年にかけて引き上げられ、米国のアパレル労働者一一六、〇〇〇人分の雇用が一人分当たり年間五〇、〇〇〇ドルのコストで救済された。また同時期にシティズンズ・バンド・ラジオ（市民無線通信機）の生産者も関税の引き上げに成功した。その結果は、この産業でおよそ六〇〇人の労働者の雇用が維持されたが、一人分の雇用救済に消費者は年間九〇、〇〇〇ドル以上も負担させられた。

保護貿易主義のコストは、これら以外の産業ではもっと高くついている。貿易制限による雇用の救済費用は、ガラス製品産業では一人当たりで年間二〇〇、〇〇〇ドル。海運業においては、貿易保護の年間コストは一人分の雇用当たりで年に二九〇、〇〇〇ドル。鉄鋼産業にいたっては、一人分の職を維持するコストの試算額は、年間七五〇、〇〇〇ドルという仰天するような金額になる。自由貿易が許されるならば、その結果職を失う労働者各自に対して、毎年これらの半分の額を現金で与えるようにしても、消費者はなお多額のお金を節約できるはずである。

でも、話はこれで終わりでない。輸入品と競合する分野の雇用を救済するため消費者が負担したコストを推計したこれらの研究も、輸入制限が輸出額や輸出産業の雇用数へ与える究極的な影響を試算してはいないので、雇用数の全体が差し引きして増えたのか減ったのかは明らかにされていない。米国への輸入が制限されれば、貿易相手国は米国産品の購入を減らさざるを得ない。その結果米国の輸出売上げの減少が見られるが、これは輸出産業での雇用減少を意味する。貿易総量の減少は、沖仲仕（船荷の積み降しをする）やトラック運転手（港湾との間の物資の輸送に従事する）などの労働者の雇用を減少させることになろう。貿易全体の縮小とそれに伴う輸出の減少まで計算に入れると、見た目にはただちに明瞭ではないが、保護貿易主義は雇用の喪失に通じることが分かる。

数年前のこと、議会は自動車に対する「国内調達」法案を通過させようとした。要するに、議会は米国内で販売される自動車に対して、米国内産の装備品を最低限これだけは装着しなさいという比率を義務付けようとしたのである。立法化を提案した議員たちは、これにより米国の自動車製造および同部品産業で約三〇〇、〇〇〇人の雇用が保護されるはずだと主張した。しかし、この法案の支持者たちは、本法案が貿易一般へ及ぼす否定的な影響や米国の輸出産業に対する究極的な影響を認識できなかった。米国労働省の研究は、こうした影響を認識し、国内調達率の法定化は、実際は輸入品競合産業で雇用を保護する以上に、貿易関連産業や輸出産業において雇用を失う方が大きいと推計した。議会は結局国内調達率の義務付けを断念した。

もっと最近では、二〇〇二年にブッシュ大統領は鋼材輸入に三〇パーセント上限の関税を課すると決定したが、経済への大きな悪影響はすぐに明らかになった。一例をあげれば、関税賦課前、ニューオーリーンズ港は収入の四〇パーセント以上を鋼材輸入に依存していた。鋼材輸入船が入港すると、積み荷を下ろして、船は清掃され、アメリカ産穀物が輸出向けに積み込まれる。輸入を減らすことにより、関税は同港の経済活動を削減し、さらには米国の穀物輸出をも減らした。ミシシッピー川流域の企業や農場は上流から下流まですべてが悪影響を被った。より広くは輸入鋼材の値上がりは鋼材を原料として使用する産業の雇用を減少させた。事実、ある研究では関税賦課の結果、二〇〇二年に鋼材の需要家産業だけで二〇〇、〇〇〇人の雇用が失われたと推計している。これは関税で保護された鉄鋼製造業で実際に雇用されている労働者の総数を上回る数字だった。

理屈の上からは、貿易制限措置は特定産業に経済的支援を与え、これらの産業の雇用を増やす目的で取られる。ところが、皮肉なことに、長期的な効果はまさに正反対でありうる。**WTO（世界貿易機関）**の研究者たちは、世界中で強い保護が行われている、繊維品、衣料品、それに鉄鋼の三分野の産業について雇用の状況を調査したところ、厳格な保護貿易規制にもかかわらず、実際にはこれらの産業の雇用は保護期間中に減少しており、一部には劇的な減少を記録したケースさえあった。繊維産業の雇用については、米国で二二パーセント、EU市場では四六パーセントも減少した。衣料品産業の雇用の喪失率は、米国の一八パーセントからスウェーデンの五六パーセントへとバラついている。また、鉄鋼業の雇用の減少は、カナダの一〇パーセントから米国の五四パーセントまで分布している。要するに、自由な貿易に対する制限は、保護対象として想定された分野の産業においてさえ、失業防止策として何の保障にもなっていない。

こうした証拠から明らかになったことは、短期的には、雇用維持は莫大なコストを要するということだ。また、特に保護貿易主義のすべての側面を考慮すれば、長期的にも、雇用を保護することは不可能なのだ。政治に打って出る場合、自由貿易の護持を公約に掲げることはなかなかキツイことだ。しかし、実際に公約が実行されるならば、国民一般に最大の便益を約束するものである。もちろん、それは政治家たちが進んで自由貿易に取り組むだろうという意味ではない。だからこそ、私たちは一人当たり七五〇、〇〇〇ドルものコストを負担して雇用を「救済」する羽目になるのだ。

演習問題

1　輸入制限により誰が得をし、誰が損をするのか？

2　貿易制限措置を課すに当たり、政治家たちはどんな動機付けを有しているか？

3　鉄鋼輸入を制限するよりも、鉄鋼労働者全員に一人当たり年間三七五、〇〇〇ドルの現金を与える方が安上がりだというのに、私たちが現金支払いではなく、輸入制限を選んでいるのはなぜか？

4　米国の輸出入品の大半は、米国内のどこかの港を通る。では、あなたは臨海部の諸州選出の議員たちが国際貿易を制限する法案に対しどう投票すると予測するか？　こうした予測を行う上で、さらに知りたいと望む何か別の情報があるか？

32 ライオンとドラゴン、そしてその将来

共産党の権力掌握（一九四九年）以来数十年もの間、中国は貧困と抑圧で知られ、侵略といえば主に軍事面だった。しかし、近年では主として経済的侵略が決まり文句となった。貧困と抑圧は依然として普通のことだが、改善の方向にはある。中国は改宗しないまでも、資本主義から学ぼうと努めているようだ。

中国の経済攻勢は三〇年前、南東の広東省で始まった。中国の指導層は、資本主義国からの**直接外国投資**が政治的に管理可能なやり方で**経済成長**を刺激してくれるかどうか見るためのテストケースとして同省を使うことに決めた。政治的な安定のもとで経済成長は急上昇し、実験は成功と見なされた。中国政府がこの経験から学んだことが、一九九七年に香港の領有権がイギリスから中国へ円滑に移行するのに役立った。長期的な中国経済の目標という観点からも重要なことは、多くの外国人投資

家たちが広東省の実験を、共産党政府に没収される恐れなく中国に投資可能という確かな証拠と見るようになったことだ。その結果、中国での外国投資が急増した。

中国へ経済的な投資を引きつける強力な要因は二つ、**需要**と**供給**だ。需要面では世界人口の二〇パーセントに当たる一三億の人々が生活している。**人口一人当たり所得**は世界的な標準からはなお低いが、インフレ率調整後の実質値では年率六パーセント以上で増加している。これだけの率で成長すれば、中国人の生活水準と世界市場における彼らの**購買力**はほぼ一〇年ごとに倍増する。中国はいまでは世界最大の携帯電話市場であり、またここ数年以内に全世界のパソコン購入量の二五パーセントを中国が占めると推定されている。事実、中国は情報の技術とサービスに年間一、〇〇〇億ドル以上も支出している。二〇三〇年までには中国経済は米国経済を上回り、世界最大となりそうである。

中国の巨大な人口はまた供給面でも魅力である。中国の労働市場は高度に熟練した労働者が豊富であり、また毎年何十万人もの工学系の大学院生が参入している。多くの都市で、中国の労働力が一般によく教育され、英語を話す者も少なくない事実が、外国人の雇用主には魅力的だ。いまでは中国の研究者と米国の企業とが、共同で科学的な事業を試みることは珍しくはない。一例として、北京大学で共同研究チームはコメの遺伝子組成の解読に成果をあげた。インテル、ＩＢＭ、オラクルやマイクロソフトなどのアメリカのコンピュータ・ハードウェアおよびソフトウェア企業は、近年研究の主要部分の一部を中国へ移した。実際、あらゆるタイプのアメリカ企業が中国での営業活動をたち上げつつある。一方、中国企業は国内、国外両市場で手強い競争者であることを見せつけている。

状況は日本にとって重大だ。中国と比べ賃金水準ははるかに高く、その反面技術的優位は次第に消滅しつつあるからである。日本の製造企業が中国企業との競争で苦闘している点に明らかに懸念を示しながら、日本の政府関係者の一人はこう嘆いた。「私たちは再び中国王朝の家臣にならなければならないのか?」と。いずれ日本企業は増大する中国の経済的進出へ適応することになろうが、移行過程は愉快なものではないだろう。

アメリカ人は中国の資本家的野心が米国経済に及ぼしかねない衝撃を懸念している。ドラゴンがもっと成長すればアメリカの企業と雇用を食い荒らすのではないか?と。答えは短期についてはノーだ。長期では要素が二つある。まず、中国の競争力の主要要素は低賃金だ。中国で活動しているアメリカやヨーロッパの企業は従業員に国営企業を上回る賃金を支払うようにしているが、それでもまだかなりの節約になっている。五年ほど前の調査だが、未熟練および半熟練の労働者の賃金はヨーロッパの二五パーセント程度だった。さらに外国企業は西欧諸国で支払うわずか一〇から二〇パーセントの給料で技術者を雇い入れることができた。

だが、中国の労働市場は現在急速に変貌している。二〇〇〇年から二〇〇八年の間に、平均賃金は五〇パーセントも上昇した。技能水準の高い労働者はそれ以上に上がった。この間、多くの企業は希望するだけの数の労働者を雇い入れることができなかった。大半の企業は現に雇用中の労働者を引き止めるためだけに（本給以外に）付加給付《フリンジ・ベネフィット》やその他の職場での福利施設のバージョンアップを余儀なくされた。賃金はアメリカやヨーロッパの水準をなおかなり下回っているが、ギャップは縮まり、その結果多くの中国企業は競争力の優位を減らしつつある。最近の世界的景気後退は、中国でも他国と同様、労働市場の条件を大きく変えた。だが、それが中国にとって経済超大国への進軍を阻むことにはなりそうにない。

中国での賃金上昇はまたアメリカやヨーロッパ企業の製品に対する需要増加になる。中国も、他のすべての国と同様、長期的には輸出額と同額を輸入しなければならない（中国が輸出を無料で贈与しているのでない限りそうなる。現在まで誰もそんなことは要求していないが……）。これは中国が多数の財サービスの潜在的な供給者になると同時に他の財サービスの潜在的需要者になることを意味している。

これまでアメリカ市場では中国からの需要は余り目に付かなかった。理由は、アメリカ企業はより高所得の消費者を標的にして財サービスを生産する傾向があるのに、中国では高所得消費者が比較的少数だからだ。その一方で、中国経済の需要面での影響は、風変わりな分野ながらすでに明瞭である。一例だが、現在中国のアメリカからのもっとも重要な輸入品は、古新聞紙から屑鉄まで、ゴミである。中国企業は原料としてこの類いの物資を毎年数十億ドルも購入する。ゴミ輸出はアメリカの関連産業に利潤（と雇用）を与えるだけでなく、埋め立ての負担を減じ、また再生可能な廃材の価格を押し上げ、米国でのリサイクルの増加をうながす。

当然のことだが、私たちは中国へゴミ以外の商品を送りたいし、またその機は熟しつつある。中国経済が成長するにつれて、富裕な中国人の人数も増えている。一三億人もの人口は、アメリカの財に対する潜在的な消費者が莫大にいることを意味する。だから中国の経済成長の長期的な効果はアメリカ経済を変える。その結果、私たちは従来とは違った割合で財サービスを生産し、消費するようになるだろうが、アメリカもまたもっと豊かになる。自発的な交換が富を創造するし、巨大な中国ドラゴンはそれだけたくさんの富を創出するからだ。

中国の南西でもう一つの巨大市場が胎動している。一九九〇年ごろインド・ライオンはほぼ半世紀にも及ぶ自ら課した束縛をかなぐり捨て、国際**競争**に大きく閉ざしていた市場を開き始めた。中央政府は国有企業を民間部門の同業者に開放しだした。フェデックス（ＦｅｄＥｘ）とユナイテッド・パーセル・サービス（ＵＰＳ）の二社がインドの郵便事業に大規模に参入した。またいまでは数多くの外国企業が長い間完全な**独占体**であった国営電話会社と競争している。

インド市場への参入により、インドの労働力の多くが英語に堪能であることが広く知られるようになった。インドの一流大学卒業生の技術的能力は、彼らの英語力と低賃金とあいまって、インド全土に開設されたコール・センターにとって理想的な職員となった。以前は中米で行われていた何万もの技術・顧客サービス業務がいまではインドの増大する中流階級によって担われている。第14章「雇用よサヨナラ」で議論したように、**アウトソーシング**（外部調達）をアメリカ人の意識の前面に押し出したのは、多くの点でこのような動きだった。

インドもまた成長と苦闘している。トップレベルのタレント・プールは層が薄い。インドには一七、〇〇〇もの総合大学や単科大学があるが、アメリカの一流大学と競えるのは一ダースあるかないかだ。これらのトップスクールの卒業生の賃金はうなぎ登りに上がっている。加えてインドは圧倒的なインフラ整備の遅れという問題に悩まされている。道路網は混雑しているか修理されていない。港湾施設は絶望的なまでに近代化が必要だ。こうした交通問題は当面、インドが主要製造業大国になる妨げとなりそうだ。インドはまた巨大で、外見には永久雇用の政府官僚制度が妨げになっている。例えば、郵便事業の半分以上がＦｅｄＥｘやＵＰＳなどの新参企業に奪われたのに、国営郵便会社の五五〇、〇〇〇人の被雇用者は誰もクビにはできないのである。

少なくともインドは民主主義の国であり、その法制度は長年この国を支配したイギリスを引き継いでおり、大部分の先進国の法律制度とよく一致している。中国では事情が違う。第4章「国富の謎」で述べたように、政治や法律の**制度**は持続的経済成長のためにもっとも重要な基礎構造である。過去三〇年以上に中国が成し遂げた進歩にかかわらず、二つの重大な制度的問題の処理に成功しない限り、将来も富を創造し続けていけるかどうか見通しは不透明である。

一つは共産党の独裁政権が経済成長のエンジンとして資本主義の利用を試みる場合に避けがたい緊張をどう解決するかの問題である。資本主義は自由の環境の下でもっとも繁栄し、また人々に自由のもたらす便益に対する意識と評価を生み出す。ところが自由は中国共産党政府のイデオロギー的、政治的な教義に反している。将来共産党政権がその教義を貫くため資本家的成功の果実を没収したい誘惑に駆られることはないだろうか？　あるいは高まる政治的自由拡大への圧力に対して共産政権が自己防衛のため資本家的制度を抑圧することはないだろうか？　いずれの道も中国での経済成長を急停止させる公算が大きい。

中国が直面する二つ目の長期的、潜在的な問題は、**知的財産権**に対する中国人の文化的な態度にある。模倣が心からの称賛と見なされているこの国では、他人のアイディアを自分の利益追求に活用することが日常茶飯事になっている。その結果、中国では特許権や著作権に関する法律の力は西側諸国に比べはるかに弱い。さらに他国では商業的窃盗（例えば、ソフトウェアの海賊行為）と見なされる行為も大部分容認されている。中国市場では自分たちの経済的財産を保護できない。外国企業がそう認識するようになれば、外国からの投資はストップし、またそれに大きく依存するドラゴンの成長も阻害されてしまうだろう。

演習問題

1　現在、中国、インドともエイズ（ＡＩＤＳ）が急速に広まっている。両国政府がエイズの伝染を阻止できなければ、中国およびインドの将来の経済成長にどのような結果が及びそうか？

2　一九八九年、中国の政治的抑圧に対する大規模な抗議活動が、北京天安門広場での政府による一五〇人以上の殺戮により鎮圧された。事件直後の何年かの間、このエピソードは中国での外国投資と経済成長に対して、どのような影響を及ぼしたと考えるか？

3　中国では大部分の制度的改革は農村部ではなく都市部で行われた。事実、農業村落では地方の役人たちは地元農民たちの間で所得分配がほぼ平等に保たれるように積極的に富を再配分している。その結果、個々の農民にとっては作柄の豊凶如何は家族の生活水準にはほとんど影響を及ぼさない。こうした事実を前提に、過去三〇年ほどの中国の経済成長は都市と農村のどちらで起こったと考えるか？　説明せよ。

4　高度に競争的で、急速に変化するグローバル市場で今後インドが成功する上で、次の要素がどう影響するか説明せよ。①多くが国立で教師や教授たちの雇用保障を重視する教育制度、②大部分が旧式で、荒廃したままの交通インフラ、および③特定の有権者を競争から保護し、便益の集中とコストの広範な分散という特権を分与する巧妙な政治システム。

訳者あとがき

本書は一九九三年度ノーベル経済学賞受賞者のダグラス・C・ノース博士（ワシントン大学セントルイス校）他二名による“The Economics of Public Issues”, Sixteenth Edition, Pearson Education, Inc., 2009）の邦訳である。

本書との付き合いは、私が在米日本国大使館一等書記官として在勤中の一九七二年に、ワシントンDCのダウンタウンの書店でたまたま本書の第一版を購入して一読、「オレは長年こういう本を読みたいと思っていたのだ！」と大感激して以来のことである。帰朝後日本経済新聞社と交渉して、第二版を翻訳出版したが（『社会問題の経済学――診断と処方箋――』一九七五年）、その二〇年後当時の最新版第九版を再び邦訳する機会があり、同社より『経済学で現代社会を読む』（一九九五年）と題して出版された。同書は幸いにして近年まで版を重ねロングセラーとなったが、原書の第一六版が大幅な改訂版となったのを受けて、今回全面的に改訳することになった。

本書の原題は、そのまま訳せば、「公共的争点の経済学」となる。ここで「公共的争点」（Public Issues）とは、①国民一般の利害に関係があり、それだけに広く論議が戦わされている問題点で、②公共政策がその解決に取り組むべき課題である、という意味だ。本書は現代の経済社会が直面する重要な緊急課題のいくつかを取り上げ、経済学がどう分析し、その上で実現可能な解決案（公共政策）を見出す上で、どう役立つかを提示しようと企図している。

こうした本書の狙いは第一版以来一貫して変わっていない。また、訳者自身過去のすべての版を精読したわけではない。だが、今回一五年ぶりに改訳作業を進めながら痛感したのは、本書が版を重ねるごとに成長し、大きな進化を遂げているという思いだった。

いま訳者が思い出すのは（本書を初めて読んだ四〇年近く前と同じく現在でも）、志半ばにして凶弾に倒れたアメリカ合衆国第三五代大統領J・F・ケネディの次の言葉である。「政府と民間、政治と経済、そして内政と外交の、いずれを問わず、いたるところで神話はわれわれを誑《たぶら》かす」。つまり、神話が分析と政策を歪めるというのだ。そんな彼の発言は半世紀近くの歳月を経た現在も変わらぬ真理だろうと思う（アメリカでもまた日本においても）。

「政治とは私利私欲のためになされる公《おおやけ》の行為」という、いわゆる民主主義の国家の政治に対する、皮肉だがこれ以上ないほど適切な定義がある（アンブローズ・ビアス著、筒井康隆訳『悪魔の辞典』、講談社、二〇〇二年、三二五ページ）。それぞれの個別利益集団は国家の政策を自分たちの部分利益に合致させるべく神話を利用する。しかも、現実ではその多くが成功しているように見える。でも、私たちはいつまでもそれを許すほどの愚者であり続けてよいのだろうか？

こうした問掛けに対して、著者たちは「序文」の中で「経済原理の適用を必要以上に困難にしている数々の神話を論破した」と誇らかに宣言する。これは分析の領域では神話は打破された、という意味だろう。確かに、現在では神話自体の論破はそれほど難しいものではないだろう。問題は論破されながらも永続する政治のメカニズムを経済学的に解明することだ。その点に関しては、本書は「合理的無知」という斬新な観念を提示する。これは本書の第2章「エタノール狂騒曲」で(その他、第8章「水を使い果たす?」などでも)具体的な事例に則して、「神話」を利用して私利私欲の実現を図る政治過程のメカニズムがこれ以上ないほどに明快に暴露されている。

著者たちはかねがねこう述べていた。「エコノミストは、人々にこうすべきだと告げることはできない。しかし、民主社会における市民がより良い政策選択をなしうるよう、さまざまな代替案(選択肢)のそれぞれについて、それらが社会にどれだけのコスト(犠牲)を課し、その結果どれぐらいの便益をもたらすかという点を明らかにすることはできる」(第一版の序文)と。これはマックス・ウェーバーの「'wertfrei'(価値判断からの自由)」の思想に立脚した観念であろう。

だが、これほど明快に政治過程の悪知恵に充ちたメカニズムが経済学的に解明されたからには、経済学はもう一歩踏み出してよいのではないか? 経済学は一九世紀の末ごろまでは'Economics'ではなく'Political Economy'と呼ばれていたが、訳者は本書を訳しながら「政治経済学」への回帰こそが経済学が人々の幸福により役立つ道ではないかと感じた。また、本書のタイトルも"Political Economy of Public Policy Making"(「公共政策決定の政治経済学」)とでも名付けたほうが内容的にもより適切であり、また著者たちの実践的な意図により即応しているのではないかとの印象を持った。

わが国では二〇〇九年秋の政権交代以後の新しい政治的なイニシアチブ(新機軸)として「事業仕分け」の作業がそれなりの評価を受けているが、今後も俗受けする政治的ショー以上の成果を期待して引き続き作業を進める意図があるのなら、本書は問題の本質を理解し、本格的な解決案を探る上で格好の参考書になるだろうと感じる。

本書の目次を一瞥してビックリするのは、おそらく取り上げられたテーマの多様さだろう。第1章の新薬認可から第32章の新興経済圏の興隆にいたるまで、航空安全、売春、麻薬、臓器売買、アメリカの貧困、大学教育、住宅ローン溶解、農業補助、ゴミ回収、希少動物保護、地球温暖化、保護主義、エトセトラ、エトセトラと、森羅万象とまでは言えないまでも、よくもまあこれだけ異質なトピックを取り上げたものだと感心する。しかし、読者が本書を読了されれば、すべては経済学が国民の幸福を少しでも前進させる経済政策の実現を目指す実践的な学問であるためには素通りすることが許されない現代の緊急課題であり、また分析であると、納得されるはずだ。これらさまざまな問題に対する著者たちの分析のメスは鋭く、訳者には前述のような感想はあるものの、経済学（ミクロ経済学）の有用性について改めて目を開かれる思いがする。

本書を読んで、読者が経済学的な発想法の基本を理解するとともに分析の手法の一端でも会得し、わが国経済が直面するいくたの深刻な問題の解決について自ら考える一助としてもらえるならば、訳者としてはこれ以上の幸せはないと思っている。

本書の出版に当たっては、日本経済新聞出版社シニアエディターの桜井保幸氏に一方ならずお世話になった。この場を借りて謝意を表したい。

二〇一〇年七月

訳者　赤羽隆夫

用語解説

インフレーション　Inflation：ある水準の満足を達成するための金額コストの上昇。特定の標準的な商品群に関して測定されることが多い。

エンタイトルメント計画　Entitlement program：法定の要件を満たす人々に一定の給付を保障する政府計画（事業）。

外国直接投資　Direct foreign investment：一国の個人や企業に対して外国に所在する個人または企業から提供される資源。ある親会社の海外子会社または海外支店の事業活動という形態を取ることが多い。

買い手独占　Monopsony：単一の買い手。購入品（投入物）に対する右上がり供給曲線に直面し、したがって、財の購入価格を選択できる企業。価格探索者の一例。

買い手独占者　Monopsonist：買い手独占企業。

外部性　Externalities：経済的活動に伴い発生する便益またはコストが第三者へと溢出《いっしゅつ》する状態。環境汚染は負の溢出効果spilloverまたは負の外部性。

外部調達 Outsourcing：伝統的には国内労働者により行われていた課業（通常サービス）を外国に居住する労働者によって行わせる慣行。

価格差別 Price discrimination：限界コストの差を反映しない価格での販売。限界コストは同じなのに販売価格が違う、あるいは限界コストが違うのに販売価格は同じ。

価格支持計画 Price-support program：農作物の最低価格を義務付けた政府計画。

価格受容者 Price taker：市場価格を所与のものとして受け入れる経済主体。純粋競争市場で事業を営む企業の同義語として使われることもある。

価格探索者 Price searcher：利潤を極大にする価格を探索しなければならない企業。この企業が、売り手である場合には右下がりの需要曲線に、買い手である場合には右上がりの供給曲線に、直面するからである。売り手独占または買い手独占の同義語として使用されることがある。

確認埋蔵量 Proven reserves：既知の貯留源から現在の経済的、経営的な諸条件の下で、将来採掘可能であることを地質学的および工学的データが合理的な確度で証明する原油や天然ガスの推定量。

可処分所得 Disposable income：所得税などの直接税を支払った後に消費者が処分可能な最高金額。

寡占 Oligopoly：極めて少数の売り手（または買い手）しかいない市場の一企業のこと。このような場合には各企業は競争企業の価格および生産量の変動に反応する。

カルテル Cartel：独立した企業同士のグループで、国際的な規模で形成されることが多い。グループ・メンバーの相互の利益増進のため、取引の制限に合意する。

監視費用 Monitoring costs：責任を委任した政治家またはその他の代理人の行動を観察するため必要にな

るコスト。

関税　Tariff：輸入品に賦課される税金。

完全に弾力的　Perfectly elastic：価格変化率（パーセント）に対する量の変化率（同）の比率が無限の数値をとる。グラフ上で完全に弾力的な曲線は水平（横軸に平行）となる。

完全に非弾力的な　Perfectly inelastic：価格変化率（パーセント）に対する量の変化率（同）の比率がゼロになる。グラフ上は完全に非弾力的な曲線は垂直（縦軸に平行）となる。

機会費用　Opportunity cost：何かを成し遂げる、または一つの欲求を満たすために、犠牲としなければならない（あきらめなければならない）もっとも価値の高い代替物のこと。

技術的変化　Technological change：実現可能な生産可能性の集合の変化。通常は新知識の生産面への実用化の結果である。

希少財　Scarce good：プラスの価格がつくすべての財貨。

希少性　Scarcity：欲求が無限であるのに、資源が有限である自然の状態。希少性とは、自然は人間の欲求のすべてを無料で供給するわけではないことを意味する。

希少な　Scarce：無料でない。入手するためには何かを犠牲にしなければならない。

逆選択　Adverse selection：「好まれざる」（高コストあるいは高リスクの）参加者たちが市場の一方に支配的になりがちな取引過程で、他方の参加者に逆効果（損失）を与える原因となる。情報の非対称性の結果であることが多い。

供給　Supply：財貨を販売する意欲と能力。

供給の価格弾力性 Price elasticity of supply：供給量の変化率（パーセント）を価格の変化率（同）で割り算したもの。

供給の弾力性 Elasticity of supply：価格変化に対する商品供給量の感応度。

供給の法則 Law of supply：（他の条件が等しいならば）価格と供給量の間には順相関の関係があるという法則。

供給表 Supply schedule：それぞれの価格における価格と供給量の組合せ。この表は、相対価格のそれぞれに対して、計画される特定期間の生産量を表わす。

供給曲線 Supply curve：供給表を表わすグラフ。価格と供給量の間に存在する正の関係を反映し、右上がりの曲線（正の勾配）を持つ。

競争 Competition：生産物の売り手または買い手あるい投入物の売り手または買い手の間における対抗関係。

均衡価格 Equilibrium price：需要量の超過または供給量の超過が存在しない時、市場で成立する価格。需要曲線と供給曲線との交点で決まる価格。市場決定価格（市場実勢価格）ともいう。

銀行取付け Bank run：銀行の支払能力に対する疑心暗鬼から多くの預金者たちがいっせいに当座ないし普通預金を現金に換えようとする企て。

勤労所得税控除 Earned-income tax credit：比較的低賃金の人々に対して政府から支払が行われる租税政策。

グローバリゼーション Globalization：貿易障壁の引き下げと輸送通信コストの低下の結果としての諸国民経済の単一国際経済への統合。

経済財 Economic good：希少性を有するあらゆる財サービス。

経済成長 Economic growth：国民一人当たりの実質所得が時間の経過とともに持続的に成長すること。

経済的誘因 Incentives：行動または意思決定の想定される結果。プラスでもまたはマイナスでも、あるいは金銭的な場合も非金銭的な場合もありうる。

経済利潤 Economic profits：競争利潤を超える利潤で、一産業が諸資源の利用を維持するのに必要な最低限の利潤。

限界費用 Marginal costs：生産の一単位変化に起因する総費用の変化分。

限界分析 Marginal analysis：現状と比較して、わずかの変化が起こった時に、生ずる効果の分析。

限界便益 Marginal benefits：財貨や行動を一単位追加することから得られる付加（限界）的便益。生産の一単位増加に起因する便益総量の変化分。

顕示選好 Revealed preferences：市場でなされた選択という形で示された消費者の好き嫌い。

減反計画（作付け面積制限計画） Acreage-restriction program：特定の農作物の栽培可能な面積に対する連邦政府の制限。

現物移転 In-kind transfers：一定の基準を満たす受給者に対する現金以外の財サービスの無償給付。例えば、メディケア（高齢者医療保険制度）、メディケイド（低所得者医療補助制度）、住居費補助、食料品購入券および学校給食など。

交易（貿易）からの利得 Gains from trade：交換取引にたずさわることから、個人、企業、または国家が得る便益。

恒常価格 Constant-dollar price：インフレーション（物価の持続的上昇）やデフレーション（物価の持続的下落）による通貨の購買力の変化を修正した価格。

購買力 Purchasing power：財サービスを獲得する能力または手段。

合理的無知 Rational ignorance：完全な情報を入手するコストが高すぎるため、知識が不完全である状態。

国民一人当たり実質所得 Real per capita income：インフレ修正後の国内総生産（GDP）を総人口で割り算したもの。

国民一人当たり所得 Per capita income：一人当たり平均所得。

コスト（費用） Cost：採択されなかった選択肢のうちで最高価値の（最良の）代案。選択時に犠牲とされたいちばん価値の高い選択肢のこと。

固定為替レート Fixed exchange rates：法定された固定価格（法定相場）で二つ以上の国の通貨が相互に取引（交換）される制度。

コモンロー制度 Common law system：行政命令や立法府による制定法ではなく、先例（判例）に基づく司法の決定が大半の法律的な規則の根拠になっている法制度。

財産権（所有権） Property rights：一財がどう使用され、交換されうるかを明定する一連のルール（規則）。

財産権および契約上の権利 Property and contract rights：財産の使用および交換を規定する法的な規則で個人間あるいは企業間で執行（権利行使）可能な契約。

最低賃金 Minimum wage：企業がその労働者に対して合法的に支払い可能な最低の時給。

差押え（担保権行使） Foreclosure：抵当権付きローンの借り手の債務不履行に対して担保財産に対する借

り手の権利を剝奪する法的な手続き。

資源 Resource：所望の財貨およびサービスの生産に使用される投入物。

資産 Assets：個人または機関が所有権を保有するすべての有形および無形の品目。

支持価格 Support price：農産物に対して農民が受け取ることを保障された最低価格。連邦政府が設定する。市場価格が支持価格を下回った場合は、市場価格を支持価格まで引き上げるのに十分な量の農産物を政府が買い入れる。

市場供給 Market supply：さまざまな価格を付けて、供給者たちから販売目的で市場へ出荷される財貨の総量。

市場決定価格（市場実勢価格） Market-clearing price：均衡価格を見よ。

市場占有率 Market share：一産業の総売上に占める（同産業の）特定の一企業あるいは企業グループの売上高の比率。

自然資源の有無 Natural-resource endowments：鉱物（原油や鉄鉱石）や生き物（森林や漁業資源）のように、財サービスの生産のため使用可能な自然の存在物。

実質価格 Real price：インフレ修正後の価格で基準年の価格に換算して表示したもの。

私的コスト Private costs：意思決定の当事者が負担するコスト。

支払能力ある Solvent：資産の価値が負債の価値を上回る財務状態。

支払不能（破産状態） Insolvent：資産の価値が負債の価値を下回る財務状況。

資本ストック Capital stock：財サービスを生産するため、労働力などの他の投入物と組み合わせることが可能な生産的資産の集合物。

市民法制度　Civil law system：先例（判例）に基づく司法の決定ではなく、立法府による制定法および行政府の命令が大半の法律的な規則の根拠になっている法制度。

社会的費用　Social cost：資源を使用する活動に伴って、社会が負担する総コスト。例えば、自動車運転の社会的費用は、運転者個人の私的費用の総額に社会の他のメンバーが負担するあらゆる追加的費用（例：大気汚染や交通渋滞など）を合計したものに等しい。

奢侈財　Luxury goods：需要の所得弾力性が一よりも大きい財。金持ちになるにしたがって、支出の所得に対する比率が上昇する財であることを意味する。

自由財　Free good：ゼロ価格で（対価を支払わずに）所望する以上の量が入手可能な財貨またはサービス。

需要　Demand：財貨を購入する意欲と能力。

需要曲線　Demand curve：需要表を図示したもの。価格と需要量が逆方向に変動する関係を示す右下がり（負の勾配）の線。

需要の価格弾力性　Price elasticity of demand：需要量の変化率（パーセント）を価格の変化率（同）で割り算したもの。

需要の所得弾力性　Income elasticity of demand：所得変化に対する需要の感応度の測定値。一財への需要変化の百分率を消費者の所得変化の百分率で割り算して算定。

需要の弾力性　Elasticity of demand：価格変化に対する需要量の感応度。

需要の法則　Law of demand：需要量と価格が逆の相関関係にあるという法則。（他の条件が等しいならば）

価格の下落に伴い購入量は増加し、価格の上昇に伴い購入量が減少する。

純粋競争 Pure competition：市場参加者は個別には市場価格に対し何らの影響力を持たない市場構造。すべての者は価格受容者として行動する。

使用者料金 User fees：財サービスの使用に対して賦課される料金。時には、道路から公園まで政府所有の資源の利用に対して政府が徴収する料金にも適用される。

消費者物価指数 Consumer price index：消費財の標準的な組み合わせの購入時の（購入）コストの、同じ組み合わせの基準年における購入コストに対する比率の測定値。

証票（クーポン） Voucher：指定された金額に相当するサービスを無料で受け取る権利を所持者に与えた文書。

所得の階層間移動性 Income mobility：時間の経過とともに個々人が所得分布の階層の間を移動する傾向。

人的資本 Human capital：働き手（労働者）の受けた訓練、教育および知識の集積

数量割当 Quota：財貨や活動の量の制限。しばしば、国際貿易において、外国製品の輸入可能な数量を制限するため使われる。

ストック Stock：一時点におけるあるものの存在量。商品在庫はストックである。一時点における銀行口座残高もストックである。ストックは、一時点で評価されるが、時間からは独立していると定義される。

税額控除 Tax credit：当年度あるいは将来年度の所得税に対する相殺額（還付額）。

静態分析 Static analysis：政策による誘発反応を必ずしも完全には考慮しない政策の経済効果の評価。

生産性 Productivity：一単位の投入から生産された産出額。

政治経済学　Political economy：政治的意思決定の原因と帰結に関する研究。

税収　Tax revenue：税金の徴収総額。

制度　Institutions：社会の基礎的なルール、慣習および慣行。

製品差別化　Product differentiation：銘柄名、色彩、その他のマイナーな属性により区別された製品。

税率　Tax rate：税が徴収された税目の価格に対する税額の割合。

世界貿易機関　World Trade Organization（WTO）：加盟国の間の貿易障壁の削減を支援し、また国際貿易紛争を解決することを目的とする一四五か国以上の協会。

絶対優位　Absolute advantage：（生産することを）諦めた（放棄した）他の財の生産コストとは無関係に一財を追加して生産できる能力。

相対価格　Relative prices：他の財あるいは基準商品群に換算して表示された財の価格のこと。

タイプⅠエラー　Type I error：例えば、安全でない薬剤が誤って販売許可になった場合に犯される（積極的）過誤。

タイプⅡエラー　Type II error：例えば、有効な薬剤が市販されるのを誤って阻止した場合に犯される（消極的）過誤。

弾力性　Elasticity：他の変数の変化に対して一変数が変化する感応度（敏感性）の測定値。両変数の百分比変化の比率。

弾力的需要　Elastic demand：価格が一パーセント上昇（下落）する時、需要量が一パーセントを上回って減少（増加）するという需要曲線の特性。需要曲線の弾力的な部分では、総売上と価格とは逆相関の関係にある。

地帯別価格付け制度　Zone pricing：その地域の顧客の特性に応じて、地理的に異なる地域に異なる小売価格を設定すること。主要石油会社の慣行。

知的財産　Intellectual property：商業的価値のある人間精神の創造的発想や表現で、特許権、著作権または商標権を通じて、財産権の法律的保護を受けるもの。

中位数年齢　Median age：全体の人口をそれより年上の者とそれより年下の者と正確に半々に分ける年齢。

動態分析　Dynamic analysis：誘発効果まで考慮した政策の経済効果の評価。

道徳的危険　Moral hazard：リスクから隔離された事業体が、リスクに全面的にさらされている場合にとる行動とは違った行動をとる傾向。

独占　Monopoly：単一の供給者。製品に対する右下がりの需要曲線に直面し、したがって財の販売価格を選択できる企業のこと。価格探索者の一例。

独占的競争　Monopolistic competion：生産者や売り手が類似の製品を仕様や品質をわずかに違えて売り出す時に存在する状況。製品には平均最低コストを上回る価格が設定されているが、企業間競争が長期の経済利潤をゼロにまで減少させる。

独占力　Monopoly power：製品の限界生産コストを上回る価格を設定できる会社の能力。

取引費用　Transaction costs：財貨の交換を行うためのコスト。

トレード・オフ　Trade-off：機会費用に関連した用語。希少性の状況下にあっては、所望の経済財を入手するためには、その他の希少な経済財の入手をトレード・オフする（あきらめる）必要がある。トレード・オフとは、何かを入手するために犠牲を払うという意味。

バイオ燃料 Biofuels：動植物などの有機物を原料として製造された燃料またはその副産品。

非価格競争 Nonprice competition：顧客を引きつけるため、価格を引き下げる代わりに、付加的なサービスあるいはより高品質の製品を提供する。

比較優位 Comparative advantage：他の生産者よりも低い機会費用で一財を生産できる能力。比較優位の原理は個人、企業および国家のいずれも、他の経済主体と比べて最低の機会費用を持つ財貨の生産活動に特化することを含意する。

非対称情報 Asymmetric information：一方の市場参加者が他方の参加者より多くの情報を保持する状況。逆選択を結果することが多い。

非弾力的な Inelastic：比較的に非感応的（鈍感）なこと。

非弾力的な需要 Inelastic demand：価格の所与の変化が需要量のそれより小さい逆方向の変化を結果するような需要曲線の特性。需要曲線の非弾力的な部分では総収入と価格は正の相関関係にある（つまり、価格引上げにより売上収入を増やすことが可能）。

品質固定価格 Constant-quality price：その財の品質が平均以上か以下であることを反映（考慮）して上方または下方へ修正された一財の価格。

変動金利ローン Adjustable-rate mortgages（ARMs）：金利が約定された時期に約定された額だけ上下（変動）する、建物（住宅など）を担保とする借入れ債務。

負債 Liabilities：個人または団体に対する金銭的な請求権。

不足 Shortage：過大な量が需要されているか、不十分な量しか供給されていない状態。市場決定価格を下回る特定の価格の下での需要量と供給量の差分。

物的資本 Physical capital：人間以外の生産資源。

負の外部性 Negative externality：経済活動に伴って生ずる、第三者が支払うコスト。環境汚染は負の外部性の一例である。運転者以外の他者が、自動車の排気ガス・コストの一部を負担している（被害に耐えている、の意）からである。

負の税 Negative tax：低賃金の人々の所得を補足するため政府が行う支払。

フルコスト Full costs：一つの活動を行うに当たり諦めねばならないすべてを合計した測定値のこと。金銭的対価（犠牲になった他の財）と犠牲となった時間の価値の両方を含む。

貿易障壁 Trade barriers：国際貿易量を減少させる効果を持つあらゆる規則。関税と数量割当は貿易障壁である。

報酬率 Rate of return：経済活動の純便益（パーセント）。例えば、一・〇〇ドルの投資が一・二〇ドルの粗収入をもたらしたならば、純便益は〇・二〇ドルで報酬率は二〇パーセント。

法の支配 Rule of law：個人、企業および政府の間の関係が、明確に列挙され、社会のすべての人に適用されるルールによって支配されるという原理。

保護主義 Protectionism：競争、通常は輸入品との競争から一定の個人または企業を保護することを企図した規則の賦課。

補償的賃金差 Compensating differential：特別に危険あるいは不快な仕事に雇用される労働者へ給付される

付加的な賃金。

補助金 Subsidies：特定の財の生産に対する政府の支払。一般に補助金を受け取る企業の利潤を引き上げることを企図し、また時には補助対象の財の生産を増やすことを意図している。

ホワイトカラー雇用 White-collar jobs：身体的な技能ではなく主として知能と知識に依存して働く雇用形態。

名目価格 Nominal prices：ドル、円といった国の通貨で表示した財貨のコスト。

目標価格 Target price：農産物に対して農民が受け取ることを保障された最低価格。連邦政府が設定する。市場価格が目標価格を下回った場合は、農民は両価格の差額（それに農作物の生産量を乗じた額）に等しい額を（政府から）受け取る。

モデル（**模型**）または**理論** Models, or theories：予測を行うため、または現実の世界をもっとよく理解するために、現実の世界を単純化して描写したもの。

家賃統制 Rent control：家屋の所有者に対して、いくらの家賃を徴収できるかを政府が指示する制度。

輸出 Exports：外国に対する財またはサービスの販売。

輸入 Imports：外国からの財またはサービスの購入。

輸入関税 Import tariff：他国からの財サービスの輸入に対し特別に課せられる税金。

余剰 Surplus：過大な量が供給されているか、不十分な量しか需要されていない状態。市場決定価格より高い価格における供給量と需要量の差分。政府予算でこの語が使われる場合は、税収が歳出を上回る黒字財政を意味している。

利潤　Profit：購入価格よりも高い価格で売却したことにより生み出される所得。生産活動の場合、製品を購入した消費者から得た総収入と、製造総費用との差額として生み出された所得。

流動性が乏しい　Illiquid：即座には現金化できない状況。

労働力参加率　Labor force participation rate：現在就業中か就業可能で求職活動中の人々の総計を人口で割り算した比率。一般に分子、分母とも一六歳以上の人々に限定されている。

Office of Federal Contract Compliance　連邦契約順守局　118
Organization of Petroleum Exporting Countries (OPEC)　石油輸出国機構　158, 164
Savings Association Insurance Fund (SAIF)　貯蓄組合保険基金　218
Social Security Administration　社会保障庁　136
United States Census Bureau　国勢調査局　118
United States Department of Agriculture　農務省　163
United States Department of Defense　国防省　141
United States of Department of the Interior　内務省　159
United States of Department of Justice　司法省　187
United States of Department of Labor　労働省　128, 313
United States of Department of State　国務省　141
World Trade Organization (WTO)　世界貿易機関　296, 298, 313

政府機関等団体一覧（アルファベット順）

American Society of Civil Engineers (ASCE)　アメリカ土木学会　209-210
Bureau of Labor Statistics (BLS)　労働統計局　118, 143
Brookings Institution　ブルッキングス研究所　311
California Barbering Cosmetology Board　カリフォルニア理美容委員会　189
College Board　大学審議会　180
Council of Economic Advisers　大統領経済諮問委員会　282
Environmental Protection Agency (EPA)　環境保護庁　32, 257, 281, 292
Equal Employment Opportunity Commission　平等雇用機会委員会　118
European Union (EU)　ヨーロッパ連合（欧州連合）　100, 231
Federal Aviation Administration (FAA)　連邦航空局　41
Federal Communications Commission (FCC)　連邦通信委員会　188
Federal Deposit Insurance Corporation (FDIC)　連邦預金保険公社　218
Federal Home Mortgage Loan Corporation (FHMLC, Freddie Mac)　連邦住宅金融抵当会社（フレディマック）　201
Federal Housing Administration (FHA)　連邦住宅局　201
Federal National Mortgage Association (FNMA, Fannie Mae)　連邦住宅抵当金庫（ファニーメイ）　201
Federal Savings and Loan Insurance Corporation (FSLIC)　連邦貯蓄貸付保険公社　218
Federal Trade Commission (FTC)　連邦取引委員会　187
Food and Drug Administration (FDA)　食品医薬品局　18, 22
General Agreement on Tariffs and Trade (GATT)　関税および貿易に関する一般協定（ガット）　298
International Whaling Commission (IWC)　国際捕鯨委員会　271
National Collegiate Athletic Association (NCAA)　全米大学体育協会　152, 168
National Credit Union Share Insurance Fund (NCUSIF)　全米信用組合出資金保険基金　218

【ハ】
売春　57-59, 63-64, 67
排出許容量　282
バイソン　252, 266, 268-271
非価格競争　183
比較優位　59, 116, 143-145, 250, 296, 299
貧困　115, 124-125, 130-133, 137-139, 142, 230, 243, 316
品質固定価格　83
フォード、ヘンリー　31, 158
福祉改革　137
負債　217, 221
不足払い　228, 231
物的資本　21, 46, 144
不動産仲介業　188-189
負の外部性　253, 287
負の税　99
平均寿命　241
平均所得　135, 137, 230-231
ベッカー、ゲーリー　66
変動金利ローン　204-205, 207
貿易障壁　296, 298-299
報酬率　219
法の支配　21, 46, 49
北米自由貿易協定（NAFTA）　296, 298-299, 306
保護主義　296-297, 301-302, 304-305
補償的賃金差　120
補助金　19, 32-33, 35-36, 89-90, 106, 137, 207, 211, 228-233, 280, 298
ホワイトカラー雇用　141

【マ】
ママさんコース　119-120
水　54-55, 86-94
名目価格　54, 79-80, 83, 156
メディケア　70, 74, 76-77, 131, 242-245
メディケイド　70, 74, 76-77, 131, 242
目標価格　196, 228, 230-231

【ヤ、ラ、ワ】
家賃統制　55, 103-112
ヤミ市場の海賊行為　168
ゆとり指数　81
ゆとり住宅　194-195, 200, 203
幼児労働　303
預金保険　12, 196, 217-223
リカード、デービッド　143-144
リサイクル　91, 156, 184, 251, 255, 257-258, 262, 265, 319
流動性不足　217
労働力参加率　117
ローン（抵当貸付）　12, 155, 194, 195, 199-207, 216, 221
ローン溶解　12, 194-195, 199-200, 205-207
割り当て量　166

消費者物価指数　213
食料安全保障およびバイオエネルギー法(2008)　230
食品･医薬品･化粧品法(1938)　23
食品医薬品安全法(1906)　22
食料購入券　131, 136
女性賃金　117-121
所得不平等　133-134, 137
所得流動性　132-133
腎臓移植　70-72, 75
腎臓透析　243
人的資本　21, 46, 114, 134,
スーパースター効果　134
数量割当制度　308
スミス、アダム　194, 235-236
スムート・ホーレー関税法(1930)　301, 304
税額控除　99-100
生活水準　21, 46-48, 115, 128, 131-132, 138, 144, 158, 297, 317
生産性　81, 142, 146, 181, 197, 228, 232, 299
政治経済学　12, 19, 34, 194-196, 198
静態分析　96
制度　21, 127, 138
製品差別化　180
政府支援企業(GSE)　201-202
政府の失敗　250
世界大恐慌　196, 200-201, 218
絶対優位　144-145
先住アメリカ人　268-270
相対価格　60-61, 79-84, 95-97
ソフトウェアの海賊行為　321

【タ】
タイプIエラー　25, 27-28, 30
タイプIIエラー　25, 27-28, 30
ダイヤモンド(カルテル)　152, 166
タクシー　153, 186-187
鱈(漁)　272-273
ダンピング　302
弾力性(弾性値)　97, 160, 164, 172-173, 176, 182, 184, 238
地域再投資法(CRA)　201
地帯価格制　157
知的財産権　321
中位数年齢　132
重複課税　99
直接外国投資　316
著作権　321
トウェイン、マーク　304
動態分析　96-97
道徳的危険　222
動物の種　251, 266
独占　151, 167, 250,
独占的競争　153, 180-181
独占力　156
特許権　298, 321
取引可能排出許容量　282
取引コスト　282
ドレーク、カーネル・エドウィン　158
トレード・オフ　13, 18, 25, 220, 259

【ナ】
農業自由法(1996)　229

経済的利潤　181
限界コスト（費用）　20, 27, 39-40, 153, 172
限界分析　13, 20
限界便益　20, 27, 38-40
現金所得　131
顕示選好　79
現物移転　131, 139
降雨　88, 209
幸運の女神　132
交易（貿易）（から）の利得（利益）　52-53, 299
耕作面積制限計画（減反計画）　227
公正価格　226
公正労働基準法（1938）　124
購買力　212-213, 243
公民権法　139
合理的無知　12, 19, 34-36, 233
コーディ、バッファロー・ビル　268-269
国富　21, 34, 45-50
固定金利ローン　205, 207
コモンロー体系（コモンローの法制度）　46-47

【サ】

財産権　46, 161
財産権および契約上の権利　46
最終（限界）単位　225
最低賃金制　115, 123-124, 127
債務超過　221
差押え　200-201, 205
サブプライムローン　202, 205
サマーズ、ローレンス　127
資産　70, 138, 200, 217, 221, 263, 309
支持価格　226-227, 229-230
市場価格　109, 112, 228, 258
市場供給　225
市場決定価格（市場実勢価格）　225-226
市場占有率　154, 164-166, 187
市場の失敗　250
自然資源に恵まれているかいないか　21, 45
実質価格　54, 85, 159-160, 199
私的コスト　250
ジトニー・バス　191
自発的な交易　116, 297, 299
資本　21, 46, 114, 134, 144, 213, 252
資本ストック　21, 46
市民法体系　46
シャーマン法（1890）　163, 168
社会的コスト　206, 250, 284
社会保障障害保険制度（SSDI）　136
奢侈税　95-97
奢侈品　96
収益効率管理　174-175
住宅渋滞　107
重複課税　99
需要曲線　95, 97, 150-151, 165
需要の価格弾力性　172-173, 176, 182
純粋競争　150-151
使用者料金　211-212
譲渡可能個別割当制（ITQ）　273-276

事項索引

【ア】
アウトソーシング(外部調達)　116, 141-142, 145, 320
移民　115, 135
インフラ(社会基盤)　195, 208-213, 320, 323
インフレーション　50, 79-85, 124, 127, 157, 190
埋め立て地　257, 259
エタノール(バイオ燃料)　19-20, 31-36, 292
エネルギー政策法(2005)　32
エンタイトルメント・プログラム　245
オーデュボン、ジョン・ジェームズ　267
汚染　250, 252, 255, 259, 261, 278-283
オバマ、バラク　80, 141
温室効果ガス　253, 259, 286-289, 291, 293-294

【カ】
買い手独占　151
買い手独占者　177
外部性　250, 253, 287
価格差別　153, 171-178, 182
価格支持計画　226, 228
価格受容者　151
価格探索者　151, 172
確認埋蔵量　33, 159, 162
可処分所得　81, 243
髪のブレーディング　153, 189
カルテル　150, 152, 154, 163-168
関税　36, 224, 231, 296-298, 301-302, 305, 308-311, 313
機会費用　13, 33
技術的変化　134, 146-147, 179, 182
希少性　13, 18, 20, 26, 38, 309
規制の撤廃　105, 173, 188
逆選択　220, 222-223
キャビア(カルテル)　152, 167-168, 170
供給曲線　95, 97,150-151
均衡価格　196, 225-226
銀行取り付け　217-218
禁酒法　52, 57-62, 64-65, 67-68
近隣窮乏化政策　301
勤労所得税控除　99, 131
クーポン券(バウチャー)　139
グローバリゼーション　296-323
経済財　88, 114
経済成長　21, 45-49, 299, 316, 319, 321

著者紹介

ロジャー・レロイ・ミラー（Roger LeRoy Miller）

米カリフォルニア生まれ。シカゴ大学で博士号取得。現在テキサス・アーリントンのインスティテュート・フォー・ユニバーシティ・スタディーズ所属。

ダニエル・K・ベンジャミン（Daniel K. Benjamin）

カリフォルニア大学ロサンゼルス校で博士号取得。現在、クレムソン大学教授兼モンタナ州立大学教授。

ダグラス・C・ノース（Douglass C. North）

1920年米マサチューセッツ生まれ。52年カリフォルニア大学バークレー校にて博士号取得。93年度計量経済史の分野でノーベル経済学賞受賞。現在、ワシントン大学教授。関心テーマは 進化経済学と政治制度。

訳者紹介

赤羽隆夫（あかばね・たかお）

1932年生まれ。東京大学経済学部卒業、経済企画庁事務次官（1989年退官）、慶應義塾大学総合政策学部教授（1993－97年）などを歴任。現在は「景気探偵」として経済評論等に従事。著書に『日本経済探偵術』（東洋経済新報社、1997年）ほか。訳書にD.マクロスキー著『ノーベル賞経済学者の大罪』（ちくま学芸文庫、2009年）などがある。

経済学で現代社会を読む 改訂新版
THE ECONOMICS OF PUBLIC ISSUES Sixteenth Edition

2010年7月23日 1版1刷

著 者 ロジャー・レロイ・ミラー
ダニエル・K・ベンジャミン
ダグラス・C・ノース

訳 者 赤 羽 隆 夫

発行者 羽 土 力

発行所 日本経済新聞出版社

http://www.nikkeibook.com/
東京都千代田区大手町 1-3-7 〒100-8066
電話 03-3270-0251

印刷・製本／竹田印刷

Printed in Japan ISBN978-4-532-35430-5

日本経済新聞出版社の好評既刊書

ケインズ 説得論集

ジョン・メイナード・ケインズ／山岡 洋一 訳

マクロ経済学の祖といわれるケインズは、実はタイムリーに現実経済を解説した時論家でもあった。デフレの本質を的確に捉えた彼の経済論はいまこそ読むべき価値がある。ケインズ経済時論集が一流の翻訳家により復活。

●1900円

国富論〈上・下〉

国の豊かさの本質と原因についての研究

アダム・スミス／山岡 洋一 訳

経済と社会のしくみをわかりやすい例、平易な言葉で解き明かした不朽の名著が画期的新訳で甦る。グローバリゼーションや労働の価値、政府の役割など、今日と共通する難題を取り上げた政治経済学の金字塔。

●上3600円、下4000円

経済脳をきたえよう！ こどもにもわかるレッスンブック

池内 正人

ある南の島……。漂流して流れ着いた主人公が仲間を見つけ、物々交換から貝殻の貨幣を造りだし、やがて別の島との貿易がはじまる——。イラストをふんだんに使い、小学生から新社会人まで経済の基本が身につく1冊。

●1400円

日経プレミアシリーズ

ねじれ脳の行動経済学

古川 雅一

「それってあるある」な不合理の数々。特定の部下に厳しい上司、大穴に入れ込む競馬ファン、無理めな新規事業に過大投資……。なぜ人間は損ばかりするのか。行動経済学者が、思い込みの罠のメカニズムを平易に解明。

●850円

日常の疑問を経済学で考える

ロバート・H・フランク／月沢 李歌子 訳

茶色の卵が白い卵より高いのはなぜ？ 彼氏持ちのほうがモテるのはどうして？ なぜホテルのミニバーは法外に高いの？ どうして女性はハイヒールの苦痛に耐えるの？ 学生の素朴な疑問に経済学の大家が明快解答！

●1800円

●価格は全て税別です